고려인 밀집거주지 톺아보기: 안산, 광주, 제천

신범식, 고가영 엮음

신범식, 황영삼, 주송하, 최아영, 고가영, 윤민우, 이준석, 정민기 지음

진인진

고려인 밀집거주지 톺아보기: 안산, 광주, 제천

초판 1쇄 발행 | 2025년 9월 30일

엮은이 | 신범식, 고가영
지은이 | 신범식, 황영삼, 주송하, 최아영, 고가영, 윤민우, 이준석, 정민기
발행인 | 김태진
발행처 | 진인진
등 록 | 제25100-2005-000003호
주 소 | 경기도 과천시 관문로 92, 101동 1818호
전 화 | 02-507-3077-8
팩 스 | 02-507-3079
홈페이지 | http://www.zininzin.co.kr
이메일 | pub@zininzin.co.kr

ⓒ 신범식, 황영삼, 주송하, 최아영, 고가영, 윤민우, 이준석, 정민기 2025
ISBN 978-89-6347-638-4 93300

* 본 연구는 2023년 대한민국 교육부와 한국연구재단의 지원을 받아 수행된 연구임 (NRF-2023S1A5C2A02096180)
  본 연구는 2024년 서울대학교 아시아연구소 기반구축사업 학술연구비 지원을 받아 수행되었음 (0448A-20240016)

머리글

이 책은 서울대학교 아시아연구소 중앙아시아센터 고려인 연구팀이 국내에 산재해 있는 고려인 밀집거주지에 대한 여러 차례의 답사 경험으로부터 시작되었다. 고려인 연구팀은 2015년 경부터 카자흐스탄, 우즈베키스탄, 키르기스스탄 등지에서의 현지 조사를 통하여 고려인들의 전통 생활문화가 현지에서 어떻게 보존·변형되었는가에 관해 연구하고 그 결과물로 3권의 『중앙아시아 고려인 전통생활문화』시리즈를 출간한 바 있다.

본 연구팀은 2021~25년 사이에 광주 〈고려인마을〉을 비롯하여 안산 땟골 마을과 인천 함박마을 그리고 제천 등지를 여러 차례 방문하여 현지 조사를 진행했다. 그 과정에서 고려인 밀집거주지의 상이한 특성과 정착의 유형의 차이를 발견하고 그에 대해 오랜 시간에 걸쳐 토론할 기회를 가질 수 있었다. 마침 2024년에 고려인 이주 160주년을 기념하여 고려인 밀집거주지 연구를 주제로 학술회의를 개최하였고, 이 결과물을 발전시켜 책자로 엮어 내게 되었다. 아직도 여러모로 부족하지만 급변하는 이주환경과 다문화 사회로의 진입이라는 과제 앞에서 혼란스러워하며 갈피를 잡지 못하는 우리 사회에 생각의 좌표 한 점을 찍어보는 마음으로 용기를 내어 이 연구서를 출판한다.

고려인은 구소련 지역에 거주하는 '한민족 디아스포라'(Korean Diaspora)를 의미하는 명칭으로 규모는 50~55만 명에 이르는 것으로 알려져 있다. 이들은 스스로를 '고려 사람'(Корё-сарам)이라고 부르지만, 소련 붕괴를 전후해 한국이나 중국 및 일본에서 '고려인'이라는 이름이 널리 쓰이게 되었다. 19세기 후반 연해주로 이주해 살던 조선인들이 1930년대 중반 스탈린 시기 강제

이주를 통해 중앙아시아에 정착하게 되었고 그 뒤 점차 볼가강 유역과 우크라이나 지역 그리고 소련 전역에까지 퍼져 살게 되었는데, 이들을 고려인(고려사람)이라 부른다.

　1990년 한국과 소련/러시아가 수교한 이래 고려인들의 한국 방문과 귀환이 시작되었지만, 조선족의 그것에 비할바 못되었다. 하지만 2007년 방문취업 비자 제도가 고려인에게 적용된 이후 급증하기 시작해 2025년 현재 11만 명 정도의 고려인이 국내에 거주하고 있다. 하지만 '돌아온 우리'로서 고려인들에 대한 한국의 대응과 포용은 아직 여러 면에서 부족해 보인다. 본서의 기여 가능성은 바로 우리 속에 꼭 있어야 하지만 비어 있는 이런 지점에서 발견될 수 있을 것이다.

　그동안 늦어지는 작업에 음으로 양으로 격려해 주시고 도와주신 모든 분들께 감사드린다. 누구보다 연구에 함께 참여하고 맡은 부분의 결과물들을 정리해 내기 위해 애써 주신 필진 여러분들의 열정과 노고에 깊은 감사를 표한다.

　특별히 현지 조사과정에서 번거로운 수고를 마다 않으시며 인터뷰에 응해주시고 자료를 공유해주시고 현장을 안내해 주신 많은 분들의 선의와 협조가 아니었다면 이 책은 세상에 나올 수 없었을 것이다. 고려인 커뮤니티의 구축을 위해 애쓰시는 수많은 역군들, 고려인 아동과 청소년들을 붙들고 지금도 애정으로 씨름하고 계시는 선생님들, 그리고 지방자치단체와 지역사회에서 고려인의 국내 정착을 지원하며 애쓰시는 지자체의 공무원들, 봉사자들 그리고 이름 없는 혁신가들은 진정으로 대한민국의 빈 곳을 채워가고 계신 영웅들이다. 이분들에 대한 무한한 존경과 감사를 표한다.

　그리고 이 책이 나오기까지 수고해 준 김정은 조교와 진인진의 배원일 팀장님께도 고마움을 표하고 싶다.

2025년 3월 말
봄이 왔지만 봄을 생각하기 어려웠던 한 아침에
필진을 대표하여 신범식 씀

목차

머리글…**신범식** …………………………………………………………… 3

제1장(서장) 국내 고려인 밀집거주지 비교연구…**신범식** ……………… 7

제 I 부 안산 고려인 밀집거주지 ……………………………………… 39
  제2장 안산 고려인 마을의 형성과 발전…**황영삼** ………………… 41
  제3장 이민 정치에서 정부와 시민 사회의 상호 작용:
         안산 고려인 밀집거주지 사례 …**주송하** …………………… 69
  제4장 안산시 고려인의 사회적 관계 맺기와 공적 네트워크의 역할…**최아영**…93

제 II 부 광주 고려인 밀집거주지 ……………………………………… 125
  제5장 설립자가 있는 광주 〈고려인마을〉 커뮤니티의 형성 동학…**고가영** … 127
  제6장 광주 〈고려인마을〉 커뮤니티의 발전 단계별 특성과 한계…**고가영** … 155
  제7장 경계를 넘는 소리: 광주 〈고려인마을〉 GBS 고려방송의
         정체성과 네트워크…**최아영** ……………………………… 181

제 III 부 제천 고려인 밀집거주지 …………………………………… 211
  제8장 제천의 '모집된' 고려인 커뮤니티의 형성, 특징, 시사점…**이준석** …… 213
  제9장 고려인 국내 이주 문제에 대한 정책적 접근:
         제천 고려인 커뮤니티 사례를 중심으로…**윤민우** ……………… 247
  제10장 관(官)과 민(民)의 결합: 제천시 고려인 커뮤니티
          네트워크의 특성…**정민기** ……………………………… 277

지은이 소개 ………………………………………………………… 307

제1장
국내 고려인 밀집거주지 비교연구

신범식

I. 머리말

21세기 한국 사회는 다양성과 다문화라는 키워드를 중심으로 빠르게 변화하고 있다. 급격한 세계화와 인구구조 변화 속에서, 국내에 거주하는 이주민의 비중은 해를 거듭할수록 늘어가고 있으며 그 구성이 점차 복합화·다양화되고 있다. 특히 재외동포 중 '외국국적동포'로 분류되는 중국 출신의 조선족은 이미 국내에 다수 유입되어 우리 사회의 일부를 구성하고 있으며, 최근 들어 구소련 지역 출신 고려인의 증가세가 두드러지고 있다. 탈냉전기 이후 교류가 증가하면서 조선족과 고려인의 이주가 나타나기 시작했는데[1], 고려인의 경우 조선족과 달리 여러 가지 이유로 한국 사회에 이주·정착하는데 어려움을 겪은 것이 사실이다. 하지만 오늘날 고려인들의 한국으로의 이주와 정착은 크게

---

1   국내에서는 '조선족'이라는 표현이 차별적 뉘앙스를 포함할 수 있다는 지적과 함께 이를 대신해 '중국동포'라는 용어를 사용하기도 한다. 다만 본서에서는 역사적 배경과 맥락을 고려하여 중국동포를 '조선족', 구소련 지역 동포를 '고려인'으로 표기하였다.

증가하였고, 이들이 한국 사회와 상호작용하면서 정착해나가는 과정에 대한 관심 역시 높아지고 있다. 따라서 이 책은 최근 증가하고 있는 고려인 이주자들과 그들이 국내에 형성해 가고 있는 밀집거주지를 본격적으로 조명하고자 한다.

본서 2장에서 주송하가 밝히고 있듯, 한국 사회에서 고려인은 외국인이면서 동포이기도 하다. 김기영(2022: 29)은 한국 사회가 고려인을 "우호적일 때는 동포로" 보다가 "배제할 때는 외국인으로 대하는 차별"을 계속하고 있다고 지적한다. 고려인은 「재외동포의 출입국과 법적 지위에 관한 법률」에 따라서는 동포로 규정되지만, 「출입국관리법」과 「외국인 근로자의 고용 등에 관한 법률」에서는 외국인에 해당된다(김기영, 2022: 29). 고려인은 한민족으로서의 정체성을 공유하면서도, 러시아 및 중앙아시아권의 언어와 문화를 주된 배경으로 지닌다. 그러나 국내에서는 비교적 낯설고, 정보와 연구가 부족한 집단이라는 인식을 갖는다. 한국어 소통에 대한 어려움, 불안정한 고용과 경제적 빈곤, 그리고 한국 사회에서 겪는 문화적 이질감과 편견 등은 고려인들이 처한 대표적 현실이다. 이러한 문제를 해소하고 지원 방안을 모색하기 위해서는, 고려인이 집중적으로 모여서 삶의 터전을 일궈 나가고 있는 지역, 즉 '고려인 밀집거주지'에 대한 구체적인 이해는 필수적이다.

사실 고려인이 가지고 있는 잠재력을 생각해 보면 국내에 이주하거나 현지에 남아 있는 고려인들에 대한 연구의 필요성은 더욱 높아진다. 고려인은 한국과 탈소비에트 공간의 교류를 확대할 수 있는 다문화적 중계자(中繼者)로서의 잠재력을 지니고 있기 때문이다. 그런데 한민족의 정체성을 공유하면서도 러시아와 중앙아시아 등 유라시아의 문화에 익숙한 독특한 배경으로 인해 이들은 한국 사회 정착 과정에서 많은 어려움을 겪고 있다. 고려인은 '동포'로서의 정체성을 공유하긴 하지만 대부분 러시아어를 주 언어로 사용한다는 점에서 조선족과는 달리 언어적 장벽을 경험한다. 이는 일상생활과 교육 및 직업 활동에까지 큰 영향을 미치며 고려인들은 이를 통해 야기되는 불안정한 고용 상태와 경제적 빈곤을 경험하게 된다. 또한 한국 사회에서 경험하는 문화적 이질성과 편견은 정착 과정에서의 또 다른 난관이다. 이로 인해 많은 고려인이 한국 사회에 적응하지 못하고 방황하거나 본국으로 돌아가는 사례가 자주 발생하고 있어 교육과 사회 통합 측면에서의 연구와 정책적 지원이 절실하다. 고려인의 국내 이주와 정착에 대한 보다 경험적이며 심도 깊은 연구가 필요한 이유다.

현재 고려인들은 안산, 아산, 광주, 제천, 경주, 김해 등 전국 각지에서 밀집거주지를 형성해 생활하고 있다(임영상, 2023). 그러나 그 규모와 형성 배경, 지역 특성은 지역마다 매우 다르다. 일부 지역에서는 고려인 밀집거주지가 공업단지 등과 같은 일자리의 조건과 주거환경이 결합되어 갖추어진 지방 도시에서 자연발생적으로 형성된 반면, 다른 지역에서는 지자체가 주도적으로 고려인 유치 정책을 펼치며 고려인 커뮤니티를 만들어가고 있으며, 또 다른 곳은 민간단체가 적극적으로 나서 고려인마을을 조직화하였다. 이처럼 거주지의 지역별 특성과 그 형성 과정을 비교한 구체적인 연구는 부족한 상황이며, 고려인 밀집거주지가 상호 동질적인 존재로 인식되어 온 탓에 지역별 특성과 밀집거주지의 형성 과정을 유형화하여 분류하는 작업이 미흡했다. 이러한 고려인 밀집거주지 형성의 다양성과 복잡성은 국내 산재한 고려인 커뮤니티가 보이는 '정착 모델'과 '커뮤니티 동학'을 연구하는 데 흥미로운 단서를 제공한다. 또한 고려인 내부 네트워크와 커뮤니티가 밀집거주지 형성과 동학에 미치는 영향 역시 충분히 다뤄지지 못하였다. 따라서, 고려인 밀집거주지의 특성과 형성과정을 분석 및 분류하고 내부 네트워크와 커뮤니티의 역할을 규명하는 연구가 요구된다. 고려인 밀집거주지에 대한 연구는 단순히 이들 집단의 정착 과정을 이해하는 데 그치지 않고 이주와 정착이라는 전 지구적 현상 속에서 이주민 사회 내부의 동학과 형성된 거주지의 특성을 분석함으로써 이주 및 다문화 사회 연구의 발전에 기여할 수 있을 것이다.

따라서 본서는 점차 증가하고 있는 국내 고려인 인구의 정착을 체계적으로 이해하기 위하여 그들의 밀집거주지를 유형화하고, 그 특성과 과제 등을 고찰함으로써 향후 이들을 대상으로 하는 다양한 정책적 필요가 무엇인지를 식별하는 데 도움을 줄 수 있을 것으로 기대한다. 이러한 작업을 통해 얻게 되는 고려인 커뮤니티의 다양한 정착 유형에 대한 이해는 고려인에 대해서만 그 함의가 제한되기보다 이미 다문화 사회로 접어든 한국에서 다양한 출신을 가진 이주민 커뮤니티가 형성·발전하는 메커니즘을 밝히고, 새로운 유형의 사회 통합 전략을 상상하기 위한 유용한 준거점이 될 수 있을 것으로 보인다. 조선족의 이주와 정착 경험은 한국어를 활용할 줄 아는 집단 특성 때문에 한국에 들어오는 이주민 전체에 대한 함의가 제한적일 수밖에 없었다. 하지만 고려인은 언어적 장벽을 가진 그룹이면서 동시에 한국 문화에 대한 일정 정도의 이해를 가진 그룹이기에 이들에 대한 연구는 향후 더욱 증가할 것으로 예상되는 외국인 커뮤니티에 대한 보다 적실성 높은 함의를 제공할 수 있을 것이다.

II. 조선족과 고려인의 국내 유입 현황

본서의 서장 격인 본 장에서는 우선적으로 조선족과 고려인의 국내 유입 현황과 정책적 배경을 간략히 살펴보고, 그 특성에 따른 유형화의 가능성과 각 모델의 특성을 간략히 검토해 보려고 한다. 특별히 본서의 본격적인 연구 목표는 아니지만 고려인 이주의 특성과 그 밀집거주지 형성의 맥락으로 조선족 이주의 특성과 밀집거주지 형성에 대한 이해는 필수적이다. 따라서 본 장에서는 조선족과 고려인의 역사·사회적 형성 과정을 비교하는 방식으로 고려인 이주와 그 거주지 형성에 대하여 개괄적으로 고찰해 볼 것이다. 조선족과 고려인 이주가 지닌 역사·사회적 맥락과 국내 유입 현황에 대한 대조는 두 집단 간 공통점과 차이점에 대한 이해를 도울 수 있기 때문이다.

    2024년 11월 기준 조선족은 전체 약 210만 명 중 약 66만 명이, 고려인은 전체 약 50만 명 중 11만 명이 국내에 체류 중이다. 유입 안정기에 들어선 조선족과 달리, 고려인의 유입은 계속해서 증가세를 보이고 있다. 최근 10년간 조선족은 매년 약 3천 명에서 3만 명씩 증가해 현재 약 39만 명이 국내에 거소 등록되어 있다. 반면 같은 기간 동안 고려인은 매년 약 1만 명씩 증가하여 약 7만 6천여 명이 국내 거소 등록된 것으로 확인된다. 재외동포법 제6조에 따르면 재외동포체류자격으로 입국한 외국국적동포는 대한민국 안에 거소(居所)를 정하여 그 거소를 관할하는 지방출입국·외국인관서의 장에게 국내거소신고를 할 수 있다. 국내거소신고는 의무사항이 아니라 재외동포(F-4) 체류자격을 가진 외국국적동포가 본인의 선택에 따라 자유롭게 할 수 있는 것이다. 단순히 체류자격을 부여받은 외국국적동포가 아닌 실제로 국내에 거주하며 생활 기반을 마련한 동포들의 수에 대한 보다 정확한 데이터를 반영하기 위하여 본 장에서는 조선족과 고려인의 거주 추이를 거소 등록을 기준으로 살펴보고자 한다.

조선족 거주 추이(2015-2024)

2024년 11월 기준 국내 체류 조선족은 667,780명이다. 이 중 거소 등록이 가능한 재외동포(F-4) 자격은 391,346명, 방문취업(H-2) 자격은 80,659명, 영주(F-5) 자격은 137,741명으로 나타났다(표 1 참고).

표 1   조선족 체류자격별 현황(2024년 11월 30일 기준)   (단위: 명)

재외동포(F-4)	방문취업(H-2)	영주(F-5)	기타	합
391,346	80,659	137,741	58,034	667,780

출처: 법무부

최근 10년간 조선족의 국내 거소 등록은 지속적으로 증가해 왔다. 2015년 국내 거소 등록 조선족의 수는 23만 명이었으나 해마다 적게는 약 3천 명, 많게는 3만 명가량 증가하며 현재는 그 수가 약 39만여 명에 달한다(그림 1, 표 2 참고).

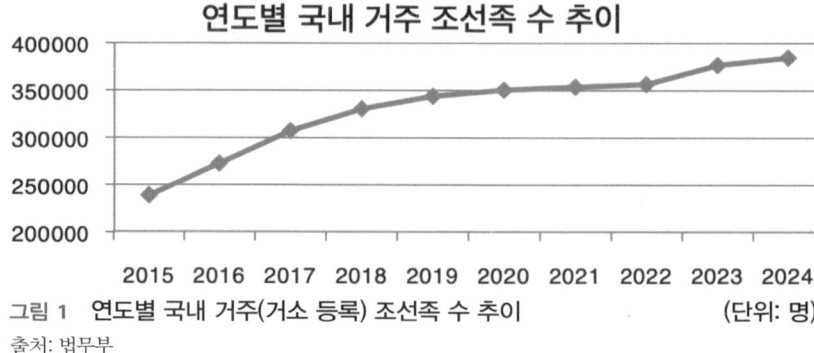

그림 1 연도별 국내 거주(거소 등록) 조선족 수 추이   (단위: 명)
출처: 법무부

표 2 연도별 국내 거주(거소 등록) 조선족 수 추이   (단위: 명)

연도	인구수
2024년[2]	390,015
2023년	376,803
2022년	356,508
2021년	353,654
2020년	350,461
2019년	343,886
2018년	330,394
2017년	307,292
2016년	272,663
2015년	238,582

출처: 법무부

　　거소 등록된 국내 조선족의 거주 분포를 광역자치도별로 살펴보면 이들이 주로 수도권에 거주하고 있음을 알 수 있다. 경기도에 18만 1,641명, 서울에 11만 1,971명, 인천에 2만 8,577명이 등록되어 있다(표 3 참고).
　　그중에서도 안산, 시흥, 구로, 영등포, 수원, 부천, 금천, 부평, 오산, 평택 등 수도권 10개 지역이 조선족이 가장 밀집해 거주하고 있는 지역이다(표 4 참고).

---

[2] 2024년은 2024년 11월 30일 기준, 다른 해는 그해의 12월 31일을 기준으로 한다.

표 3 광역자치도별 조선족 거주(거소 등록) 분포(2024년 9월 30일 기준)(단위: 명)

순위	시도	인원수
1	경기도	181,641
2	서울특별시	111,971
3	인천광역시	28,577
4	충청남도	19,198
5	충청북도	9,311
6	경상남도	7,724
7	울산광역시	5,676
8	경상북도	4,831
9	부산광역시	2,853
10	전라남도	2,833
11	전북특별자치도	2,626
12	제주특별자치도	2,444
13	대구광역시	2,408
14	강원특별자치도	2,024
15	대전광역시	1,804
16	광주광역시	1,661
17	세종특별자치시	820

출처: 법무부

표 4 조선족 거주(거소 등록) 밀집 지역(2024년 9월 30일 기준) (단위: 명)

순위	지역	인원수
1	경기도 안산시	29,485
2	경기도 시흥시	28,941
3	서울시 구로구	24,976
4	서울시 영등포구	24,707
5	경기도 수원시	24,200
6	경기도 부천시	21,197
7	서울시 금천구	15,016
8	인천시 부평구	11,850
9	경기도 오산시	9,588
10	경기도 평택시	9,177

출처: 법무부

고려인 거주 추이(2015-2024)

고려인의 경우, 전체 동포 수에 비해 국내 거주 인원은 상대적으로 적다. 이는 고려인들이 사용하는 주요 의사소통 수단인 러시아어에 대한 지원 환경이 열악하고, 국적 취득이 보장되지 않으며, 사회적 지위가 불안정하다는 데 이유가 있다. 그러나 이러한 환경에도 고려인의 유입은 지속적으로 증가하는 추세다.

2024년 11월 기준 한국에 체류하고 있는 고려인은 출신국 기준으로 약 11만 6천 명으로 추산된다(표 5 참고).

표 5   고려인 체류자격별 현황(2024년 11월 30일 기준)   (단위: 명)

	재외동포(F-4)	방문취업(H-2)	영주(F-5)	기타	총합
러시아	33,636		1,497		
우즈베키스탄	28,852	7,784	1,767		
카자흐스탄	14,425	4,713	421		
키르기스스탄	2,787	671	98		
우크라이나	2,276	471	74		
타지키스탄	356	67	12		
투르크메니스탄	482	9	9		
합	82,814	13,715	3,878	15,785	116,192

출처: 법무부

이 중 한국에 거소를 등록한 인원은 약 8만 2천여 명에 이른다. 최근 10년간 고려인의 국내 거소 등록은 지속적으로 증가해왔다. 2015년에는 14,394명이었던 국내 거주 고려인의 수는 매년 만 명가량 꾸준히 증가해왔다. 이들 중에는 러시아 출신이 가장 많고, 다음으로 우즈베키스탄, 카자흐스탄, 키르기스스탄, 우크라이나, 투르크메니스탄, 타지키스탄 순이다(그림 2, 표 6 참고).

거소 등록된 국내 고려인의 거주 분포를 광역자치도별로 살펴보면 이들은 경기도와 인천 등 수도권과 더불어, 충남, 충북, 경남, 경북 등 지방에도 많이 분포해 있음을 알 수 있다(표 7 참고). 이는 조선족이 대부분 수도권에 거주하는 것과 차이를 보인다.

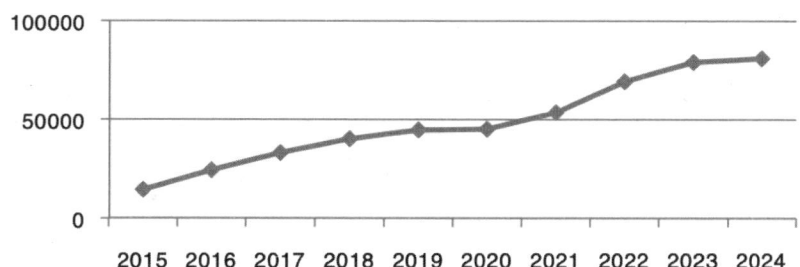

그림 2 연도별 국내 거주(거소 등록) 고려인 수 추이 (단위: 명)
출처: 법무부

표 6 연도별 국내 거주(거소 등록) 고려인 수 추이 (단위: 명)

연도	한국계 러시아인	우즈베키스탄	카자흐스탄	키르기스스탄	우크라이나	투르크메니스탄	타지키스탄	총합
2024[3]	33,523	28,516	14,123	2,744	2,236	463	344	81,949
2023	33,317	27,349	13,193	2,527	2,083	395	324	79,188
2022	29,106	24,578	11,237	2,194	1,733	272	282	69,402
2021	25,280	17,932	7,556	1,481	1,038	157	214	53,658
2020	25,107	12,643	5,531	1,019	506	142	149	45,097
2019	26,190	11,681	5,185	1,010	336	137	125	44,664
2018	23,876	10,482	4,545	853	262	89	63	40,170
2017	20,192	8,876	3,186	630	185	30	31	33,130
2016	14,669	7,124	1,822	560	119	7	24	24,325
2015	7,669	5,431	863	349	65	2	15	14,394

출처: 법무부

그중에서도 경기도 안산, 충남 아산, 인천시 연수구, 경기도 안성, 경기도 화성, 경북 경주, 충북 청주, 광주 광산구, 경남 김해, 경기 평택, 충남 천안 등 지역이 고려인이 가장 밀집해 거주하고 있는 지역이다(표 8 참고).

---

3 2024년은 2024년 9월 30일 기준, 다른 해는 그해의 12월 31일을 기준으로 한다.

표 7 광역자치도별 고려인 거주(거소 등록) 분포(2024년 9월 30일 기준)(단위: 명)

순위	시도	인원수
1	경기도	31,224
2	충청남도	12,875
3	인천광역시	10,640
4	충청북도	6,112
5	경상남도	5,472
6	경상북도	4,486
7	광주광역시	3,866
8	서울특별시	2,287
9	부산광역시	1,586
10	대구광역시	1,480
11	울산광역시	521
12	강원특별자치도	347
13	전북특별자치도	330
14	전라남도	322
15	세종특별자치시	188
16	대전광역시	128
17	제주특별자치도	85

출처: 법무부

표 8 고려인 거주(거소 등록) 밀집 지역(2024년 9월 30일 기준)   (단위: 명)

순위	지역	인원수
1	경기도 안산시 단원구	15,570
2	충청남도 아산시	8,843
3	인천광역시 연수구	7,914
4	경기도 안성시	4,403
5	경기도 화성시/경상북도 경주시	4,088
6	충청북도 청주시	4,058
7	광주광역시 광산구	3,817
8	경상남도 김해시	3,076
9	경기도 평택시	2,830
10	충청남도 천안시	2,072

출처: 법무부

III. 조선족과 고려인의 국내 유입의 동인

조선족과 고려인은 '외국국적동포'이다. 「재외동포의 출입국과 법적지위에 관한 법률」(약칭: 재외동포법) 시행령 제2조에 따르면 '외국국적동포'란 대한민국의 국적을 보유하였던 자(대한민국정부 수립 전에 국외로 이주한 동포를 포함한다) 또는 그 직계비속으로서 외국국적을 취득한 자 중 대통령령으로 정하는 자를 의미한다.[4] 과거 정부수립 이전 국외 이주 동포(중국·CIS 지역 동포)는 재외동포법 적용 대상에서 제외되었으나, 이러한 조치가 평등의 원칙에 위배된다는 헌법불합치 결정(2001년 11월)이 내려진 후, 거주국 동포 간 차별을 최소화하기 위해 2004년에 재외동포(F-4) 자격을 부여했고, 2007년에는 방문취업 비자(H-2)도 부여했다. 이후 재외동포법 시행령 개정(19.7.2.)으로 4세대 이후 동포가 재외동포의 범위에 포함되었으며, 2021년 12월 27일 초, 중, 고교 재학 중인 동포 자녀에게도 재외동포(F-4) 자격을 부여하기로 하는 등 재외동포 정책은 지속적으로 확대 시행되고 있다.

국내 체류 외국국적동포는 2019년 878,439명에서 2020년 발생한 코로나19 팬데믹 이후 지속 감소하다가 상황이 안정화되면서 2022년을 기점으로 그 수가 점차 증가하는 추세다. 2024년 11월 말 기준 외국국적동포는 864,363명으로 전체 체류 외국인의 32.7%를 차지하고 있는 것으로 나타났다. 이 중 조선족이 667,780명이며 고려인은 우즈베키스탄 출신 42,717명, 러시아 출신 38,277명, 카자흐스탄 출신 22,696명, 키르기스스탄 출신 4,146명, 우크라이나 출신 3,330명, 타지키스탄 출신 487명, 투르크메니스탄 출신 539명으로 집계됐다.[5] 외국국적동포의 체류자격은 재외동포(F-4) 556,332명

---

[4] 단, 재외동포 중 "재외국민"은 대한민국의 국민으로서 외국의 영주권을 취득한 자 또는 영주할 목적으로 외국에 거주하고 있는 자로서 "외국국적동포"와는 다르다.

[5] 재외동포 중 출신국이 러시아, 우즈베키스탄, 카자흐스탄, 키르기스스탄, 우크라이나, 투르크메니스탄, 타지키스탄인 것을 고려인으로 분류하였다. 오정은 외(2014)에 따르면 러시아를 제외

(64.4%), 영주(F-5) 143,385명(16.6%), 방문취업(H-2) 94,382명(10.9%), 방문동거(F-1) 28,797명(3.3%) 순으로 나타난다(표 9 참고).

조선족과 고려인은 모두 한민족 동포라는 공통점이 있으나, 각기 다른 역사적 배경과 사회적 환경 속에서 형성된 집단이다. 조선족은 19세기 말~20세기 초 한반도에서 중국으로 이주한 사람들을 주축으로 하여 현재는 중국 내 소수민족으로 자리 잡았다. 일반적으로 고려인은 조선 말기부터 일제 강점기에 연해주 지방으로 이주하였다가 1937년 스탈린 정권의 강제 이주 정책으로 중앙아시아로 이주한 사람들을 일컫는 용어로 알려져 있다. 이 두 집단의 역사적 배경 차이는 국내 유입 동기와 적응 과정에 영향을 미쳤다. 증가 추세가 안정기에 들어선 조선족과 달리 고려인은 최근 들어 유입이 급격히 증가하며 정착 과정을 본격화하고 있다는 점에서 고려인의 국내 정착 단계와 과정을 이해하는 데 두 집단의 유입 원인과 현황을 비교해 보는 것은 유용하다.

1949년 중화인민공화국의 수립으로 인해 100만여 명에 이르는 조선족

표 9 외국국적동포 현황[6]   (단위: 명)

연도		2019	2020	2021	2022	2023	2024
합계		878,439	811,211	778,670	804,976	848,724	864,363
체류자격별	방문동거(F-1)	37,001	31,517	25,871	36,587	35,600	28,797
	재외동포(F-4)	464,152	466,682	478,442	502,451	536,374	556,332
	영주(F-5)	100,375	107,337	113,718	121,285	129,989	143,385
	방문취업(H-2)	226,322	154,533	124,691	105,567	103,981	94,382
	기타	50,589	51,142	35,948	39,086	42,780	41,467

출처: 법무부

하면 한국인이 CIS국가에서 현지 국적을 취득하려는 경우가 극히 드물고, 특히 중앙아시아 5개국에서는 한국인이 현지 국적을 취득하는 것이 매우 어렵기 때문에 외국국적자를 모두 고려인이라고 간주할 수 있다.

6 2024년은 2024년 11월 30일 기준, 다른 해는 그해의 12월 31일을 기준으로 한다.

은 남한과 북한을 모국으로 삼는 중국의 소수민족으로 성장하였는데, 특히 동북 3성 지역에 거주하던 대다수의 조선족은 중국 국민 지위 획득과 함께 토지의 경작권을 인정받았으며 조선족 마을을 형성했다. 그러나 1978년 중국의 개혁개방 정책 시행 이후 산업화와 도시의 서비스업이 성장하면서 농촌 지역에 거주하던 조선족은 도시로 진출하게 되었으며, 베이징, 상하이, 칭다오, 광저우 등에 조선족 커뮤니티가 형성되었다. 이후 조선족은 동북 3성과 맞닿아 있는 러시아 변경 지역으로 진출하기도 하였으며, 1992년 한중 수교 이후에는 한국으로의 노동 이주와 일본으로의 유학 이주 또한 큰 흐름을 형성하게 되었다. 이처럼 중국 거주 조선족의 중국 내 이동 및 한국으로의 유입은 산업화 등으로 인한 경제적 이유뿐만 아니라 자녀 교육 등 사회계층 이동을 위한 전략으로서의 특성도 띠고 있다(김판준, 2021).

지금까지 국내로 이주한 조선족 대부분이 생산연령인구라는 점에서 조선족 내 생산연령인구의 감소로 인해 중국으로부터의 인구 유입 현상은 오래 지속되지 않을 것으로 전망할 수 있다. 한편 유소년인구나 고령인구의 국내 이주는 지속되거나 증가할 가능성도 있다. 중국 조선족 사회가 점차 공동화되어가면서 조선족 학교 수가 감소하고, 한국 등 해외로의 이주가 사회계층 이동의 주요한 전략이 되면서 국내 조선족은 중국에 남아 있던 자녀를 한국으로 초청하는 추세이기 때문이다. 국내 의료 기술과 요양시설의 우수성으로 인해 중국에 남아 있는 부모를 초청하는 사례도 증가하고 있다(박경숙 외, 2019).

반면 고려인의 유입은 중앙아시아 지역에서의 이슬람 민족주의의 부흥, 주류 민족 중심의 언어정책, 소수민족에 대한 취업·교육 기회 제한 등 배출요인(push factor)과 관련이 있다. 동시에 한국 정부의 재외동포법 개정 등이 흡인요인(pull factor)으로 작용하였다. 역사적·사회적 연고로서 한국에 대한 특별한 의미 부여도 중요한 배경이 되었으며, 특히 경제적 이유는 가장 큰 직접적인 동기가 되었다.

중앙아시아 고려인의 본격적인 역사는 1937년 스탈린 정권에 의한 강제이주에서 시작되었다. 이후 이들은 1992년 구소련 붕괴 이후 확산된 배타적 민족주의로 인해 국가의 지원이 차단되고 경제활동이 위축되면서 심각한 어려움에 처하게 되었다. 이러한 배출요인으로 인해 일부 고려인은 '강요된 이주자'에서 '자발적 이주자'로 전환되었으며, 특히 우즈베키스탄의 낮은 임금 수준과 같은 경제적 요인 또한 이주를 촉진하는 주요한 동기로 작용하였다.

이와 동시에, 한국 정부의 중앙아시아에 대한 관심과 유관 정책이 흡수요인으로 작용하였다. 황영삼의 본서 3장에서의 분석에 의하면, 재외동포재단이 실시한 초청사업은 해외 고려인들이 한국을 방문해 '역사적 조국'의 실상을 직접 접할 수 있는 기회를 제공했다. 그러나 2000년대 초반까지만 하더라도 러시아와 카자흐스탄 지역 출신 고려인의 한국 이주 동기는 강하지 않았다. 경제적으로 더 열악했던 우즈베키스탄 고려인들조차도, 국내에 연고가 없는 경우 당시의 법과 제도가 허락하는 비자를 가지고 노동 이주자로 입국하여 장기 체류하기는 어려웠다.

이러한 상황 속에서 이뤄진 제도적 변화는 고려인 이주에 기폭제로 작용하였다. 앞서 밝혔듯, 2001년 헌법재판소의 결정(99헌마 494)으로 2004년 재외동포법이 개정된 것과 더불어 2007년 시행된 방문취업제도를 통해 행정적 절차가 간소화되면서 무연고 동포들에게도 노동 이주의 기회를 제공한 것이다. 아울러, 고유가 현상으로 중앙아시아의 석유와 천연가스에 대한 정부의 관심이 높아진 것 역시 고려인 이주에 긍정적인 영향을 미쳤다.

제도적 변화 이후, 황영삼이 본서 3장에서 언급한 것처럼 고려인들의 국내 이주에 관한 유의미한 통계가 가시화되기 시작했다. 2005년에 약 1,300명에 불과하던 국내 체류 고려인 수는 2009년에는 약 5배에 달하는 수준으로 급증하였다. 2009년의 통계자료에 따르면, 우즈베키스탄 국적의 국내 거주 고려인은 3,980명, 러시아 국적의 국내 거주 고려인은 2,539명으로 파악되어 전체 외국 국적 동포 중 약 1.5%를 차지하였다. 이는 비자 제도 혁신의 영향이었다.

이에 더하여, 이준석이 본서 9장에서 밝힌 바와 같이, 2022년 7월 한국 법무부의 지역특화형비자(F-2-R)[7]의 신설이 각 지방자치단체에 외국인과 재

---

7   지역특화형 비자(F-2-R)의 개요에 대해서는 다음의 대한민국 법무부 공식 보도자료를 참조

외동포 인구를 적극적으로 유치 및 지원할 수 있는 제도적 유인을 제공하게 되면서, 인구 감소와 지역경제 쇠퇴에 직면한 적지 않은 지방자치단체 다수가 지역특화형 비자 신청 자격을 갖춘 고려인의 이주와 정착에 관심을 기울이고 있다.

IV. 고려인 밀집거주지의 형성과 특징

고려인 밀집거주지의 형성 과정은 고려인들이 한국 사회에 이주하여 상호작용을 통해 변화하는 양상을 반영하는 흥미로운 현상이다. 이들의 정착 패턴은 조선족과 유사한 면이 있으면서도 고유한 특징을 보이고 있다.

먼저 조선족과 고려인 모두, 자발적으로 특정한 지역에 모여 밀집거주지를 형성하며, 이 과정에서 상업지역이 성장하게 된다. 조선족들의 밀집거주지에는 중국 본토 음식, 중국 식품 전문점 등의 상점들이 형성되었으며, 이들 중 일부는 주된 고객이 조선족인 경우도 적지 않다. 이와 유사하게, 고려인들의 밀집거주지 역시 중앙아시아 음식 전문점 및 중앙아시아 물건들을 판매하는 잡화점이 형성되었다. 예를 들어, 제천에서는 고려인들이 주로 거주하는 아파트 인근에 두 곳의 중앙아시아 물건을 주로 판매하는 잡화점이 형성되었으며, 이를 경영하는 사람도 고려인이었다.

그러나 조선족의 밀집거주지 형성은 언어소통이 자유로운 이주민 노동자라는 독특한 정체성에 따라, 그에 적합한 일자리와 교통접근성이 있는 지역 중 임대료가 저렴한 낙후지역을 찾아 자연스럽게 이루어졌다(이석준, 2014). 따라서 조선족들의 밀집거주지 형성에는 임대료가 절대적으로 중요한 요소로 자리매김하였으며, 이는 해당 지역이 조선족 커뮤니티의 경제적 기반 및 사회적 네트워크 형성에 중요한 역할을 했음을 보여준다. 이러한 과정은 조선족들

할 것. https://www.moj.go.kr/moj/221/subview.do?enc=Zm5jdDF8QEB8JTJGYmJzJTJGb-W9qJTJGMTgyJTJGNTYxNDgxJTJGYXJ0Y2xWaWV3LmRvJTNG (최종검색일: 2024. 9. 19.)

이 지역 사회 내에서 적응하고 생계를 유지하는 데 필요한 자원과 기회를 제공했다.

반면 고려인들은 주로 공단이 밀집한 지역으로 일자리를 찾아 이주하며, 소규모 공동체를 이루어 주택, 취업, 교육 등의 중요한 정보를 교환하였다. 대부분의 고려인들은 경제적 기회를 찾아 한국으로 이주하며, 따라서 일자리 접근성이 탁월한 지역으로 밀집거주지가 형성된 것이다. 이때, 고려인들은 언어 소통이 조선족과 비교해서 자유롭지 않아서 종사할 수 있는 직종이 제조업 등으로 한정되기 때문에 공단 주변으로 거주지가 한정되었다. 이러한 과정을 통해 경기도 안산시 단원구 및 상록구, 인천광역시 연수구, 충청남도 아산시, 광주광역시 광산구 등에 주요 밀집 지역이 형성되었다(김병혁, 2018).

고려인 밀집거주지의 형성 과정은 다양한 유형으로 나타난다. 앞서 표 8에서 나타났듯이, 2024년 9월 기준 경기도 안산시 단원구가 15,570명으로 가장 많은 고려인이 거주하고 있으며, 충청남도 아산시(8,843명), 인천광역시 연수구(7,914명) 등이 그 뒤를 잇고 있다. 특히 경기도 안산시 단원구는 인접 지역인 경기도 안산시 상록구와의 상호작용을 감안할 때, 경기도 안산시의 전체적 고려인 밀집거주지 규모는 국내 고려인 밀집거주지 중 가장 거대할 것이다. 또한, 충청남도 아산시와 인천광역시 연수구를 제외하면 이외의 밀집거주지는 규모가 비슷한데, 이는 공단 밀집 여부와 밀접한 관련이 있다.

고려인들의 밀집거주지 형성과 이들의 국내 정착은 지역별·주체별로 다양한 양상을 보인다. 경기도 안산시(땟골)와 같이 공단 지역이 인접해 자연스럽게 형성된 자생적 밀집거주지가 있는가 하면, 광주 〈고려인마을〉과 같이 특정 민간단체가 주도적 역할을 한 사례도 있으며, 또한 제천의 경우처럼 정부나 지자체의 정책에 따라 추진된 사례도 있어서, 저마다의 맥락과 형태에 따라 고려인 커뮤니티가 발전해 왔다. 본서에서는 이러한 거주지 형성 유형을 크게 세 유형(자연발생적 모델, 민간 주도적 모델, 관 주도적 모델)으로 구분하고, 각 모델의 대표적 사례로서 세 지방(안산, 광주, 제천)의 고려인 커뮤니티를 연구 대상으로 선정했다. 선정된 사례들은 다시 각 커뮤니티가 지니는 차별성이 잘 드러나는 세 측면('밀집거주지의 형성 배경', '밀집거주지 형성 과정의 주요 특징', '지역사회와의 상호작용과 그들이 형성하는 네트워크')을 중심으로 분석되었다. 이러한 접근법은 전국적으로 흩어져 있는 고려인 밀집거주지를 유형화하고, 고려인 밀집거주지 내부의 동학 및 외부와의 연계성을 파악하는데 유용한 틀을 제공할 수 있을 것으로 기대된다.

가령, 안산 사례는 고려인 밀집거주지 중 가장 큰 규모(표 8 참조)이며, 해당 지역에 거주하고 있는 고려인들이 대다수 직업을 구하기 위해 모였다는 점에서 자연발생적 거주지로서의 대표성을 가지고 있다. 한편, 이미 국내외 많은 연구가 진행되어 온 광주 사례는 특정 민간인 및 민간단체가 강한 동원력을 바탕으로 고려인 밀집거주지를 형성한 과정이 민간 주도 고려인 밀집거주지로서의 대표성을 보여준다. 반면, 제천은 비록 규모 면에서는 안산이나 광주에 비할 바가 아니지만, 대한민국에서 지자체가 주도적으로 고려인들의 이주를 촉진한 첫 번째 사례이며, 타 지자체에서도 벤치마킹을 목적으로 방문할 정도(김창규 제천시장 인터뷰, 2024)로 대표성을 가지고 있다. 각 고려인 밀집거주지의 특징적 면모를 간략히 살펴보면 다음과 같다.

안산: 자연발생적 밀집거주지 사례

안산은 한국에서 가장 규모가 큰 고려인 밀집거주지이며 수도 서울과 비교적 가까우면서도 공단이 발달한 특성을 통해 자생적으로 형성된 대표적 사례이다. 특히 안산시 단원구 선부2동, 이른바 '땟골' 지역은 2000년대 중반부터 고려인들이 집단 거주를 시작하여, 현재까지도 한국 내 고려인들의 '최초이자 최대' 집거지라는 상징성을 지닌다.

안산의 제조업과 관련된 풍부한 일자리는 고려인들의 밀집 거주를 유인하는 큰 요인이 되었다. 안산 시화·반월공단은 한국의 대표적인 공업단지 중 하나로, 다양한 제조업체가 밀집해 있어 취업 기회가 많았다. 고려인들은 세대를 거치며 한국어를 잊게 되었기 때문에, 주로 노동집약적 생산공정에 투입되었고, 낮은 임금에도 일자리를 구하기 수월하다는 특징 때문에 자연스레 안산으로의 이주가 늘어났다. 또한 언어나 제도적 장벽으로 인해 대부분 생산직에 종사하는 고려인들은 임대료가 저렴한 지역을 선호했다. 이렇듯 안산 선부2동 일대는 상대적으로 주거비 부담이 적어, 초기 이주민들이 밀집·정착하는 공간이 되었다.

안산의 고려인 밀집거주지는 국내에서 가장 거대한 고려인 밀집거주지로서 다음과 같은 특징을 가지고 있다. 첫째, 고려인지원센터와의 연계를 심화시켜 나가고 있다. 2011년부터 활동해온 고려인지원센터 〈너머〉 등 민간단체는 고려인들의 언어·법률·취업 상담을 제공하고, 지역 축제나 문화행사를 기획함으로써 지역사회에 뿌리내리는 데 큰 역할을 하고 있다. 둘째, 고려인 밀집거주지는 에스닉집거지(ethnic enclave)의 긍정적 기능을 하고 있다. 땟골 고려인마을은 단순히 외국인 노동자들의 주거지에 그치지 않고, 서로의 문화와 자원을 교류하는 허브로 자리 잡았다. 고려인들은 식료품점, 식당, 유통업 등을 활발히 운영하며 지역경제에 기여하고 있고, 이는 점차 주변 지역 주민들과의 교류를 촉진하는 발판이 되고 있다.

또한 안산에 정착한 고려인들은 지역 사회와의 다양한 상호작용을 하고 있다. 첫째, 땟골 지역은 '게토화(ghettoization)'를 지양하고, 주민 간 상호 존중을 바탕으로 건설적인 다문화공동체를 지향하고 있다. 고려인들은 선주민과 함께 지역행사, 문화교류, 마을공동체 활동에 참여함으로써 상호 이해도를 높이는 데 힘쓰고 있다. 둘째, 마을공동체가 심리적 지주(支柱)로서의 역할을 하며, 타 지역에서 이주해 오는 고려인들에게 일자리, 주거, 생활정보를 공유해주는 등 사실상의 '도움터' 기능을 수행한다. 이는 처음 이주하는 이주 초기 고려인들에게 큰 심리적 안정감과 공동체 의식을 부여하며, 고려인 밀집거주지가 가진 커뮤니티적 가치를 극대화하는 예라 할 수 있다.

이렇듯 안산 모델은 '자연발생적'이면서도 꾸준한 민간과 공공의 협력이 이루어져, 안정적인 정착 구조가 마련된 사례라는 점에서 의미가 크다. 이는 향후 다른 지역에서 고려인 또는 외국인 커뮤니티가 자생적으로 확장될 때 참고할 수 있는 실질적인 모범사례가 될 것이다.

광주: 민간 주도적 밀집거주지 사례

광주 광역시의 〈고려인마을〉은 특정 개인·민간단체가 강력한 동력원이 되어, 고려인 사회를 자립적으로 조직화하고 지역사회와 소통해 온 대표적인 사례다. 주로 광산구 월곡동 일대를 중심으로 거주하며, 견고한 공동체를 형성하고 있다.

광주 〈고려인마을〉은 2000년대 초반 고려인들의 본격적인 유입과 함께 형성되었다. 남부지역 공단 및 농어촌 일자리와 저렴한 주거지를 찾아 고려인들이 광주 광산구 일대로 들어오기 시작했다. 이때, 지역 교회의 도움을 받아 초기 정착을 이룬 사람들이 함께 모여 '공동체 모임'을 결성했다. 이에 2004년 20여 명이 시작한 소규모 모임이 고려인종합지원센터(2005년), 고려인교회(2009년) 설립 등으로 이어지면서, 광주 〈고려인마을〉은 점차 제도적·조직적으로 확장됐다. 이 과정에서 민간단체와 종교단체, 자원봉사자들의 협력이 핵심 동력이 되었다.

이러한 설립 과정에서의 민간 단체의 강한 주도성에 따라서 광주 〈고려인마을〉은 일찌기 협동조합의 설립을 시작으로 자립경제 구축을 위한 노력을 기울이고 있다. 2012년 어린이집 개원, 2013년 고려인마을협동조합(K-COOP) 설립을 시작으로, 고려인들은 마트, 여행사, 식당 등 다양한 경제활동을 하고 있다. 이렇게 구축된 자립경제 구조는 외부 지원에만 의존하지 않고, 공동체 자체적으로 자생력을 키우는 데 큰 기여를 하고 있다. 더 나아가, 2014년 법무부에 '사단법인 고려인 마을'로 등록하면서, 광주 〈고려인마을〉은 독립적인 법적 주체로 자리매김했다. 이를 통해 여러 국가 및 지방정부 사업에 공식적으로 참여할 수 있게 되었다.

아울러, 광주 〈고려인마을〉은 다양한 문화교류 프로그램을 기획하며, 지역 사회와의 상호작용에 적극적인 모습을 보여주고 있다. 지역 주민들과 함께하는 합동 문화예술 행사, 체육 대회, 축제 등을 개최하며, 지역 주민 및 관광객들에게 먼저 다가가는 모습을 보이고 있다. 이 덕분에 광산구 월곡동 일대는 고려인의 문화가 지역문화와 융합·공존하는 대표적인 다문화 커뮤니티로 인식되고 있다. 또한 광주 〈고려인마을〉은 민간이 주도적으로 운영하는 가운데도, 시민단체와 지역 행정이 유기적으로 협력하는 구조가 정착되어 있다. 예컨대 광주광역시 차원의 다문화정책 프로그램에 〈고려인마을〉이 적극 참여해, 정책 수립 단계부터 '당사자 목소리'를 반영해 왔다.

광주 모델은 '민간 주도형' 고려인 밀집거주지의 자립과 공동체 형성을 극명하게 보여준다. 그들은 내부 조직을 견고히 다지면서도, 외부와의 협업과 상호 교류를 놓치지 않았고, 이를 통해 지역사회와 상생하는 다문화공동체의 비전을 제시했다는 점에서 의의가 있다.

제천: 관(官) 주도의 밀집거주지 형성 사례

제천은 인구감소와 지역소멸 위기에 직면한 지방자치단체가 정책적으로 고려인 유치를 추진한 첫 번째 사례로서 주목받고 있다. 규모 면에서는 안산 등에 미치지 못하지만, 제도 설계와 행정적 지원이라는 측면에서 본격적인 '관 주도형' 모델이 확립되었다는 점에서 상징성이 크다.

충청북도 제천시는 저출산·고령화에 따른 지역소멸 위기를 극복하기 위해, 시청이 고려인들의 유입을 직접 주도했다. 제천시는 농업·관광산업이 주류를 이루는 지역이지만, 지속적인 청년 유출과 인구감소로 어려움을 겪어 왔다. 이를 타개하기 위해 지자체 차원에서 적극적인 이주민 유입정책을 구상하게 되었고, 이주민 유입정책의 일환으로 고려인 유치가 시작된 것이다. 제천시는 2023년 10월부터 지역 특화형 비자 발급, 의료비 지원, 취업 연계, 단기 체류 시설 지원, 자녀 교육 지원 등 파격적인 조건을 내세워 고려인 이주를 독려했다. 이러한 노력이 언론에 보도되면서 국내 다른 지역에 체류 중인 고려인들에게도 관심의 대상이 되었으며, 이주한 고려인 수가 꾸준히 증가하는 등의 성과를 내고 있다. 2024년 기준 고려인 61세대 145명이 거주하고 있지만, 재외동포지원센터에 이주 신청서를 제출한 사람을 포함하면 이주 고려인은 조만간 133세대 347명으로 늘어날 예정이다.

제천은 관 주도형 고려인 밀집거주지의 대표 주자로서, 정부·지자체 차원의 협업 체계가 잘 구축되어, 고려인들이 입국 및 정착 절차에서 겪을 수 있는 행정적 장벽을 신속히 해소해 주는 등의 장점이 있다. 뿐만 아니라 지역 내 공공기관, 의료기관, 교육기관과의 연계도 계획되어 있어, 고려인들이 이주 초기 겪는 언어 장벽 등의 문제를 비교적 쉽게 극복하고, 짧은 시간 안에 지역에 정착하기가 수월하게 해 주는 것과 같은 장점이 있다.

비단 중앙아시아 지역에서 새로 이주한 고려인들뿐만 아니라, 국내에 이미 거주하고 있던 고려인들에게도 제천은 매력적인 대안으로 떠오르고 있다. 실제로 제천에 정착한 고려인들 중 상당수는 이미 한국에 거주 중이었으나, 취업·거주 환경 개선을 위해 제천으로 이동한 사례들도 있다. 특히 이주 대상 347명 가운데 해외에서 직접 유입된 고려인은 10명에 불과하다. 이 중 60%는 국내 체류 기간이 1~2년 미만이며, 나머지는 그 이상 장기간 체류한 고려인으로 구성되어 있다. 이는 내부 인구 이동 패턴을 통해 지역 활력을 모색한다는 점에서, 타 지자체도 벤치마킹할 만한 흥미로운 시사점을 제공한다.

이러한 관 주도형 고려인 밀집거주지는 지역 경제 활성화 효과를 제공하고 있다. 제천의 고령화로 인한 노동력 부족 문제를 해결하는 데 고려인들이 기여하고 있으며, 소규모 제조업체·농업분야에서는 이들의 일손이 크게 환영받고 있다. 동시에 생활권 내 소비가 늘어나면서, 지역 소상공인과 유대 관계가 점차 형성되고 있다. 또한, 지자체의 주도로 고려인 축제나 교류행사가 열릴 때, 제천 시민들의 관심과 참여가 점차 높아지고 있다. 다만 언어·문화 차이에 따른 갈등을 선제적으로 조율해야 하는 과제가 남아 있다.

제천 모델은 '관 주도형' 고려인 이주 정책이 단순히 인구를 채우는 것을 넘어, 장기적으로 지역에 새로운 문화적 다양성과 활력을 불어넣을 수 있음을 보여준다. 이는 향후 지역소멸 위기에 직면한 다른 지방자치단체들에게도 하나의 정책적 대안이 될 수 있다.

V. 책의 구성과 주요 내용

이런 세 유형의 고려인 밀집거주지의 형성과 발전의 특성을 분석한 결과를 바탕으로 본서는 크게 각 유형별로 세 개의 장으로 구성된 세 부로 구성되었다. 안산, 광주, 제천 사례는 각각 (1) 고려인 밀집거주지 형성의 배경과 동력, (2) 고려인 밀집거주지 형성 과정과 특징, 그리고 (3) 거주 고려인들의 내적·외적 네트워크 형성 등의 세 측면을 중심으로 장별로 분석되었다.

안산의 사례를 분석하는 첫 번째 글인 〈1부: 안산 고려인 밀집거주지〉의 2장 "안산 고려인 마을의 형성과 발전"에서 황영삼은 가장 먼저 자발적으로 형성된 고려인 밀집거주지인 안산시 경험을 전반적으로 다루고 있다. 안산 시내의 북서쪽에 위치한 '땟골마을'은 사실상 한국으로 이주한 고려인들이 처음으로 집거지를 이룬 공간이다. 안산에는 대단위 산업단지가 있었기 때문에 노동이주의 최고 적합지였다. 특히 안산은 서울과의 인접성 및 기존 외국인들의 거주지로 선호되고 있어서 러시아어 기반의 고려인들이 한국에 거주하기에는 비자 문제 외에는 크게 문제 될 것이 없었다. 안산에는 조선족을 비롯하여 필리핀, 베트남, 몽골 등지에서 온 외국인들이 다수 거주하고 있었는데 주로 산업 단지와 가까운 원곡동 일대 및 북쪽 지대 그리고 땟골마을에 이르기까지 비교적 넓은 범위에서 커뮤니티를 형성했다. 이러한 환경 하에서 새롭게 이주해 오는 고려인들도 그들 속에서 터전을 하나하나 이루기 시작했던 것이다. 현재 안산시의 고려인 밀집거주지는 선부동의 '땟골마을'과 사동의 '고향마을'이 있을 정도로 지난 20여 년 동안 규모가 확장되어 국내 최대의 고려인 주거지로 형성되었다.

이어 주송하는 3장 "이민 정치에서 정부와 시민 사회의 상호 작용: 안산 고려인 커뮤니티 사례"를 통해 한국의 이민 정치에서 시민 사회는 어떠한 역할을 하고 있으며, 정부와 어떠한 상호작용을 하고 있는가?라는 질문을 던지고 있다. 주송하에 의하면, 서방 국가들의 이민 정치 연구에서 인권 규범을 수호하고 실천하는 시민사회에 대한 역할은 강조되어 왔다. 이에 반해 한국을 포함한 동아시아의 이민 정치에 대한 기존 연구는 주로 국가의 역할에 방점을 두고 있다. 소수의 연구가 한국의 이민 정치에서 시민사회 역할을 강조했지만, 이러한 연구들은 주로 중앙 차원에 초점을 두고 있으며 지방 차원의 이민 정치에서 시민사회의 역할과 관련된 연구는 부족한 실정이다. 따라서 3장에서 주송하는 고려인 동포 정책에서 안산시 지방 차원을 중심으로 시민사회와 정부의 역할과 그들의 상호작용에 주목하였다. 구체적으로 이 연구에서는 안산시의 고려인 커뮤니티의 핵심 시민단체인 "너머"와 "미르"에 주목하였다. 안산시는 다문화 정책을 기조로 내세우고 거주 외국인 지원 정책을 펼쳤지만, 고려인들은 여러 지원과 혜택에서 배제되었고 제한된 한국어 능력으로 인해 어려움을 겪었다. 이러한 정책과 지원의 사각지대에 놓인 고려인의 한국 생활을 돕기 위해 여러 시민 단체들이 활동하였다. 안산의 시민사회 리더십은 고려인을 직접 지원하는 것뿐만 아니라 시, 도, 국가 차원의 국가 기관들과 상호작용하며 그들에게 고려인의 입장을 전달하며 이민 정치에서 중요한 영향력을 행사하고 있다. 안산시의 고려인 시민 사회 리더십은 고려인 커뮤니티와 마찬가지로 자연발생적으로 형성되었지만, 안산시 정부가 고려인 지원 정책을 적극적으로 펼치면서 시민 사회 단체를 지원하고 있다. 동시에 안산시 정부 역시 시민사회 리더십으로부터 이민 정책 운용과 정책 수립에서 여러 도움을 받고 있다. 따라서 본 연구는 정부-시민사회가 상호보완적 관계에 있다고 결론을 내리지만, 동시에 정부의 지원은 여러 한계를 노정하고 있으며 이를 개선해야 한다고 주장한다.

최아영은 4장 "안산시 고려인의 사회적 관계 맺기와 공적 네트워크의 역할"에서 경기도 안산시에 거주하는 고려인을 지원하는 공공기관과 단체들의 네트워크 형성과 그 역할 그리고 이에 대한 고려인들의 인식을 분석한다. 이를 위해 기존 연구 및 통계 자료뿐만 아니라 2024년 11월에 진행된 안산시 거주 고려인 대상 설문조사 결과를 활용했다.

먼저 최아영은 안산시에 거주하는 고려인을 지원하는 공적 네트워크의 형성과 작동 방식에 대해 설명한다. 안산시는 외국인 주민이 많은 도시로서,

이들을 지원하는 다양한 제도적·물적 인프라가 조성되어 있으며, 이를 기반으로 고려인을 지원하는 정부기관, 사회단체, 종교단체 등이 공적 네트워크를 형성하고 있다. 이러한 네트워크는 고려인들에게 한국 사회 정착을 위한 정보 제공, 교육 및 상담 서비스, 심리적 지원, 선주민과의 연결 등 다양한 사회적 자본을 제공하는 역할을 한다.

두 번째로는 고려인들이 이러한 공적 네트워크를 어떻게 인식하고 활용하는지를 분석한다. 설문조사 결과, 고려인들은 정부기관, 사회단체, 종교단체 등의 존재를 인식하고 있지만, 실제 이들이 제공하는 서비스 이용률은 낮은 경향을 보였다. 이는 서비스 제공 방식이 고려인의 일상과 맞지 않거나, 필요한 서비스가 부족하기 때문일 수도 있지만, 가장 큰 이유로 언어적 장벽이 꼽힌다. 특히 한국어 능력이 부족한 고려인들은 러시아어를 사용하는 〈너머〉와 같은 고려인에게 특화된 지원단체에 대한 인지도와 이용 경험이 높은 것으로 드러났다. 동시에 고려인들이 스스로 단체를 조직하고, 이 단체들이 공적 네트워크로 포함되어 고려인 사회의 요구를 효과적으로 대변하는 것도 중요하다. 특히 정착을 목적으로 하는 고려인들의 이주가 증가함에 따라 영주권 및 국적 취득과 같은 문제를 해결하기 위해 고려인 자조 단체의 역할이 더욱 강조된다. 이러한 단체는 안산 및 다른 고려인 밀집거주 지역에서 공적 네트워크와 연계되며, 고려인 커뮤니티와 선주민 사회를 연결하는 매개자로 기능해야 할 것이다.

자연발생적인 고려인 밀집거주지 안산과 달리 〈2부: 광주 고려인 밀집거주지〉에서 다루는 광주광역시의 〈고려인마을〉은 민간 주도의 밀집거주지이다. 우선 고가영은 5장 "설립자가 있는 광주 〈고려인마을〉의 형성 과정의 특성"에 관해 주목하고 있다. 160여 년 전 두만강을 넘어 연해주로 이주한 이래 스스로를 '고려사람'이라고 불렸던 한인 디아스포라들의 이주의 역사는 오늘날까지 지속되고 있다. 이 장에서는 고려인들의 이주사의 맥락 속에서 고려인들이 한국으로 유입되는 현황을 살펴보았으며, 무엇보다 민간 주도로 형성된 광주

〈고려인마을〉 커뮤니티의 특성을 살펴보았다. 구체적으로는 광주 〈고려인마을〉의 선주민 설립자 이천영 대표와 이주민 설립자인 신조야 대표가 주도적인 역할을 한 마을 공동체의 형성 과정과 이들을 돕는 조력자들의 활동과 공동체 운영 방향을 살펴보았다.

이어 6장 "광주 〈고려인마을〉의 발전 단계별 특징과 한계"에서 고가영은 2000년대 초반 형성된 광주 〈고려인마을〉의 지난 20여 년 동안의 발전 양상을 세 단계로 구분하여 살펴보았다. 광주 〈고려인마을〉 발전의 첫 단계는 전국 최초로, 2013년에 '고려인 주민 지원 조례'를 제정하여 제도적 기반을 마련한 것이었다. 두 번째 단계로는 2017년 고려인 강제이주 80주년 행사를 치르며, 선주민들과 상호이해의 토대 위에 동행하게 된 것이었다. 마지막 단계로는 2022년 우크라이나 전쟁 난민 고려인들 약 900명에게 항공권을 제공해 이들을 광주로 데려온 것이었다. 이를 계기로 〈고려인마을〉의 동포애와 인권 의식, 단합된 힘을 보여줄 수 있었으며, 그 결과 〈고려인마을〉의 인지도가 올라가고, 마을 공동체가 확장될 수 있었다. 그런데 이러한 지속적인 발전에도 불구하고 현재 〈고려인마을〉은 일자리 부족과 같은 경제적 난관과 여전히 고려인들을 대하는 선주민들의 차별적 시선, 그리고 국적 취득의 장애, 즉 제도적 어려움을 겪고 있다. 이러한 난제들을 잘 해결하고 광주 〈고려인마을〉이 성공한 공동체로 뿌리내릴 수 있다면, 고려인만이 아니라 이주민들이 한국 사회에서 성공적으로 정착할 수 있는 사례가 될 수 있을 것이다.

다음 7장 "경계를 넘는 소리: 광주 〈고려인마을〉 GBS 고려방송의 정체성과 네트워크"에서 최아영은 이러한 광주 〈고려인마을〉의 네트워크 형성에 있어 미디어에 초점을 맞추고 있다. 〈고려인마을〉이 운영하는 소출력 공동체 라디오인 GBS 고려방송은 특정 지역 기반의 공동체 라디오 형식을 유지하면서도 방송의 70%가 러시아어로 송출되며, 구소련 지역 한인 민족 집단인 고려인의 정체성이 뚜렷하게 반영된 에스닉 미디어의 성격도 띠는 국내 유일의 사례라 할 수 있다. 이 장에서는 이러한 GBS 고려방송의 복합적인 정체성을 규명한다.

GBS 고려방송의 한국어 방송 프로그램은 공동체 라디오로서 〈고려인마을〉 구성원과 지역 선주민 간의 유대를 강화하는 역할을 수행하며, 동시에 선주민들에게 고려인의 존재를 알리는 기능을 담당한다. 한편 GBS 고려방송은 한국인과 구별되는 고려인의 정체성을 형성하는 중요한 요소인 러시아어를 주요 방송 언어로 활용하며, 고려인의 생애사와 역사를 다룬 프로그램을 제작하고 있다. 이로써 선주민은 물론, 한국에 거주하는 고려인 청소년 세대에게도 고려인의 역사와 문화를 전승하는 역할을 수행하고 있다. 이와 함께 GBS 고려방송은 온라인 플랫폼을 통한 방송을 송출함으로써 지역 공동체 라디오를 넘어, 광주 〈고려인마을〉과 해외 고려인 공동체 간의 연대를 형성하는 매개체로 기능하고 있다. 이처럼 공동체 라디오와 에스닉 미디어의 경계를 넘나드는 GBS 고려방송은 미디어가 고려인을 비롯한 이주민들의 사회 통합, 정체성 유지, 그리고 초국가적 네트워크 구축에 미치는 영향을 보여주는 대표적인 사례라 할 수 있다.

3부에서는 자연발생적, 민간주도의 밀집거주지와 다른 형태를 보여주고 있는 제천 고려인 커뮤니티를 다루고 있다. 제천은 형성 과정에서 '관'의 의지가 돋보인다. 우선 이준석은 8장 "제천의 '모집된' 고려인 커뮤니티의 형성, 특징, 시사점"에서 충청북도 제천시가 2023년부터 추진하고 있는 고려인 유치 정책을 지방자치단체(지방정부)의 적극적인 후원에 의한 이민자 커뮤니티 형성의 한 사례로서 관찰하고 있다. 2022년 7월 취임한 김창규 제천시장의 강력한 정책 추진 의지에 힘입어, 제천시는 고려인 이주 및 정착 후원 사업을 통해 1980년대 이후 석탄 및 시멘트 산업의 쇠퇴로 인한 장기적인 경기 침체와 인구 감소를 완화하려 하고 있다. 2023년 상반기 본격적으로 시작된 제천시의 지원사업은 2024년 9월 현재 약 300명이 넘는 고려인의 지역 내 이주 및 정착으로 이어지는 등 소기의 성과를 거두었다. 현지 조사와 인터뷰 및 공개된 공식자료를 바탕으로, 이 장에서는 '모집된' 제천의 고려인 커뮤니티가 지방정부에 대한 의존성으로 인해 광주와 안산 등 기존의 고려인 커뮤니티와 비교해 그 내부적 결속력이 낮으며 현시점의 지역사회 연계 또한 제한적이라는 사실을 밝힌다. 또한 이 장에서는 단일국가 내 지방정부의 정책적 외국인 수용이라는 측면에서 지방자치단체 주도형의 제천 고려인 커뮤니티의 기존 이민 연구에 대한 경험적, 정책적 시사점을 지적한다.

윤민우는 9장 "고려인 국내 이주 문제에 대한 정책적 접근: 제천 고려인 커뮤니티 사례를 중심으로"에서 제천 고려인 커뮤니티를 통해 고려인 국내 이주문제에 대한 정책적 접근에 대해 다루고 있다. 이민이 만들어내는 거주 이동성(residential mobility)은 이민 수용국에 이점(benefit)과 도전(challenges)을 동시에 안겨준다. 이 같은 이중적 성격 때문에 이민 수용국에서는 무작정 이민을 받아들이기도 또 반대로 전적으로 배척하기도 곤란한 딜레마에 직면하게 된다. 이민 수용국의 하나인 한국 역시도 해외로부터의 이주민의 유입에 따른 안보위협과 외국인 범죄의 증대, 정치·사회적 갈등, 반외국인 정서의 확산, 외국인 취약계층의 증대로 인한 사회적 비용의 증대, 이주자 공동체의 슬럼화로 인한 사회문제의 심화 등과 같은 각종 부정적 문제로부터 자유로울 수 없다. 이 때문에 한국은 해외 이주민들을 받아들여야 하면서도 동시에 그로부터 파생되는 여러 부정적 문제들에 대한 해법들을 찾아가야 하는 이중적 어려움에 직면한다. 따라서 이 같은 이주민의 국내 유입 문제가 갖는 복합적인 성격을 잘 반영하여 한국의 국익과 미래 번영에 도움이 되면서도 이주민의 증대로 인한 여러 문제들을 최소화하는 가장 최적의 정책적 대안을 찾는 노력들을 지속적으로 모색해 나가야 한다는 문제인식에 따라 작성되었다. 따라서 윤민우는 국내에 유입되는 해외로부터의 이주민의 한 사례로 고려인들을 연구하고 이들이 특히 한국의 지방도시에 유입되고 정착되어지는 과정을 살펴보고 있다. 이주민 유입으로 인해 파생되는 범죄나 치안의 불안, 국가안보적 위협 등의 부정적 문제들을 최소화하는 가장 바람직한 정책 대안을 제안하기 위한 목적으로 윤민우는 이 장을 작성했다. 이를 위해 한국의 지방 중소도시 가운데 하나인 제천시를 사례로 특정하고 해당 도시로 유입된 고려인들이 어떻게 이주 공동체를 만들고 발전해 나가는지를 질적사례연구(qualitative case study)

를 통해 살펴보았다. 또한 이들 고려인들의 이주 커뮤니티 형성과 사회적 통합과정에서 제천시가 수행한 정책 사례들을 살펴보고 그와 같은 내용들의 장, 단점을 분석함으로써 정책 대안을 제안하고자 시도하였다.

정민기는 "관(官)과 민(民)의 결합: 제천시 고려인 커뮤니티 네트워크 특성"에 대해 10장에서 다루고 있다. 제천시의 고려인 이주 정책은 인구감소와 지역경제 침체 문제를 해결하기 위한 한국 지방자치단체의 새로운 시도로, 단순한 인구 증가를 넘어 이주민들이 지역사회에 안정적으로 정착하고 생활할 수 있는 다양한 정책적 지원을 포함하고 있다. 이 장은 제천시의 고려인 커뮤니티를 중심으로 형성되어 있는 네트워크를 관과 민의 관점으로 나누고, 이를 시내-시외-국외의 차원으로 나누어서 자세히 살펴보았다. 이를 바탕으로 정민기는 제천시 고려인 커뮤니티 네트워크가 관과 민의 상호보완적인 구조 속에서 온라인과 오프라인 공간이 결합되어 있으며, 제천시를 넘어 국내외적으로도 확장되어 있다는 특성을 가지는 것으로 파악하였다. 이러한 분석 결과는 제천시 사례가 고려인만이 아니라, 지방 중소도시의 외국인 이주정책 및 커뮤니티 형성에 있어 관과 민이 상호보완적으로 작동하는 가능성을 보여주며, 향후 유사한 정책 수립과 실행을 위한 참고점이 될 수 있음을 시사한다.

VI. 결론을 대신하여

이상과 같은 연구를 통하여 본서의 연구들이 가지는 함의를 정리해 보자면 다음과 같다. 안산과 광주 및 제천에서 형성된 상이한 세 유형의 고려인 밀집거주지에 대한 연구는 이주민 커뮤니티가 형성·발전하는 다채로운 경로를 잘 보여준다. 자연발생적으로 조성된 안산 모델은 외국인 커뮤니티가 저렴한 주거지와 산업단지를 중심으로 빠르게 확산될 수 있음을 보여주고, 제천 모델은 관(官) 주도의 적극적 정책 지원이 지역소멸 위기의 대안이 될 수 있다는 가능성을 시사한다. 광주 모델은 민간단체가 구심점이 되어 이주민 공동체가 자생력 있는 조직으로 발전할 수 있음을 체감케 한다. 따라서 이주민들의 다양한 필요와 특성에 따른 이주민 지원 체계와 협력의 기재들이 개발되고 궁구될 필요가 있음을 보여준다.

이러한 관점에서 국내 고려인 연구 및 정착과 관련하여 향후 과제를 몇 가지로 정리해 보면 다음과 같다.

첫째, 고려인들의 대부분이 모국어로 러시아어를 사용하며 한국어를 이해하는 데 어려움을 겪는 상황에서, 이로 인한 한국인과의 소통 문제가 존재한다. 이는 고려인들의 직업 선택에도 영향을 미치고, 고려인과 한국 선주민 사이의 상호작용까지 영향을 미칠 수 있는 문제이기 때문에, 언어적 장벽으로 인해 일어날 수 있는 부정적 영향을 파악하고 해결하는 정책 및 연구가 필요하다.

둘째, 한국 정착 고려인들의 자녀교육 문제들이 존재한다. 앞서 언급한 언어적 문제 및 이주 과정에서 가족 중 일부만 이주를 하거나, 이주 후 대부분의 가족 구성원이 생업에 종사하여 아동 혼자 남겨지는 등 가정 환경의 문제로 인해 한국 정착 고려인들의 자녀들이 공교육 부적응과 낮은 학업 성취도 등의 결과를 보인다. 공교육 적응도를 높여 궁극적으로는 학업 성취도도 끌어올릴 수 있도록 유도하는 향후 정책 및 연구가 필요하다.

셋째, 한국 정착 고려인 자체의 사회 통합 문제 역시 존재한다. 한국에 이주한 고려인들이 언어적 문제 외에도 문화적 차이 등의 문제로 한국 적응에 어려움을 겪고 있으며, 이는 사회 통합적 관점에서 부정적 영향을 미칠 수 있는 요소이다. 한국 이주 고려인들이 한국 사회에 부담 없이 동화될 수 있게 하는 연구와 정책이 필요하다.

이러한 과제들을 해결하기 위하여 무엇보다도 한국 정부의 이민정책 전반에 대한 성찰이 요구된다. 한국의 이민정책은 경제적 필요성과 저출산 문제 해결을 위한 인력 수급에 초점이 맞춰져 있으며, 문화적 다양성을 수용하는 노력이 미흡한 것으로 나타났다(김규찬, 2024). 행정안전부에 따르면 2023년 11월 기준 외국인 주민이 우리나라 총인구의 4.8%를 차지하는 만큼, 동화주의적 접근에서 벗어나 문화 다양성 증진을 위한 실질적 정책 추진이 필요한 시점이다. 한국 정부가 지닌 다소 미온적이거나 불확정적인 대응을 벗어나 고려인을 포함한 이주민 정책에 대해 보다 적극적인 정책을 수립하여 추진해 나가야 할 필요가 있다.

안산, 광주, 제천 등이 보여주는 다양한 차이에도 불구하고 이런 연구들을 통하여 우리가 얻을 수 있는 공통점에 대한 함의는 '함께 살아가는 공동체'를 만들기 위해서는 이주민과 선주민 간의 지속적인 소통, 제도적 보완, 그리고 공동체를 뒷받침하는 인적·물적 자원이 필수적이라는 점이다. 한국 사회는 이제 단순히 '이주민이 많아졌다'는 수량적 변화에서 나아가, 다양한 배경을 가진 이주민들이 각기 다른 방식으로 뿌리를 내리고 만들어가고 있는 사회적·문화적 변화를 주목해야 한다. 사회적인 인식의 전환과 적극적인 대응은 이미 시작되고 있으며, 이를 전반적인 사회 변화의 틀 속에서 수용하고 대응할 필요가 있다.

본 연구가 고려인 커뮤니티와 이를 둘러싼 공간에 대한 이해의 폭을 넓히고, 나아가 다문화 시대에 걸맞은 통합과 공존 방안을 찾아가는 고민에 대해 작은 단초가 되기를 기대한다.

참고문헌

김규찬. 2024. "문화다양성 정책으로서의 한국 이민정책 비판." 『한국이민정책학보』 7(2).

김기영. 2022. "국내 거주 고려인 체류자격과 변경에 관한 사례연구: 경기도 안산시 거주 고려인을 중심으로." 『다문화와 평화』 16(3).

김병혁. 2018. 『이주 고려인의 서울 정착을 위한 대책』. 서울: 서울연구원.

김판준. 2021. "중국 동포의 인구 이동과 차세대의 성장-중국, 한국, 일본의 차세대 단체를 중심으로." 『재외한인연구』 53.

박경숙·이창원·강미선. 2019. 『외국동포 인구구조 변화와 정책 과제』. 이민정책연구원 정책보고서 시리즈(2019.04).

법무부. 2010. "출입국·외국인정책 통계연보(2009년 12월 말 기준)." 법무부 출입국·외국인정책본부. https://www.archives.go.kr/next/newsearch/show-DetailPopup.do?rc_code=1310377&rc_rfile_no=201003406307&rc_ritem_no=000000000001&sitePage=0-0-0

법무부. 2019-2023. "출입국외국인정책 통계월보." 법무부 출입국·외국인정책본부. https://www.moj.go.kr/immigration/1569/subview.do (최종검색일: 2025. 1. 8.)

법무부. 2022. "법무부, 지자체 수요 기반의 '지역특화형 비자' 시범 실시." [보도자료]. 법무부 출입국외국인정책본부 체류관리과. https://www.moj.go.kr/moj/221/subview.do?enc=Zm5jdDF8QEB8JTJGYmJzJTJGbW9qJT-JGMTgyJTJGNTYxNDgxJTJGYXJ0Y2xWaWV3LmRvJTNG (최종검색일: 2024. 9. 19.)

법무부. 2023. "외국국적동포 거소신고 현황(2015년~2023년 12월 말 기준)." 법무부 출입국·외국인정책본부. https://www.moj.go.kr/bbs/immigration/227/578971/artclView.do (최종검색일: 2025. 1. 8.).

법무부. 2024. "외국국적동포 거소신고 현황(2024년 9월말 기준)." 외국인정보빅데이터팀. https://www.moj.go.kr/bbs/immigration/227/588715/artclView.do (최종검색일: 2025. 1. 8.).

법무부. 2024. "외국국적동포 현황. e-나라지표." 법무부 외국인정보빅데이터팀. https://www.index.go.kr/unity/potal/main/EachDtlPageDetail.do?idx_cd=2821 (최종검색일: 2025. 1. 8).

법무부. 2024. "2024년 11월 출입국외국인정책 통계월보." 법무부 출입국·외국인정책본부. https://www.moj.go.kr/bbs/immigration/227/590483/artclView.do (최종검색일: 2025. 1. 8).

법제처. 2023. 「재외동포의 출입국과 법적 지위에 관한 법률」(법률 제19434호, 2023. 12. 14. 시행).

오정은·강희영·성동기. 2014. 『한-CIS 관계증진을 위한 CIS출신 동포 활용방안: 국내체류 경험 고려인을 중심으로』. 이민정책연구원 연구보고서 2014-01.

이석준. 2014. "조선족 밀집지의 형성과 성장에 관한 연구." 서울대학교 석사학위 논문.

임영상. 2023. 『한국에서 고려인마을을 찾다』. 성남: 북코리아.

행정안전부. 2024. "국내 거주 외국인주민 수 246만 명, 총인구 대비 4.8%, '역대 최다'". [보도자료]. 행정안전부 지방행정국 사회통합지원과. https://www.mois.go.kr/synap/skin/doc.html?fn=BBS_2024102303500351201&rs=/synapFile/202504/&synapUrl=%2Fsynap%2Fskin%2Fdoc.html%3Ffn%3DBBS_2024102303500351201%26rs%3D%2FsynapFile%2F202504%2F&synapMessage=%EC%A0%95%EC%83%81 (최종검색일: 2025. 4. 12).

제1부
안산 고려인 밀집거주지

제2장
안산 고려인 마을의 형성과 발전

황영삼

I. 머리말

다문화 도시로 알려진 경기도 안산시는 2024년 초 기준으로 인구가 약 72만 명이며(외국인 약 9만 명 포함) 단원구와 상록구, 2개의 행정 구역을 가지고 있다. 외국인이 많은 단원구 통계에 의하면 내국인이 약 30만 명, 외국국적동포가 3만 명 그리고 그 외 외국인이 3만 7천 명으로 집계되고 있는데 이는 체류자격별 기준이기 때문에 외국인 등록자 중에는 외국국적의 동포도 일부 포함되어 있다.

안산시는 국내 고려인들의 최대 거주지로서 2024년 상반기 기준으로 약 23,000명이 생활하고 있는데 국내 거주 고려인 11만여 명의 약 20%를 차지한다. 여기에는 대륙의 고려인과 사할린 한인 영주귀국자가 모두 포함되어 있다. 중국의 조선족이 일찍이 1990년대에 한국으로 이주한 반면, 고려인들은 방문취업 비자(H-2)의 실시가 있었던 2007년 이후부터 증가하는 경향을 보였다. 물론 그 이전에도 이러저러한 경로로 한국으로 이주한 고려인이 있었지만, 그들은 소규모였고 당시 한국 사회에서 큰 주목을 받지 못했다.

안산 고려인 밀집거주지는 형성 초기부터 국내에서 독보적인 위치에 있었는데 특정 지리적 공간인 땟골에 고려인들이 생활 기반을 두었기 때문이다. 규모 또한 국내에서는 최대를 기록했는데 지리적으로 인접한 곳에 취업이 용이한 큰 반월공단이 위치해 있고 서울과 인천에 비교적 쉽게 이동할 수 있는 장점이 있었다. 러시아어로 표기된 간판이 즐비한 땟골은 고려인 밀집거주지로 인식되기 시작했고 안산 고려인 커뮤니티의 상징으로 자리잡게 되었다. 그래서 국내 고려인 밀집거주지를 답사하는 우선적인 도시로서 안산이 부상했다.

이 장에서는 안산 고려인 밀집거주지의 형성과정을 역사적으로 조망한 다음 이어서 현재의 특징을 세 가지 기준에서 고찰하고자 한다. 우선 행정구역에 따른 인구분포에 대해서 파악하고, 다음 고려인들의 사회 활동 즉 공단 노동자로서의 위치와 자영업자의 현황에 대해 고찰한다. 이어서 자녀들의 교육 현황에 대해 살펴본다. 방문취업이나 재외동포 비자 문제 등 법적인 문제와 지원 기관 등의 현황 등은 이 글에서는 제외한다.

이러한 연구는 안산 고려인 사회의 미래에 대한 정책 구상과 함께 넓은 의미에서 광주와 인천 등 국내의 다른 도시에 거주하고 있는 고려인들에 대한 지원 방안을 수립하기 위한 통찰력을 얻는 데 기여할 것이다. 그리고 고려인 동포 및 조선족 그리고 다른 국가의 이주 노동자 등을 포괄하는 다문화 정책과도 연관되는 개념을 동시에 갖추게 될 것이다.

II. 안산 고려인 밀집거주지 형성 과정

안산 시내의 북서쪽에 위치한 소위 '땟골'은 국내 고려인 공동체를 소개할 때 빠지지 않는 대표적인 곳으로서 사실상 국내 고려인들이 처음으로 집거지를 이룬 공간이다.[1] 국내에 이주한 조선족의 존재가 1990년대 후반부터 대중들

---

1 임영상 교수는 안산 고려인 커뮤니티가 한국 내 최초의 고려인 밀집거주지라고 주장했다. 다

에게 알려진 반면, 고려인들에 관한 정보는 전문 학자 및 언론계에 조금씩 알려진 것이 전부였다. 1997년에 재외동포에 관한 법령의 제정과 재외동포재단의 출범에도 불구하고 고려인의 존재는 사실상 대중적 무관심의 영역이었다.[2]

해외 고려인들은 재외동포재단이 실시한 초청사업으로 국내에 조금씩 방문할 수 있었는데 이 방문으로 인하여 그들이 말하는 '역사적 조국'의 현황을 직접 알 수 있게 되었다. 하지만 이때, 즉 2000년대 초반만 하더라도 러시아나 카자흐스탄의 국가 경제가 성장을 하고 있었기 때문에 한국 이주의 동기는 매우 약한 상태였다. 경제적으로 비교적 낙후했던 우즈베키스탄의 고려인들은 당시의 법과 제도로 볼 때 한국으로 노동이주하는 것이 불가능했다. 한국 내 부모나 친지 등의 연고가 없었기 때문이다. 국내 고려인에 관한 통계도 당연히 부재했는데 2007년의 법무부 통계자료에는 국내 거소신고 고려인이 0명으로 기록될 정도였다.[3]

한국 정부는 외국인 이주노동자의 유입이 증가하는 과정에서 '방문취업 비자(H-2 비자)' 정책을 조선족 및 고려인 동포들에게 적용함과 동시에 쿼터제를 적용하면서 국내에 연고가 없던 고려인들도 일정한 한국어 수준만 되면 노동이주가 가능하게 되었다.[4] 이때가 2007년이었고 이후 고려인들의 국내 유입이 점차 증가하게 되었다.

2009년의 통계자료에 따르면 국내 거주 고려인은 우즈베키스탄 국적자

음 단행본 및 논문을 참고. 임영상. 2023. 『한국에서 고려인마을을 찾다』. 북코리아; 곽동근·임영상. 2017. "고려인동포의 '귀환'과 도시재생." 『역사문화연구』 64(1): 175-211.

[2] 고려인 동포가 한국 국민의 관심을 끌게 되는 시기는 2007-8년 이후의 시기였고 그 이전에는 개인적인 방문 혹은 한국인과의 혼인 등으로 국내로 이주하는 경우에 국한되었다. 이 시기는 오히려 조선족에 대한 보도나 관심이 더 있었다.

[3] https://www.immigration.go.kr/immigration/1570/... 물론 외국인 등록 자격으로 소규모의 고려인은 있었다.

[4] 러시아 국적자 2,500명, 우즈베키스탄 국적자 4,022명에게 비자를 발부하는 쿼터제를 적용하여 실시함으로써 고려인 노동이주가 용이하게 되었다.

표 1 고려인 동포 국내유입자에 관한 연도별(2005~2009) 현황

	2005	2006	2007	2008	2009
우즈베키스탄	67	191	737	2,864	3,980
러시아	1,227	799	1,548	2,241	2,539
카자흐스탄	1	19	107	230	369
소계	1,295	1,009	2,392	5,335	6,888

출처: 『2009년도 출입국통계연보』(https://www.immigration.go.kr/immigration/1570/...)

가 3,980명 그리고 러시아 국적자가 2,539명으로 파악되어 전체 외국국적자 동포의 1.5%를 차지했다.[5] 따라서 이 무렵부터 고려인들의 국내 이주에 관한 유의미한 통계가 시작되었는데 방문취업(H-2) 비자의 실시로 인하여 어렵지 않게 동포들이 이주할 수 있었기 때문이다.

표 1에서 보듯이 2005년만 하더라도 국내 체류 고려인은 1,300명 정도에 불과했는데 2009년에는 5배 수준으로 급증했음을 알 수 있다. 물론 러시아의 경우는 사할린 한인 영주귀국자가 포함된 수치이다. 2009년 기준으로 했을 때 우즈베키스탄 국적자들이 국내 고려인 중에서 다수를 이룬 것은 비자 제도의 혁신 때문이었다.

고려인들의 거주 지역은 안산과 광주 등지였는데 특히 안산은 대단위 산업단지가 있었기 때문에 노동이주의 최고 적합지였다. 특히 안산은 서울과의 인접성 및 기존 외국인들의 거주지로 선호되고 있어서 러시아어 기반의 고려인들이 한국에 거주하기에는 비자 문제 외에는 크게 문제될 것 없었다.[6]

한국으로 노동이주를 행하는 동기는 무엇보다도 경제적인 면이 크기 때문에 고려 사항으로서 우선 직장 구하기가 용이해야 하고, 집세가 저렴한 지

---

5 출입국외국인 정책본부 통계연감 2009년도. 당시 통계에 의하면 외국국적동포는 2005년 194,413명에서 2009년이 되면 430,104명으로 불과 4년 만에 두 배 이상 증가했는데 2007년에 도입된 방문취업 비자정책과 관련이 있다. 물론 절대 다수(85% 이상)는 조선족이었다.

6 여기서 중요한 점은 이것이 적어도 이주 초기의 문제라는 점이다. 나중에 미성년 아이들의 체류 문제 및 교육 문제 등이 고려인들의 증가와 함께 등장한다.

역에서 거주가 가능해야 했다. 본 거주국에서는 경제 사정이 좋지 않아 마땅한 직장이 없는 상태이어야 했다. 이러한 점에서 경제적 호황을 누리던 러시아 및 카자흐스탄에서 이주하려는 고려인은 많지 않았다. 러시아의 경우 사할린 한인 영주귀국 문제는 별개의 사안으로 처리하고 다만 지리적 인접성의 이유 및 중앙아시아 출신 러시아 거주 고려인들이 한국으로 이주하는 경향이 높았다.

안산에는 조선족을 비롯하여 필리핀, 베트남, 몽골 등지에서 온 외국인들이 다수 거주하고 있었는데 주로 산업 단지와 가까운 원곡동 일대 및 북쪽 지대 그리고 땟골에 이르기까지 비교적 넓은 범위에서 공동체를 형성했다. 이러한 환경 하에서 새롭게 이주해오는 고려인들도 그들 속에서 터전을 하나하나 이루기 시작했다. 장기 거주에 필수적인 요건은 바로 집세였는데 안산역 인근의 원곡동은 비교적 비싼 임차료 때문에 고려인들은 주로 전철역에서 멀리 떨어진 북쪽 지역에 다수 모여들기 시작했다. 그 결과 땟골마을이 선택되었고 기존에 거주하고 있던 조선족들보다 고려인들이 상대적 다수를 형성하고 카페와 식당 및 소형 슈퍼마켓을 운영하면서 외형적으로 러시아어로 쓰여진 간판들이 늘어나기 시작했던 것이다.

이러한 변화는 2010년 이후 접어들면서 제법 고려인 마을로 인식될 만큼 특징있는 곳으로 나타났다. NGO 단체인 사단법인 〈너머〉는 고려인들에 대해 지원하기로 결정하고 특히 한국어 교육과 비자 문제의 해결 등에 주안점을 두면서 정부가 미처 하지 못했던 고려인에 대한 민간 차원의 관심과 지원을 행동화하기 시작했다.

2014년은 한인 러시아 이주 140주년이 되는 해로서 큰 의미를 가졌는데, 국내외적인 큰 행사가 진행되었다. 이때를 계기로 2016년에 안산시에서는 '고려인문화센터'를 땟골마을에 설치하기로 하여 고려인 동포에 대한 정부 차원의 체계적인 지원을 실행하기 시작했다. 운영기관으로서 그동안 고려인들에게 실질적인 도움을 주고 있던 사단법인 〈너머〉에게 위탁 운영을 맡겼다. 고려인문화센터는 이제 안산 고려인 밀집거주지를 이해하고 답사하려는 한국인들에게 필수적인 코스로 자리잡게 되었다.

땟골마을과 고려인문화센터의 존재는 안산 고려인들의 자부심으로 작동했고 이후 고려인들이 다양한 축제를 거행하면서 대중적인 관심을 끌게 되었다. 고려인들의 안산 이주도 증가하면서 국내 최대 거주지를 형성하게 되었다. 동시에 고향마을과 함께 안산시는 고려인들의 최초 거주지이자 국내 최대의 거주지가 되었다. 소위 '코로나 시기'로 인하여 활동이 주춤하기는 했지만 2024년 한인 러시아이주 160주년을 기념하면서 다시 국내에서 큰 관심을 불러일으켰다.

III. 안산 고려인 밀집거주지의 현재

경기도 안산시의 행정구역은 크게 동서로 볼 때 서쪽의 단원구와 동쪽의 상록구로 나뉜다. 단원구에는 선부2동에 위치한 땟골을 비롯한 곳에 고려인들의 커뮤니티가 형성되어 있는데 이들은 대부분 러시아 및 중앙아시아 지역 출신자들이 주류를 이룬다. 그리고 남쪽으로 인접한 원곡동에는 내국인 주민보다 외국인 주민이 더 많이 거주하고 있다.[7] 그리고 상록구에는 사동 지역에 고향마을(지하철 한대앞역)이 있는데 이곳에는 영주귀국한 사할린 한인들이 거주하는 아파트가 위치한다(그림 1 참고). 물론 일반 고려인들도 거주하고 있다.

안산시 중심지를 보면 도시 남쪽에 거대한 반월공단이 위치하며 중앙에 동서 방향으로 지하철이 있고 남북 방향으로도 지하철이 있어서 교통 측면에서 볼 때 서울과의 접근성이 높아 이주 노동자들이 선호하는 여건을 가지고

---

[7] 2023년 12월말 기준으로 원곡동 전체 주민 33,655명 중에서 외국인은 83% 정도인 28,042명(이 중에서 외국국적동포는 14,075명이다)으로 조사되었다. 고려인 동포는 외국국적동포 항목에 속한다. 한편 선부2동은 내국인 14,827명, 외국인 19,789명(그중에서 외국국적동포는 5,522명)으로 파악되었다(2023. 11. 30. 기준).

그림 1 '다음' 지도 활용
뗏골마을, 원곡동, 다문화거리, 고향마을이 고려인 동포 관련 밀집거주지이다. 안산은 거대한 반월공단이 외국인 노동수요를 높이고 있다.

있다. 안산 고려인에 관심이 있는 외부인의 경우에도 지하철을 적절히 이용한다면 마을의 전체적인 모습을 볼 수 있도록 답사할 수 있다. 가령 한대앞역에서 하차하여 인근의 고향마을(사할린 한인들의 거주 아파트)을 보고 이어서 지하철을 계속 타서 안산역에 내려서 북쪽 방향으로 걸어서 간다면 다문화 거리를 볼 수 있다. 계속해서 도보로 원곡동을 가로질러 북상하면 뗏골마을에 이르게 된다. 그곳에서 고려인문화센터도 방문할 수 있다. 이러한 노선을 이용해서 도보로 걷게 되면 고려인을 비롯한 동포 및 기타 외국인들을 쉽게 만날 수 있다. 고려인 동포와 관련하여 의미있는 동별 주소지는 단원구의 선부2동과 원곡동, 상록구의 사동 정도이기 때문에 위와 같은 노선으로 방문하면 고려인 동포의 현황을 어느 정도 가늠할 수 있다.[8]

---

[8] 국내 고려인 마을을 거의 다 답사하여 정리한 다음 단행본을 보면 전체적인 개요를 파악할 수 있다. 임영상. 2023. 『한국에서 고려인마을을 찾다』. 북코리아.

한편 F-4 비자를 소지하여 통계적으로 명확한 규모를 파악할 수 있는 안산시의 거소등록자를 보면 고려인 규모를 국적별로 파악할 수 있다.[9] 다음 표에서 보듯이 단원구에 10,162명 상록구에 5,210명으로 전체 15,372명이 파악되며 러시아 국적자가 7,202명으로 가장 많고, 그 다음이 우즈베키스탄 국적자로서 5,692명이다. 그리고 카자흐스탄 국적자가 1,633명으로서 3대 고려인 출신 국가를 형성한다. 여기서 주의할 점은 거소등록이 아닌 '외국인등록자'가 추가로 거주하고 있다는 것이다. H-2 비자 소지자는 거소등록이 아니라 외국인등록을 하게 되어 있다. 따라서 기타 비자 소지자들을 감안하면 우즈베키스탄 국적자가 가장 많으며 전체 안산 거주 고려인 동포수 또한 23,000명 수준으로 추정된다.[10]

표 2 출신 국적별 분류(거소등록자 2024.3.31. 기준)

	단원구	상록구	계
러시아	4,572	2,630	7,202
우즈베키스탄	3,991	1,698	5,692
카자흐스탄	1,048	585	1,633
키르기스스탄	172	87	259
우크라이나	280	138	418
투르크메니스탄	18	54	72
타지키스탄	70	18	88
아제르바이잔	1	-	1
벨라루스	10	-	10
계	10,162	5,210	15,372

안산시 거주 고려인 중 거소등록자(F-4 비자 소지자)는 총 15,372명이다. 여기에 포함되지 않은 경우는 H-2 비자 소지자(외국인등록 필수)외 기타 비자를 감안하면 전체 고려인 규모가 추정된다. 대략 23,000여 명이 된다. 통계 출처: 출입국외국인 정책본부『통계월보』2024년 5월호.

---

[9] 2023년도 기준 국내 거소등록자 주요 도시 현황은 다음 자료에서 알 수 있다. 손영훈 외. 2023. 『고려인 동포 제천시 이주 및 정착을 위한 중앙아시아, 러시아 및 국내 거주 고려인 생활실태 조사』. 한국외국어대학교 용역보고서. 주의할 점은 '거소등록자'에 국한된다는 점이다.

[10] 2021년에 안산 고려인은 15,000명을 돌파했다(김기영, 2022: 36).

1. 선부동의 땟골마을

안산시 단원구의 북서쪽에 위치한 선부2동의 땟골마을은 일찍이 고려인들이 많이 모여 살던 곳으로 유명하다. 비교적 변두리에 위치한 땟골은 고려인 동포들이 모여들면서 마을다운 마을로 변화해갔다.[11] 땟골마을의 도로 주변에는 러시아어로 된 상점 및 카페의 간판이 많이 보이는데 이러한 모습은 한국인들에게는 매우 이국적인 모습으로 다가왔다. 특히 고려인들의 상용 언어가 러시아어이기 때문에 마치 러시아나 중앙아시아에 온 듯한 분위기를 주었다. 땟골마을의 유래는 2020년에 설치된 안내간판에 의하면 다음과 같다.

> "'땟골'은 벼과의 다년초 '띠'가 많이 자생해서 '띠골'이라고 하다가 후대로 내려오면서 변음되어 현재는 땟골이 됐다. 땟골마을 동북쪽 털밑봉 아래 엎드려 있으면 화를 면한다는 속설이 있어 6·25 전쟁때 서울 인천 등지의 사람들이 땟골로 피난해 화를 당하지 않았고 주민들도 부상·화재 등의 재난을 겪지 않았다고 한다."[12]

한편 고려인 동포들이 점차 증가하면서 이들의 일상생활에는 비자 문제와 한국어 교육 문제 등 어려움들이 발생했다. 이 문제들을 해결할 수 있도록 돕는 차원에서 민간단체들이 나섰다. 앞서 언급한 대로 2012년에 사단법인 〈너머〉에서 고려인들의 한국어 학습을 지원해 주는 일이 시작되면서 고려인 사회와 한국인 단체가 자연스럽게 연결되었다. 2014년부터 시작된 러시아와 카자흐스탄의 경제적 어려움으로 인해 그곳 고려인들이 한국으로 더 많이 이주하게 되었는데 특히 공단이 형성되어 있는 도시로 들어 왔다.

---

11   이 부분에 대한 최신 학술자료는 다음과 같다. 강성희·최운실. 2021. "안산 '땟골 마을' 고려인들의 학습 문화기술지 연구." 『인문사회 21』 12(3): 1309-1324. 안산의 땟골마을에 국한된 연구이다.

12   동 내용은 간판에 적힌 글이다. 한편 온라인 사전인 '디지털안산문화대전'에도 동일한 내용이 언급되어 있다. https://ansan.grandculture.net/ansan/toc/GC02500203?search=A2/2

사진 1 고려인문화센터(땟골마을에 위치)

사진 2 땟골마을 안내 표지판

안산에는 거대한 반월공단이 있어서 노동 수요가 높았고 저임금의 외국인 인력을 수용할 수 있는 능력이 있었다. 이러한 배경에서 고려인들이 안산으로 모여 들었는데 그 중심지가 바로 땟골마을이었던 것이다. 특히 고려인 러시아이주 150주년 행사를 대대적으로 거행한 이후 땟골마을에는 '고려인문화센터'가 2016년에 안산시 차원에서 건립되었다. 이는 땟골마을의 위상을 전국적으로 알리는 계기가 되었고 안산을 방문하는 한국인들의 방문 명소가 되었다.

2. 사동의 고향마을

안산시 상록구에 위치한 사동(지하철 한대앞 역)에는 또 다른 동포 공동체가 있는데 여기에는 한국으로 영구귀국한 사할린 한인들이 주로 모여살고 있는 곳으로서 이른바 '고향마을'이 있다.[13] 사할린 한인들은 일제의 강제징용 정책(1939~1945)에 따라 사할린으로 이주한 사람(1세대) 및 그 후손들(2세대 이후)이다. 앞서 언급한 고려인과 역사적 맥락[14]을 달리하는 사할린 한인들은 용어에서도 '고려인', '고려사람'을 수용하지 않고 '한인'이라는 표현을 고집한다. 고려인들이 주로 함경도 지역을 자신들의 뿌리로 여기는 것과 달리, 사할린 한인의 뿌리는 주로 경상도 지방이다. 하지만 이들은 소련 사회를 거치면서 언어적으로 러시아어에 동화되고 러시아화했기 때문에 통상 고려인 범주에 포함시키기도 한다. 러시아어로는 고려인과 사할린 한인 모두 동일한 용어로 표현되기 때문이다.[15]

---

13 사동 마을의 고려인 공동체와 한국인과의 관계를 학술적으로 논의한 학위논문이 있는데, 사할린 한인의 존재에 대해서는 깊은 분석이 없다(박채환, 2023).

14 대륙 고려인과 사할린 한인으로 대별되는데 전자는 19세기 후반 조선 북부 사람들이 자발적으로 이주한 결과 만들어진 러시아화한 한인들인데 반하여, 사할린 한인은 순전히 제국주의 일본에 의하여 사할린으로 강제징용된 한인들이다. 시간이 흐름에 따라 후자의 경우 점차 러시아화 영향을 받아 일부 대륙으로 유학 및 직장을 얻음에 따라 동질적인 하나의 집단으로 간주해도 무방할 것이다. 우선 언어적으로 러시아화한 소비에트 한인들로 변화했던 것이다.

15 까레에츠(кореец, 남성), 까레얀까(кореянка, 여성), 까레이츠이(корейцы, 복수형) 등으로 표기한다.

고향마을의 형성 배경은 한국 정부에서 추진한 사할린 한인 영주귀국 프로그램과 밀접한 관계가 있다. 사할린 한인 1세에 해당하는 동포 중에서 한국에 영구 거주하고자 하는 분에 대해 영구 정착을 위한 지원비를 지원하고 동시에 LH공사에서 제공하는 영구임대아파트에 거주하게 하는 사업이다. 초기에는 사할린 한인 1세 및 직계 비속중 1인까지였으나, 최근에는 1인 만이 아니라, 아예 '직계자녀'로 넓혔다.[16]

이들 사할린 한인 영주귀국자들은 안산을 비롯하여 파주, 그리고 전국 각지로 배치되어 거주하게 되었다. 그래서 사할린 한인들의 거주 아파트가 여기저기에 등장하기 시작했던 것이다. 사할린 한인 1세를 제외하면 한국어 의사소통이 대륙 고려인들과 마찬가지로 어려운 경우가 많다. 언어적으로 이미 러시아화되었기 때문이다. 그래서 이들에 대한 지원 또한 이루어지고 있다.

안산시 상록구의 고향마을 아파트는 1989년에 한국 및 일본의 적십자에서 사할린 한인을 지원하기 위한 초청방문 사업을 펼치면서 시작이 되었다. 안산시는 영구 귀국하는 사할린 한인들의 거처를 제공하기 위해 LH공사와 협력하여 2000년 2월에 현재의 지역에 23평형 임대아파트 489가구를 건립했다.[17] 그 결과 통계자료에 의하면 사할린 한인의 영주귀국자의 경우 2000년도에만 11차례에 걸쳐 총 408가구 816명으로 역대 최고를 기록하게 되었다.[18] 안산의 고향마을은 국내 최대의 사할린 한인 영주귀국자 거주지가 되었다.

하지만 처음 도착한 사할린 한인들의 어려움은 먼저 사할린 거주 가족들과 이별해야만 했고 나중에는 자녀 중 1명만 같이 올 수 있었기 때문에 여전히 이산가족의 문제는 해결되지 못한 점에 있었다. 그리고 2세부터는 한국어 소

---

16 https://oka.go.kr > file > FILE_000000000001480 '사할린동포 지원에 관한 특별법'
17 사할린 한인 영주귀국자들 위한 아파트가 생성된 곳은 안산, 파주, 오산, 음성, 천안, 김해, 양산 등이다. 외교부 보도자료(2000년 1월 31일자).
18 국민권익위원회 민원조사기획과. 2009. 『재외동포 권익증진방안』 사할린 동포 영주귀국 현황(2009년 8월 기준): 30. https://www.acrc.go.kr/board.es?mid=a10504030000&bid=1013&tag=&act=view&list_no=29978&nPage=81

통 능력이 낮아서 한국 적응에도 많은 어려움을 겪었다. 러시아에 잔류한 자녀들은 대부분 러시아인과 혼인을 해서 반드시 한국으로 이주하려는 동기는 적었다.[19]

한국 정부에서는 사할린 한인 귀국자들에게 기초생활급여에 해당하는 경제적 지원을 해 주고 있어서 주거에는 큰 문제가 없고 특히 대한적십자사 등 관련 단체에서 물품을 제공해 주고 있어서 대륙 출신 고려인에 비해 경제적으로는 큰 문제는 없다.[20] 바로 이러한 점이 대륙 고려인들과 사할린 한인들의 차이를 나타내며 그들 간의 미묘한 감정이 생겨남을 부인할 수 없다. 특히 자신들의 이주 역사에 대해 잘 알지 못하는 미성년 학생층에게 혼란을 주고 있는 실정이다.

한국 정부가 사할린 한인에 대해서는 아파트와 생활 자금을 지원하고 대륙 고려인에 대해서는 별다른 지원이 없다는 점이 의외의 상황으로 간주되었기 때문이다. 이것은 한국에서 생활하는 고려인 동포들에게 또 하나의 갈등을 제공하는 요소로 판단된다. 물론 대륙 고려인들이 사할린 한인에 대한 역사와 특수한 상황을 이해한다면 이러한 생각을 하지 않게 될 것이지만, 이는 시간이 많이 소요되는 일이다.[21]

3. 원곡동과 다문화 거리(특구: 안산역 부근)

고려인에 국한되는 것은 아니나 안산역 주변 원곡동에는 다문화 거리가 있다. 그만큼 외국인 이주 노동자가 많이 거주하고 있는 도시가 바로 안산이다. 안산역 주변의 원곡동에는 안산에 반월공단이 형성되면서 외국인 노동자들의

---

19 이러한 사항은 필자 또한 충분히 이해하는 점인데 2000년대 초 사할린 한인 현지 조사때 만난 사할린 한인협회장의 견해에 따르면 영주귀국 사업은 반드시 새로운 이산가족 문제를 낳는다고 우려했다. 차라리 사할린 적응을 위한 생계지원 수당을 원하고 있었다.

20 물론 이들은 정부로부터 경제적 지원을 받고 있다는 이유로 번듯한 직업을 가질 수는 없다. 별도의 소득이 발생하면 안되기 때문이다.

21 참고로 사할린 한인의 영주귀국자는 총 5,341명이며 재귀국자와 사망자를 제외한 한국에 거주하고 있는 사람은 총 2,950명으로 집계(2024년 기준)되고 있다.

이주가 급증하기 시작했다. 급기야 2009년에 안산시에서 다문화특구를 지정하면서 외국 풍광을 노출시켰는데 여기에는 중국 조선족을 비롯하여 베트남, 필리핀 그리고 고려인들의 상점과 가게들이 즐비하여 한국 사람들에게 이국적 모습을 보여준다.

　　이러한 특화된 거리가 만들어진 것은 외국인 이주자의 증가와 관계있으며 특히 반월공단의 성립과도 연관된다. 한국 노동자들이 점차 3D 업종을 기피하게 되면서 저임금의 외국인들이 다수 공단이 형성된 도시로 이주하게 되었다. 대표적인 곳이 바로 안산이다. 땟골마을이 본격적으로 형성되기 전 고려인들은 이곳에서 산발적으로 거주했다가 경제적인 이유로 점차 대부분 북쪽으로 이주했고 이 지역은 결국 안산시에서 다문화 특구로 지정하기에 이르렀다. 지금도 러시아어 간판으로 된 고려인 식당과 가게들이 중국어, 베트남어 등 다른 외국어 간판들과 함께 공존하고 있다.

IV. 경제적 기반 - 산업단지, 자영업(선부동), 기타

안산시에 고려인 동포들이 비교적 일찍이 많이 모여든 이유는 취업이 용이했기 때문인데 바로 남쪽 지역에 반월공단(반월국가산업단지)이 조성되어 있기 때문이다. 그리고 서쪽으로 바로 인접한 곳에 시화산업단지도 있어서 거대한 노동수요가 필요한 곳이기에 외국인 노동자 이주가 유리한 곳으로 되었다. 이 공단에서는 3D 업종 공장들이 즐비하여 한국 노동자들이 선호하지 않는 경향이 있어서 외국인 노동자들이 이를 파고들 여유가 있었다.[22]

　　안산시에 속하는 국가산업단지는 반월국가산업단지(반월공단), 시화국가산업단지 일부, 시화MTV 국가산업단 일부가 있다. 안산시의 바다 연안 지

---

[22]　외국인 노동자 이주는 2003년 고용허가제가 실시되면서 시작되었다. 주로 저임금으로 생산 활동을 하는 동남아 및 중국 조선족들이 한국으로 많이 이주하기 시작했다. 그리고 2007년 방문취업 비자의 시행으로 고려인들에게도 기회가 주어졌다.

역인 원시동 일대는 갯벌 지대와 논밭이 있던 곳이었는데 1978년에 서울시에 있던 공장들을 수용하면서 산업단지가 조성되기 시작했는데 이러한 사업이 진행되어 1987년에 완성되었다.[23] 이것이 바로 반월공단 조성사업의 시작이다. 이곳은 공단 배후지역에 주거, 교육, 환경 문제를 해결하면서 복합적으로 공업단지로 발전하게 되었다. 행정구역으로는 성곡동, 원시동, 신길동, 목내동, 초지동 일대 약 470만 평에 입주 업체가 약 8천 개, 고용인원이 약 11만 명(2021년 기준)에 달한다. 업종은 기계, 전기·전자, 석유화학 등 산업 발전의 원동력이 되는 부문들이 핵심이다.[24]

지금의 안산역 남쪽에는 반월공단이 조성되고 북쪽으로는 주거 지역이 형성되었는데 먼저 개발 지역에 살고 있던 안산 시민들 일부가 새롭게 이주하면서 생활 지역이 조성되었다. 여기에 외국 노동자들의 유입이 이어졌다. 당시 한국의 경제적 고도 성장이 진행되는 것과 맥을 같이 한다. 한국인 노동자들이 감소하면서 인력난이 발생하자 당국은 산업연수생 제도와 고용허가제 등을 통해 외국인 노동자들을 받아들였다. 동포 차원에서는 1990년대에 중국 조선족의 유입이 이루어졌고, 고려인의 경우는 한창 늦은 2007년도 이후부터 본격적으로 진행되었다. 그동안 비자 문제가 가장 큰 걸림돌이었던 것이다. 일반적으로는 중국, 필리핀, 베트남, 몽골 등의 외국인들의 거주지가 원곡동에 형성되기 시작하면서 나중에 원곡동 일대에 다문화거리 특구가 만들어지는 기반이 조성되었다.

안산시와 서쪽으로 인접한 시흥시에도 새로운 공단이 조성되었는데 바로 시화산업단지이다. 시흥시의 정왕동과 안산시의 성곡동 일대에 1986년에 개발구역이 지정되고 이듬해부터 공사가 시작된 다음 2022년에 완료되었다.

---

23 공식 자료에 의하면 1977년 3월에 반월신공업도시건설 기본계획이 결정되고 1978년부터 1987년간의 공사시행후에 공단이 완공되었다. 한국산업단지공단. http://www.kicox.or.kr

24 2023년 2월 기준 입주 기업 6,911개 명단. https://www.data.go.kr/data/15112512/file-Data.do

총 면적은 약 690만 평으로서 반월공단보다 크며 입주업체는 약 1만 1천개, 고용인원은 약 13만 명으로 집계된다.[25]

주력 업종은 반월공단과 같이 기계, 전기전자, 석유화학 부문이다. 출퇴근 거리 또한 적절하며 외국인 노동자들이 편리하게 근무할 수 있어서 고려인들 또한 직장의 선택이 넓은 점이 이주의 장점으로 꼽힌다. 특히 땟골마을에서도 근접한 지역에 위치한 시화산업단지는 반월공단과 함께 고려인들의 경제적 기반이 되고 있다.

고려인들이 안산시로 이주하는 경향이 높은 이유는 바로 직장 구하기가 비교적 용이하다는 것에서 해석될 수 있는데 위에서 설명한 반월공단 및 시화산업단지 외에도 안산시 남쪽 지역인 수원시 화성 바닷가 방면으로 거대한 공단이 조성되어 있기 때문이다. 즉 다른 외국인 노동이주자의 경우에도 동일하지만 직장 취업의 용이성 여부가 고려인 이주의 큰 동기로 작용하고 있고, 안산은 처음부터 지금까지 노동력 수요가 높은 곳이기에 고려인들이 많이 거주하고 있는 것이다.

다음 그림은 안산시에 위치한 반월공단의 지리적 영역을 보여주고 있다.

반월공단 서쪽에는 시화산업단지(시흥스마트허브)가 위치하고 있고 남쪽에는 송산일반산업단지(화성시와 당진시)가 위치해 있다. 이와 같이 거대한 산업단지로 인해 외국인 노동자들이 끊임없이 유입되고 조선족이나 고려인 또한 이 일대로 몰려들고 있는 것이다. 지도 위쪽에 위치한 안산시 북쪽 방면으로는 다문화 지역 특구가 있으며 여기에 여러 외국인들의 상가가 형성되어 있다. 더 북쪽으로 가야 땟골마을에 이른다.

현재 한국에서 고려인들이 가장 많이 거주하고 있는 도시가 바로 안산인데 이것은 바로 거주지와 인접한 공단이 있기 때문이다. 공단에는 중소기업체가 많이 있으며 한국인들이 기피하는 업무를 담당하고 있다. 중소기업은 직원이 2~3명에서 200여 명으로 이루어진 업체가 많아 저임금을 감내하는 고려

---

25 한국산업단지공단. http://www.kicox.or.kr

그림 2 안산 산업단지의 전략적 위치(https://namu.wiki/w/...)

인들이 지속적으로 일을 할 수 있는 여건이 된다. 한국 생활에 만족하는 고려인들은 법적 체재 요건에 많은 관심을 갖고 있는데 방문취업 비자(H-2)보다는 재외동포 비자(F-4)를 선호하고 있다. 2024년 기준으로 이 문제는 한국 정부의 조치로 고려인들에게 유리한 방향으로 전환되고 있다. 고려인들이 한국에 이주하려는 동기는 거의 '취업' 등 경제적 문제에서 비롯되기 때문에 직장과 비자 문제의 해결이야말로 선결 요건인 것이다.

그리고 한국어 실력이 취약한 외국 노동자들의 문제를 해결하는 것이 필요했는데, 안산에는 외국인 노동자 지원센터[26]가 설립되어 있어서 한국어 교육과 민원 처리를 위한 도움이 가능하게 되었다. 고려인은 외국인이면서 동포이기도 하여 위치가 애매한 상태에 있는데 거주지에 등록할 때 H-2 비자 소지자는 외국인 등록, F-4 비자 소지자는 거소등록을 하게 되어 구분하고 있다. 고려인 학생 세대는 자신들이 외국인인지 한국인인지 정체성의 혼란도 겪고

---

26 현재 수원, 안산, 시흥 및 광주의 광산구와 울산의 동구에만 이러한 지원센터가 운영 중에 있다. 향후 외국인들이 다수 거주하는 곳에서 더 많이 설립될 필요가 있지만 2024년에는 관련 예산이 크게 줄어 당분간 기대하기 힘든 실정이다.

있기도 하다.

2. 자영업

선부동의 땟골마을에는 러시아어로 된 상점 간판들이 도로 양편으로 많이 있어서 한국인이 볼 때는 마치 러시아에 온 것 같은 느낌을 가진다. 카페, 식당, 빵집, 마트 등 고려인 자영업자들이 운영하는 곳이다. 대개 가장은 공장에서 일하고 가족은 간단한 가게를 운영하는 식이다. 이주 초창기에 해당하는 2015년에 열린 우골록(уголок '구석, 코너'라는 러시아어) 카페는 땟골마을 간판에서 남쪽으로 조금만 걸어가면 나오는데 이 마을을 대표하는 고려인 가게로서 우즈베키스탄 고려인이 운영하고 있었고 현재까지 그대로 있다.[27] 땟골마을을 소개하는 글에서 빠짐없이 등장하는 고려인 식당으로 유명하며 고려인 청소년들이 자주 이용하는 곳이다.

V. 교육 상황 - 초중고 현황과 문제점

안산시에서는 유치원을 포함하여 초, 중, 고등학교의 현황을 조사하여 통계 자료집을 내고 있다. 이러한 통계 자료에 근거하여 2022년도 외국인가정 자녀의 부모 국적을 조사한 결과를 알 수 있는데 우선 초등학교의 경우 고려인의 경우(통계집 용어에서는 러시아 및 중앙아시아 한국계로 표기)는 전체 외국인 학생 수의 32.1%(760명)를 차지하여 중국 국적(조선족 제외)의 33.3%(789명)에 이어 두 번째 많은 비율을 차지하고 있다. 고려인 학생이 760명으로 파악되고 있다는 것이다.[28]

---

27   주변 지역에 많은 가게가 등장하면서 현재 상태는 다소 초라한 느낌을 많이 준다. 하지만 땟골마을의 상징성을 보여준다.

28   안산시 다문화외국인 가구통계 2023년 12월, 134쪽. 참고로 동포를 포함한 전체 외국인 학

사진 3   고려인이 운영하는 가게(땟골마을)

사진 4   고려인이 운영하는 가게(땟골마을)

제2장 안산 고려인 마을의 형성과 발전   59

단원구에는 초등학교가 28개, 중학교 15개, 고등학교가 12개 있으며 상록구에는 초등학교가 27개, 중학교 15개, 고등학교가 12개가 있다.[29] 고려인 학생과 관련해서 주목해야 하는 학교는 단원구에 위치한 몇몇 학교이다. 외국인 노동자가 이곳으로 집중적으로 이주하면서 생긴 자연스러운 현상이기도 하다. 따라서 다양한 외국인 학생들이 단원구에서 많이 볼 수 있고 특히 원곡동과 선부2동은 대표적이다.

선부2동의 땟골마을에 인접한 선일초등학교는 다문화학교로 유명하다. 1993년에 개교하여 운영되다가 2014년에는 학생수가 급감하여 한때 폐교 위기에 이르기까지 했다. 그러나 이주 노동자들의 유입, 그 중에서도 고려인 이주자들이 증가함에 따라 판도가 달라졌다. 학생들의 국적이 13개나 되는 이 초등학교는 약 80%가 외국에서 이주해온 자녀의 학생들이며, 70%는 고려인 학생이다. 즉 재학생 다수가 한국 학생보다 외국인 학생이며 특히 고려인 학생인데 결국 2017년 다문화 국제혁신학교로 지정되었다.[30]

학생들의 모국어 상황이 다른 만큼 학업성취도에 많은 문제점을 주었고 이는 한국 학생들의 학부모들에게도 부정적인 영향을 주었다. 한편 러시아어 등 타 외국어로 별도의 수업을 진행하는 등 이중언어 교육 방식을 적용하기도 하지만 이는 교사들에게도 부담을 주고 있다. 원어민 교사의 채용이 충분하지 않아 한국식 교육에 미적응하는 학생들도 속출하여 학교가 해결해야하는 당면 과제로 떠올랐다. 특히 러시아어로 어린 시절 교육을 받고 한국으로 이주한 학생들의 경우 한국화 교육을 지속할 것인지 아니면 한국어-러시아어 병용 교육으로 나중에 귀국해서 국제적 경쟁력을 갖추도록 할 것인지에 대한 방안이 모색되어야 한다.

생수는 2,367명이다. 조선족의 경우는 22.4%(531명)이다.

29 안산시 단원구 및 상록구의 현황, 여기서 유치원과 대학교는 논외로 한다.
30 선일초등학교의 학생수(2024년 4월 기준)는 총 415명(1학년: 62명, 2학년: 65명, 3학년: 51명, 4학년: 61명, 5학년: 76명, 6학년: 88명, 특수학급: 12명)이다. https://www.schoolinfo.go.kr/ei/ss/Pneiss_b01_s0.do?HG_CD=J100002747

안산시에서 동별로 보았을 때 외국인 비율이 가장 높은 원곡동의 경우[31] 원곡초등학교는 외국인 학생수가 한국인 학생수를 훨씬 뛰어 넘어 역시 한국인 학부모가 자녀를 그 학교로 보내기를 꺼려하는 곳이다. 원곡초등학교도 경기도 교육청이 지정한 다문화 국제혁신학교이다. 이는 외국인 학생들이 다수를 점하고 있는 학교라는 의미이다. 반월공단과의 근접성과 이주 노동자들의 집중화 현상이 한국 학생들보다 외국인 학생이 더 많아지게 되는 원인이 되었고, 동시에 한국 학부모들이 다른 동네로 이사해 나가면서 이러한 현상은 더 심화되었다.[32]

외국인 학생이 다수를 차지하는 학교에서는 이중언어 교육정책을 시행하는데 한국어 교육과 외국인 학생의 모국어를 동시에 가르친다.[33] 이것은 생각보다 비효율적이라는 것이 담당 교사들의 의견이다. 진도와 학업의 깊이 등에서 결코 기대치를 능가하지 못하는데 이 부분은 향후 전문가들의 연구가 필요하다. 어떤 경우이든 한국어의 사전 학습은 필요한 것으로 판단되는데 그 부분이 잘 실행이 안 되는 것이 문제이다. 단순한 문화체험 활동이나 예술 시간의 확대로 언어적 한계를 극복하려고 하지만 이들 외국인 학생, 특히 고려인 학생들에게는 심적인 부담으로 작용한다. 그래서 다시 자국으로 재이주하는 학생도 간혹 생긴다.

초등학교와 함께 중학교도 외국인 학생이 다수인 곳이 있다. 원곡동에는 관산중학교가 있는데 땟골마을이 있는 선부동과 경계한 곳에 있어서 고려인 학생들도 많이 다닌다. 여기는 대표적인 다문화 중학교로서 외국인 학생 비율

---

[31] 2023년 말 기준으로 원곡동 주민은 33,655명이고 외국인은 83% 정도인 28,042명 (이 중에서 외국국적동포는 14,075명)으로 조사되었다. 원곡동에는 관산중학교와 원곡고등학교가 있다. https://www.ansan.go.kr/danwongu/common/cntnts/selectContents.do?cntnts_id=C0000906

[32] 고려인 학생수의 증가로 인한 문제는 이미 다음의 연구보고서에도 철저히 분석되고 있다(최영미·이지선, 2019: 131). https://www.key.kr/post/...

[33] 참고로 원곡동의 남쪽에 위치한 안산서초등학교도 다문화 학생이 절반을 넘어서고 있다.

이 전교생의 91%(2023년 기준)를 차지하고 있다. 그래서 주로 이중언어 정책을 실행하여 학생들에게 한국어를 가르치고 있는데 재학생의 80%가 한국어 학습에 애로를 겪고 있다.[34] 관산중학교 한 학년의 학생수가 60명(2024년)으로서 학급당 15명 규모 학교인데 그마저 점차 인원이 줄어들고 있는데 외국인 학생수의 비율은 매우 높은 상태에 있다. 따라서 교육 언어와 지도 방식에서 특별한 방법이 수행되고 있는 실정이다. 학생들의 국적과 모국어가 서로 다른 만큼 교육 방식이 독특해야 하는 것이다.

관산중학교 동쪽에 바로 인접한 곳에 또 하나의 다문화 학교인 선일중학교가 있는데 다문화 학생이 절반이 넘어서고 있다. 그만큼 외국인 이주노동자가 많다는 뜻이다. 2003년에 개교해서 2017년에 다문화 국제혁신학교로 지정된 선일중학교는 3학년 과목에 생활러시아어 과정이 정식 교과목으로 편성되어 있다.[35] 이것은 한국 학생들을 위한 것이며 러시아어가 모국어인 학생들과의 소통을 위하여 만들어졌다. 학교의 특성에 맞게 매년 다문화 축제를 개최한다. 즉 '선일제'는 동네 차원이 아닌 안산시 차원의 축제로서 외부인들에게 잘 알려져 있다.

이중언어 연구학교로서 지정된 학교에는 다문화 특별 교원이 2명 있으며 다문화 특별 교실도 4개가 준비되어 외국인 학생들이 학교 생활에 잘 적응할 수 있도록 지원한다. 늘 그렇듯이 부족한 특별 교사와 학생 당사자들의 부적응 문제는 중학생 수준에서 나타나는 문제이다.

표 3에서처럼 전교생 중에서 학년별로 러시아어권 학생이 80% 정도를 점유하고 있다. 전체적으로도 총 293명 중에 168명이 러시아어가 모국어인

---

[34] 언론 기사(중앙교육신문, 2023년 5월)에 따르면 외국인 학생들은 중국(133명, 조선족 포함), 우즈베키스탄(47명), 러시아(33명), 카자흐스탄(13명), 베트남(5명), 우크라이나(4명), 캄보디아(3명), 콩고, 타지키스탄, 몽골, 미얀마(각 2명씩), 일본, 태국, 파키스탄, 인도네시아(각 1명씩) 등으로 조사되었다. 전교생은 1학년(4학급), 2학년(5학급), 3학년(5학급) 등 276명이다. 정확한 고려인 학생수는 파악되지 않았다. http://jungangedu.co.kr/View.aspx?No=2820376

[35] 전교 학생은 291명이며 1학년 4개 학급, 2학년 5개 학급, 3학년 6개 학급으로 편성되어 있다. https://seonil-m.goeas.kr/seonil-m/cm/cntnts/cntntsView.do?mi=6231&cntntsId=771

표 3   선일중학교 학생 현황(다문화 관련, 2024.4.1. 기준)[36]

구분		1학년	2학년	3학년	합계
학급 수		4	5	6	15(특수2, 다문화특별3 별도)
전체 학생 수		70	102	121	293
학생구성	한국인	18(25.7%)	30(29.4%)	34(28.1%)	82(28.0%)
	다문화	52(74.3%)	72(70.6%)	87(71.9%)	211(72.0%)
다문화 학생 구성	러시아어권	41(78.8%)	60(83.3%)	67(77.0%)	168(79.6%)
	중국	10(19.2%)	10(13.9%)	18(20.7%)	38(18.0%)
	동남아	1(1.9%)	2(2.8%)	2(2.3%)	5(2.4%)

주의할 점은 러시아어권 학생이 모두 고려인만을 뜻하지는 않는다는 점이다. 러시아 및 중앙아시아 민족 출신들로 섞여 있다.

학생이어서 신일중학교는 이중언어 교육정책으로 국제적 경쟁력을 가진 인재를 양성하는 교육을 실시하고 있는 중이다. 중국이나 동남아 출신 학생도 있지만 여기는 가히 러시아어가 가장 많이 사용되고 있는 학교로 생각된다. 한국인 학생도 30% 이하인 것을 보면 확실히 다문화 국제학교로 새로운 교육방식이 요구된다.[37]

고등학교로서는 통계 자료에 의하면 안산시 전체적으로 외국인 고교생은 417명이며 국적별로 분류했을 때 중국 국적이 가장 많은 126명(30.2%)이고 고려인에 해당하는 학생(러시아 및 중앙아시아 한국계)은 79명(18.9%), 그리고 조선족의 경우는 별도로 73명(17.5%)이다(2022년 기준).

원곡고등학교는 다문화고등학교이다. 2018년에 다문화 시범학교로 지

---

36   https://seonil-m.goeas.kr/seonil-m/na/ntt/selectNttInfo.do?mi=6287&bbsId=2865&nttSn=1023953

37   학교 공지사항에 의하면, 2024년 3월 26일, 선일중학교에서 한국러시아어교사교수협의회(KATPR: Korean Association of Teachers and Professors of Russian) 주관 한러 교육교류 행사의 일환으로 2024 한-러 이중언어 국제교류 프로그램을 진행했다. 이번 프로그램의 진행을 위해 러시아 상트페테르부르그 국립대학 교수 이리나 일리초바(Irina Ilychova: 러시아어 인증센터 TORFL 부소장 겸임)를 비롯한 교류단이 선일중학교에 내방한 바 있다. https://seonil-m.goeas.kr/seonil-m/na/ntt/selectNttInfo.do?mi=10626&bbsId=2866&nttSn=1016562

정되어 학내 외국인 학생들을 위한 특수 학급을 운용하여 학생들의 국내 적응을 이끌었다. 2023년 3월 기준으로 전체 학생수가 923명이며 특수학급 학생도 21명이 있다. 이 학교에서는 '아울누리' 과정이라는 정식 교과과정을 만들어 외국인 학생에 대해 1, 2, 3학년 과정을 통합적으로 운용했다. 러시아어 강사를 별도로 두어 러시아어권 학생들의 교육을 특별히 지도했고 이중언어 말하기 대회도 개최했다. 이들 중 일부는 외국인 학생 전형으로 국내 대학에 진학하여 학업을 계속 이어나갔다. 외국인들이 많이 거주하는 원곡동에 위치한 원곡고등학교는 이와 같이 고려인 학생을 포함한 외국인 학생들을 위한 제도권 고등학교이다.[38]

다문화와 관련한 고등학교로서 2013년에 특성화고교로 지정된 안산국제비즈니스 고등학교도 있다.[39] 여기를 졸업하면 실제 취업으로 연결되는 경우가 많다. 안산 시내 중심에서 북동쪽으로 많이 떨어져 있으며 상록구 장상동에 소속되어 있다. 학교에서는 다문화언어강사로서 중국어와 러시아어 교사를 두고 있는데 이들은 원어민으로서 한국어검정 최고수준을 요구하고 있다. 이 학교는 2024년 기준으로 비즈니스중국어과와 비즈니스일본어과를 운영하여 실무에 능한 인재를 양성하고 있다.

지금까지 살펴본 것처럼 안산은 다문화 교육도시라고 해도 과언이 아니며 원곡동과 선부2동은 내국인 학생보다 외국인 학생이 더 많은 초등학교 및 중학교가 있을 정도이다. 고등학교의 경우는 아직은 내국인 학생들이 다수를 점하고 있어서 외국인 학생들을 위한 특별 교육이 진행되는 정도이다. 향후 시간이 더 지나면 어떤 변화가 나타날 지는 관찰해 볼 필요성이 있다. 이러한 상황에서 안산시는 경기도와 연합하여 안산시 대부동(대부도)에 아예 국제학

---

[38] https://www.goeas.kr/wongok-h/main.do

[39] 학교 소개에 의하면 경영사무과 3학급, 쇼핑몰제작과 1학급, 비즈니스콘텐츠과 1학급, 비즈니스중국어과 2학급, 비즈니스일본어과 2학급, 부사관과 1학급, 미용과 1학급, 보건간호과 2학급 등으로 편제되어 있다. https://www.goeas.kr/ansanib-h/hm/hist/selectHistList.do?mi=3180#check

교를 건립할 계획을 가지고 추진하고 있다. 2028년 개교를 목적으로 하는 이 국제학교는 영어로 운영되는 일반적으로 알려진 학교이며 학생 또한 전국 차원에서 모집할 계획을 가지고 있다.

한편 안산시에는 국내의 공식 학교는 아니지만 민간이 운영하는 학원이 있는데 단순한 학원이 아니라 러시아 학제를 준수하고 러시아 교육기관의 감독을 받는 러시아식 교육을 진행하는 '노아네 러시아학원'이라고 하는 학원이 있다.[40] 이곳은 러시아에서와 동일하게 월요일에서 금요일까지 정규 교육과정이 실시되는 한국 소재 러시아 교육기관(슈콜라[школа]: 초중고교 통합과정)으로서 재학생의 장점은 모국어인 러시아어가 운영 언어로 사용되기에 언어소통상 큰 문제가 없다는 점이다. 2015년에 개설되었기 때문에 안산에 다문화 학교 문제가 등장하기 이전의 역사를 지니고 있다.

일반적인 한국 학교가 아니기 때문에 시설 등에서 비교가 되지만 한국 학생과의 갈등이 없고 언제든지 본국으로 전학하여 학력을 인정받을 수가 있다. 중간, 기말 시험 등의 감독과 인정은 철저히 러시아의 교육기관이 통제하기 때문에 교육의 질적 문제는 없다. 2023년 기준으로 재학생이 100명 정도, 교사가 14명 있으며 학부모들 또한 초창기의 소극성에서 벗어나 이제는 만족감을 가지고 있다. 이 학원에서는 러시아어로 운용이 되어 학생들의 적응도가 높은데 동시에 한국어 교육과 한국문화를 가르치는 것도 포함한다. 최근 한국 학교에서 지향하는 이중언어 정책과 유사하지만 분명한 것은 러시아 학제를 따르고 러시아에서 인정하는 졸업장을 받는 것이다.[41]

---

40 '노아네 학원'에 대해서는 일찍이 다음 논문에서 확인된다(임영상·림학·주동완, 2020: 41).

41 "노아네러시아학원엔 2015년 개원 첫해부터 11학년으로 들어온 학생이 있었다. 지금까지 러시아대학에 6명이 진학했다. 한국대학에 입학한 학생도 3명이고 준비 중인 학생들도 여럿이다. 2023년 3월 노아네러시아학원 학생 중에 3명이 장학금을 받고 안산대학교 호텔경영학과에 입학했다. 2022년 2월 우크라이나 전쟁 이후 학생이 많이 늘어 2023년 9월 마침내 초·중고등학교 과정에 100명 입학했는데, 이번에는 11학년 학생이 13명이나 되었다." http://kor.theasian.asia/archives/347611

VI. 맺음말

지금까지 안산 고려인 사회의 현재 모습을 세 가지 측면에서 고찰했다. 첫째 땟골마을은 생성 이후 여전히 고려인 커뮤니티의 상징적 역할을 하고 있는데, 여기서는 자영업을 하는 고려인들을 많이 볼 수 있다. 고려인들을 지원하는 고려인문화센터도 2016년에부터 운영되고 있어서 고려인들이 한국어 교육 및 제도의 학습 등에서 도움을 많이 받고 있다. 거리를 다녀 보면 러시아어를 구사하는 고려인 동포들과 많이 만나볼 수 있다는 점도 고려인 커뮤니티의 분위기를 더해 준다. 고향마을은 한국에 영주귀국하려는 사할린 한인들을 위해 LH(토지주택공사)에서 건축한 영구임대아파트가 있는 곳이다. 지리적으로 땟골마을과 많이 떨어져 있으며 대륙의 고려인과 역사적 형성과정이 다른 시니어 세대의 사할린 한인들이 모여 살고 있다. 이들은 정부로부터 특별 생계 지원을 받고 있기 때문에 거주의 걱정은 없다. 다만 동거 가족이 문제인데 이 문제도 한국 정부의 전향적인 정책으로 사할린 한인들에게 도움이 되는 방향으로 가고 있다.

둘째 안산 고려인 커뮤니티 형성의 원동력은 반월공단을 비롯한 산업단지가 위치해 있기 때문에 노동이주 외국인들이 다수 모여들고 있다. 고려인들은 조선족 및 기타 외국인 노동자들과 함께 외국인 노동자로서 안산에서 경제활동을 하고 있다. 직장이 많이 있다는 것은 높은 경제 수준의 한국경제와 함께 고려인 이주자들이 한국을 선택하는 계기로 작동한다. 특히 2014년 이후 러시아 및 카자흐스탄 경제의 악화로 인해 러시아 및 중앙아시아 지역의 고려인들은 경제적 목적으로 한국을 택하고 있다. 원곡동의 경우는 고려인을 비롯하여 외국인 거주자들이 내국인보다 월등히 많고, 안산역 주변에는 다문화 거리가 특구로 지정되어 있을 정도이다. 현재로서는 이러한 이주노동자들의 증대 경향은 유지될 것으로 본다.

셋째 고려인을 비롯한 외국인 이주노동자들의 증가로 인해 교육 문제가 발생하고 있다. 이는 내국인 학생보다 외국인 학생이 더 많아 한국식 교육방식에서 벗어난 특수한 방법이 대두되고 있다. 이른바 다문화 학생들을 위한 교육이다. 학생들간의 갈등을 해결하고 한국어 능력을 배양해야 하는 부담이 작동되고 있다. 선부동의 선일초등학교와 원곡동의 원곡초등학교는 고려인을 비롯한 외국인 학생들이 압도적으로 많은 비율을 차지하고 있다. 관산중학교와 선일중학교도 중학교 차원에서 다문화 교육방식이 적용되고 있어서 한국의 학부모들이 교육의 질을 우려하고 있는 곳이다. 고등학교의 경우는 원곡고등학교와 안산국제비즈니스 고등학교가 있는데 아직은 고려인을 비롯하여 다문화 학생들의 비율이 초등학교와 중학교에 비해 우려할 정도는 아니지만 향후 새로운 변화가 예상된다. 한편 안산에는 러시아학제를 준수하는 민간 학원도 운영되고 있는데 이는 언제든지 학생들이 본국으로 귀국했을 때 학업을 인정받을 수 있다는 점이 장점이며, 교육 방식은 러시아식으로 운영되고 이중언어 능력의 인재를 배양할 수 있다는 것이 장점이다.

안산 고려인 커뮤니티는 역사와 규모 면에서 한국에 거주하고 있는 고려인 사회를 대표하고 있다. 안산에 있는 산업공단은 저임금을 바탕으로 하는 외국인 노동자들을 흡수했고 동포 차원에서는 초기에 조선족들이 모여 들었다. 이후 고려인 동포들이 땟골마을을 중심으로 커뮤니티를 형성했고 이러한 움직임은 분명히 자발적인 성격이 강했다. 전국에 광주와 인천 등 다른 도시에서도 고려인 마을들이 형성되고는 있지만 안산 고려인 마을은 초창기 고려인 커뮤니티로 인식되고 있고 지금도 양적 확장이 진행되고 있는 실정이다. 이 과정에서 자녀 교육 문제가 해결되어야 하는 과제로 부상했지만 한국 정부는 다문화 교육정책을 실시하면서 적극 대처하고 있다. 모든 측면에서 한국의 고려인 문제에 대해 이해하고 해결책을 모색하기 위해서는 우선적으로 안산 고려인 커뮤니티에 대한 연구가 필요하다.[42]

---

42 한국내 고려인 문제를 연구하는 러시아 학자 바딤 아쿨렌코는 광주, 인천, 안성, 청주, 아산, 경주, 김해 등 7개 도시 고려인 공동체를 조사 연구한 단행본을 발간했지만 가장 중요한 안산 공동체가 누락되어 있다(바딤 아쿨렌코, 2024).

참고문헌

강성희·최운실. 2021. "안산 '땟골 마을' 고려인들의 학습 문화기술지 연구." 『인문사회 21』 12(3): 1309-1324.

곽동근·임영상. 2017. "고려인동포의 '귀환'과 도시재생." 『역사문화연구』 64(1): 175-211.

국민권익위원회 민원조사기획과. 2009. 『재외동포 권익증진방안』. https://www.acrc.go.kr/board.es?mid=a10504030000&bid=1013&tag=&act=view&list_no=29978&nPage=81

김기영. 2022. "국내 거주 고려인 체류자격과 변경에 관한 사례연구: 경기도 안산시 거주 고려인을 중심으로." 『다문화와 평화』 16(3): 28-49.

김승력. 2017. "안산 고려인 현황과 지원활동." 전남대학교 세계한상문화연구단 2017년 다문화와 디아스포라 학술세미나. 19-32쪽.

바딤 아쿨렌코. 2024. 『한국 내 고려인 마을 조사 자료집』. 학고방.

박채환. 2023. "안산 사동 한국인 주민과 고려인의 상호 관계 형성 연구." 한양대학교 석사학위 논문.

손영훈 외. 2023. 『고려인 동포 제천시 이주 및 정착을 위한 중앙아시아, 러시아 및 국내 거주 고려인 생활실태 조사』. 한국외국어대학교 용역보고서.

안산시. 2023. 『2023년 안산시 다문화·외국인가구통계』.

임영상. 2023. 『한국에서 고려인마을을 찾다』. 북코리아.

임영상·림학·주동완. 2020. "경기도의 '귀환'동포사회와 한국살이: 안산시와 시흥시." 『재외한인연구』 150: 29-63.

최영미·이지선. 2019. 『경기도 거주 고려인 생활실태 및 정착방안』. (재)경기도가족여성연구원. https://www.key.kr/post/...

출입국·외국인 정책본부. 2024. 『통계월보』 5월호.

출입국·외국인 정책본부. 2010. 『2009년도 출입국통계연보』.

제3장

이민 정치에서 정부와 시민 사회의 상호 작용:
안산 고려인 밀집거주지 사례[1]

주송하

I. 머리말

오늘날 국경 안팎으로 이동하는 이주민이 증가하면서 이민 정치에 대한 이해는 그 중요성이 점점 더 높아지고 있다. 그럼에도 불구하고 대한민국을 비롯한 비서구 국가들의 이민 정치에 관한 연구는 아직도 미진한 실정이다. 기존 이민 정치 연구는 주로 이민의 역사가 더 오래된 서구 국가에 초점을 맞추었기 때문이다(Boucher·Gest, 2018: 22-24). 선행 연구는 이민 정치의 주요 동학으로 국가의 정체성과 외국인 혐오(Brubaker, 1992; Zolberg, 2006), 경제 상황(Meyers, 2004), 복지 부담(Hanson et al., 2007), 기업과 같은 로비 집단(Freeman, 1995; Peters, 2017), 정당(Perlmutter, 1996; Wong, 2015), 법치와 인권 규범을 따르는 독립적 국가기관과 시민사회(Ellermann, 2009; Joppke, 1998)의

---

[1] 이 글은 『슬라브학보』 40-2(2025)에 게재된 논문을 본서의 편집 취지에 맞도록 수정·보완한 것입니다.

역할을 강조했다. 한국을 비롯한 동아시아 국가의 이민 정치에 대한 기존 연구에서도 역시 상술한 요소들을 주목했지만(Seol·Skrentny, 2009; Chung et al., 2024), 많은 경우 국가 관료 간 경쟁 동학과 이민자에 대한 경제, 안보 인식 등 국가의 역할에 방점을 두고 있다(Kalicki, 2019; Chung et al., 2024). 이는 한국을 비롯한 동아시아의 경제 발전 과정에서 국가가 중요한 역할을 해왔으며, 이민 문제 역시 노동 인력의 공급이라는 국가의 경제적 인식에 기초하고 있기 때문이다.

그렇다면 시민사회는 한국의 이민 정치에 어떠한 역할을 하고 있으며, 정부와는 어떠한 상호작용을 하고 있는가? 소수의 기존 연구는 한국의 이민 정치에서 시민사회가 중요한 행위자였음을 강조했다. 일련의 연구들은 1980년대 한국의 민주화에서 중요한 역할을 한 시민사회의 전통을 지적하고, 이러한 전통은 한국의 이민 정치에서도 이어졌음을 보여주었다(Yamanaka, 2010; Chung, 2010). 예를 들어 Chung(2010)은 유사했던 일본과 한국의 이민 정책이 2000년대에 들어 달라지기 시작하는데, 여기에는 한국 시민사회의 역할이 주효했다고 주장한다. 하지만, 이러한 연구들은 주로 중앙 이민 정치에서 시민사회 역할에 주목하고 있고, 지방 차원과 하위 공동체 단위에서 시민사회가 이민 정치에 어떠한 영향을 미쳤는가에 관한 학술 연구는 부족한 실정이다. 또한 고려인, 조선족과 같은 동포 정책에서 시민사회 역할에 대한 연구는 더욱 미진하다.

이에 본 연구는 한국의 이민 정치를 이끌어가는 주체로서 시민사회의 역할에 주목하고, 이민 정치에서 정부와 시민사회의 상호작용에 대해 고려인 공동체 사례를 중심으로 살펴보고자 한다. 연구는 한국에서 가장 큰 외국인 이민자와 고려인 공동체가 형성된 안산에 주목한다. 안산은 반월, 시화 산업공단으로 일하기 위해 온 고려인들이 모여들어 자연스럽게 고려인 집단 거주지가 형성된 곳이다. 1980년대 후반 이후 내국인 노동자들이 떠나면서 외국인 노동자들이 저렴한 집값, 편리한 교통 여건으로 안산 원곡동에 정착하기 시작하였다. 원곡동은 이미 중국 동포와 동남아 이주민이 많은 곳이기에, 고려인

동포들이 원곡동 근처 땟골 선부 2동으로 들어가기 시작하면서 2010년 무렵 땟골에 고려인 마을이 형성되었다(임영상, 2023: 36). 안산 고려인 공동체에는 고려인들의 한국 생활을 돕기 위한 시민단체들이 활동하기 시작하여 뿌리를 내렸다.

　　본 장은 먼저 한국에서 중앙 정부와 안산시 정부의 고려인에 대한 정책을 개괄한다. 고려인을 포함한 동포에 대한 정책은 다문화 정책과도 깊게 연관되어 있으므로, 다문화 정책을 고려인 정책에 앞서서 살펴본다. 다음으로는 안산시에서 대표적인 고려인 지원 시민단체인 〈너머〉와 〈미르〉의 활동을 살펴보고, 이들이 중앙과 지방 정부의 이민 정치에서 어떠한 역할을 하고 있는지 분석하였다. 안산의 시민사회 리더십은 정부 정책과 지원의 사각지대에 놓인 고려인의 한국 생활을 직접 도와주었고, 동시에 시, 도, 국가 차원의 국가기관들과 상호작용하며 그들에게 고려인의 상황과 의견을 전달하며 이민 정치에서 중요한 영향력을 끼쳤다. 결론에서는 안산 사례를 통해 이민 정치에서 정부와 시민사회의 상호작용에서 나타나는 상호보완성과 한계에 대해서 논한다. 안산시 정부는 고려인 정책을 적극적으로 펼치면서 고려인 시민사회 리더십을 지원하였고, 동시에 안산시 정부 역시 시민사회 리더십으로부터 이민 정책 운용과 정책 수립에서 여러 도움을 받고 있다. 따라서 본 연구는 정부-시민사회가 상호보완적 관계에 있다고 결론을 내리지만, 동시에 정부의 지원은 여러 한계를 노정하고 있으며 이를 개선해야 한다고 주장한다. 본 장은 연구 자료로 정부와 시민단체의 공식 문서, 선행 연구, 언론 보도, 2023년 7월 진행한 현지 조사 인터뷰를 사용하였다.

II. 국내 거주 고려인 정책: 중앙 정부와 안산시 정부

한국 사회에서 고려인은 외국인이면서 동포이기도 하다. 김기영(2022: 29)은 한국 사회가 고려인을 "우호적일 때는 동포로"보다가 "배제할 때는 외국인으로 대하는 차별"을 계속하고 있다고 지적한다. 고려인은 「재외동포의 출입국과 법적 지위에 관한 법률」에 따라서는 동포로 규정되지만, 「출입국관리법」과 「외국인 근로자의 고용 등에 관한 법률」에서는 외국인에 해당되기 때문이다 (김기영, 2022: 29).

국내 거주 고려인에 대한 정책은 동포로서 다른 외국인과는 차별성이 있지만, 포괄적으로 외국인에 대한 다문화 정책과 궤를 같이하는 경향이 있다 (김기영, 2022). 따라서 한국 정부의 고려인에 대한 정책 분석을 위해서는 다문화 정책도 함께 살펴봐야 한다. 1990년대부터 국내 거주 외국인과 결혼이주여성 비율이 증가하면서, 2006년 정부는 한국 사회의 "다문화, 다민족 사회로의 전환"을 선언하고 국가 주도로 다문화 사회 정책을 도입하였다(허권, 2021: 316). 정부는 다문화주의 정책을 통해 기존 이주민들의 단기적 방문 노동과 노동력 관리 문제를 이주와 사회 통합의 문제로 바꾸고자 하였다(오경석, 2007: 32). 이러한 정책 선회는 2005년 5월 외국인 문제가 "대통령 지시 과제"로 올라가면서 나타난 변화로, 이후 정부 부처들은 다문화주의 정책 개발과 입안에 착수하였다(오경석, 2007: 33). 정부의 다문화 정책은 오히려 다문화 거버넌스 형성을 저해했다고 비판을 받기도 한다. 무엇보다도 정부의 다문화 정책은 실제 한국 이주민 문제 중 중심인 미등록 이주노동자보다는 결혼 이민자 가정을 대상으로 하고 있었다는 점이다(오경석, 2007: 33). 또한 정부 주도의 다문화 정책은 다문화를 사회 전반적인 고민과 논의의 대상인 "정치적 의제"가 아닌 하나의 "정책 아이템"으로 축소하고, 이민자의 의견은 여전히 무시하고, 그동안 이민자를 효과적으로 지원해 온 시민 사회의 활동을 방해하는 경향이 있다는 것이다(오경석, 2010: 192).

거주 외국인이 많았던 안산시 역시 이러한 관 주도 다문화 정책의 주요 도시 중 하나였다. 안산은 반월, 시화 공단으로 외국인 근로자의 유입이 일찍부터 시작된 곳으로, 1990년대부터 안산의 민간 단체와 시 정부는 다문화주의에 관심을 가졌다. 대표적으로 안산이주민센터는 법적, 제도적 수단만으로는 이주노동자에 대한 문화적, 인종적 차별 해소에 한계가 있다는 것을 염두에 두고 이주민과 한국인들의 지역공동체 형성을 도모한 "국경 없는 마을" 운동을 주도하였다(오경석 2007: 48). 안산시는 1990년대 중반 "다문화가 공존하는 열린 국제도시"를 발전 비전으로 채택했다(박범종, 2017: 48). 아직 중앙 정부의 다문화 정책이 본격화되기 전, 안산시에서는 시 정부와 시민단체가 외국인 근로자들의 한국 생활을 돕기 위해 여러 지원과 정책을 펼쳤다(허권, 2020: 164). 일례로 안산시는 선도적으로 2003년 7월 외국인 근로자 지원센터 건립 계획을 수립하여, 2005년 5월 외국인 근로자 지원센터를 개소한다(안산시 외국인주민지원본부, n.d.-a). 그리고 2007년 4월에는 거주 외국인 지원조례를 제정하고, 이에 의거하여 2008년 3월 전국 최초의 외국인 주민센터를 개소하였다. 외국인 주민센터는 다문화 지원 본부를 운영하여 현재까지도 외국인의 상담 지원, 한국어 교실 등을 운영하여 외국인 근로자들의 생활과 복지를 돕고 있다.

동시에 안산시는 외국인 밀집 지역이라는 장소 마케팅으로 지역 경제 활성화와 관광상품화를 도모하였다. 장소 마케팅은 지역 발전을 위해서 특정한 지역 이미지 구축으로 자본과 인구를 유인하려는 시도를 의미한다(박범종, 2017). 이러한 장소 마케팅이 가장 잘 드러나는 사례는 안산시의 다문화 마을 특구 지정이다. 안산시는 2008월 12월 외국인 이주민 복지 증진과 지역 개발을 위한 다문화 체험 특구 추진을 발표하였다(김민, n.d.). 특구로 지정이 되면 안산시는 여러 규제에서 특례를 적용받아서 외국인 사증 발급 간소화, 차 없는 거리 조성, 여러 광고물 설치 등을 할 수 있었다(김민, n.d.).

마침내 2009년 5월 안산시는 원곡동 일대를 "다문화 마을 특구"(Ansan Multicultural Village Special Zone)로 지정하는 데 성공한다. 이는 지식경제부(현 중소벤처기업부)의 지원을 받는 것으로, 안산시는 다문화 마을 특구의 목적을 "상호문화 공동체 의식 함양을 위한 기반환경 조성, 외국인 복지 여건 증진 및 생활환경 개선, 지역 상권 활성화 및 지역 인프라 확대"라 밝히고 있다(안산시 외국인주민지원본부, n.d.-b). 안산시는 원곡동 지역을 중심으로 하여 다문화 음식점이 있는 특화 거리를 조성하고, 축제를 개최하여 이를 관광자원으로 활용하고 있으며, 다문화 특구 마을은 연 관광객 450만 명이 다녀가는 관광지가 되었다. 또한 특구 사업의 일부로 외국인의 국내 정착 지원, 다문화 브랜드 특화 사업을 하고 있다. 다문화 마을 특구 지정은 계속 연장되고 있다.

하지만, 이러한 다문화 마을 특구 지정은 관 주도의 하향식 다문화 정책으로 여러 비판을 받고 있다(오경석, 2010; 허권, 2020). 허권(2020)은 2009년 다문화 마을 특구 지정 이후로 안산시의 다문화 거버넌스가 와해되었다고 주장한다. 특구 지정 이전 시기에는 중앙 정부와 안산시 정부, 그리고 시민단체가 모두 다문화 거버넌스에서 핵심 행위자 역할을 맡고 있었으며, 관과 민이 상호 긴밀하게 연결되어 있었다. 이로 인해 현장에서 외국인들의 목소리를 듣는 시민단체와 공공기관의 협력이 원활하게 이루어졌다. 하지만 다문화 마을 특구 지정 이후로 정부가 다문화 사회 정책을 주도하고 시민 사회 역할은 줄어들면서 거버넌스가 무너졌다는 것이다(허권, 2020: 159). 또한 안산 시 정부의 마케팅과 관광 상품 추진 과정에서 시 정부와 민간 단체들의 충돌이 있었고, 관주도의 하향식 결정과정이 유지되고 있다는 점이다.

고려인의 안산시로의 이주는 이러한 배경 아래에서 이루어졌다. 1991년 체결된 한소국교수립은 고려인들의 귀환을 가능하게 하였고, 2000년대 중반부터 고려인의 한국 이주가 크게 증가하였다. 전국의 공단 주변에서 외국인 노동자와 더불어 고려인의 공동체가 형성되었고 안산 역시 예외가 아니었다. 상술하였듯 한국의 법제에서 고려인은 동포가 아닌 외국인으로 취급받기도 하는데, 고려인의 이러한 처우는 안산시에서도 발견할 수 있다. 표 1은 안산시의 고려인과 외국인 관련 조례를 보여주고 있다. 2007년 이후 안산시에서 제정된 외국인 주민 지원 조례는 고려인을 따로 다루고 있지 않았다. 그러다가 2016년 1월에 개정된 조례에서는 "제4장 안산시 고려인문화센터"라는 신설된 장에서 고려인 주민을 정의하고 이들에 대한 지원을 약속하고, 2018년 1월에서야 고려인 지원에 대한 안산시 조례가 별도 제정되었다.[2]

---

[2] https://www.law.go.kr/자치법규/안산시 외국인주민 및 다문화가족 지원 조례/(1970,20160111); https://www.law.go.kr/자치법규/안산시 외국인주민 및 다문화가족 지원 조례/(2148,20180108)

표 1 안산시의 고려인과 외국인 관련 조례

연월	내용
2007년 4월	안산시 거주외국인 지원 조례 제정
2008년 5월	다문화 헌장 제정(행정안전부, 경기도, 안산시) 인권교류증진 협약 체결(국가인권위원회, 경기도, 안산시)
2009년 3월	안산시 외국인주민 인권증진에 관한 조례 제정
2013년 1월	안산시 외국인주민 및 다문화가족 지원 조례로 개정
2018년 1월	안산시 고려인 주민 지원 조례 제정
2021년 1월	안산시 다문화 아동·청소년 이중 언어 교육 지원에 관한 조례 제정
2021년 4월	안산시 다문화시민대상 조례 제정
2024년 2월	안산시 고려인 등 재외동포 주민 지원 조례로 개정

출처: 박보식(2022: 117-118); 안산시 외국인주민지원본부 웹사이트; 법제처국가법령정보센터

 이처럼 오랜 시기 동안 고려인은 국내 거주 외국인으로 여겨졌지만, 동시에 고려인은 국내 거주 외국인이 받을 수 있었던 다문화 정책의 혜택을 누리지 못하는 정책의 사각지대에 있었다(임영상 외, 2020: 33). 한국에서 보통 다문화는 결혼이주여성을 대상으로 한 것으로, 귀환한 고려인 동포들은 엄밀한 의미의 외국인이 아니었기 때문에 여성가족부와 지방 정부의 다문화 정책 대상 혜택에서 배제되었다(임영상 외, 2020: 33). 또한, 고려인들은 조선족 동포와는 달리 한국어 소통이 어렵고 이로 인해 한국 생활이 어려웠다는 차이점이 있었다(임영상 외, 2020: 34). 다음 장에서 더 자세히 살펴보겠지만, 이처럼 각종 정책과 지원의 사각지대에 있는 고려인들의 공동체 형성과 유지에서 한국 시민 사회 리더십의 역할은 컸다.

 안산시의 다문화 마을 특구와 고려인 공동체에 대한 지원은 현재까지 유지되고 있다. 2019년 2월 안산시는 다문화 마을 특구 운영 기간을 연장하고, 사업비도 260억 원에서 416억 원으로 증액하였다(박재천, 2019). 안산 다문화 마을 특구 사업에는 후술할 고려인 문화센터가 신규 추가된 것으로, 안산시의 외국인주민지원본부의 하위 부서들이 고려인에 대한 지원을 담당하고 있다. 또한 안산시는 2020년 2월 18일 대한민국에서 최초이자 아시아에서 두번째로 유럽 평의회가 주관하는 상호문화도시로 지정되었다(박보식, 2022: 116). 안산시는 외국인 주민센터를 지속 운영하고 거주 외국인에게 행정 서비스를 제

공하고 있다.

　안산시는 시의회와 시정부 차원에서 고려인에 대한 관심을 지속적으로 보이고 고려인 관련 의정 활동을 하고 있다. 안산시 의회는 상술한 다문화와 고려인 조례 제정뿐만 아니라, 의정활동의 일환으로 고려인 간담회를 개최하고 고려인 행사에 지속적으로 참석하고 있다. 표 2는 안산시 의회의 공식 웹사이트 의정사진에서 "고려인"을 키워드로 검색한 안산시 의회의 활동을 보여준다. 2013년 8월 안산시의회 전준호 의장과 몇몇 시의원은 무연고로 별세한 고려인 김발로자씨의 장례식을 위한 안산시민 장례위원회를 구성하여 추모식을 열었다. 전준호 의장이 장례준비위원장을 맡았고, 나머지 의원들은 장례위원으로 참여했다. 2013년 10월 안산시의회는 고려인 처우 개선을 위해서 지역시민단체와 간담회를 개최했다. 이 간담회는 안산시의회와 더불어 후술할 고려인 시민단체 〈너머〉, 나눔과 연대 안산내일포럼이 공동 주관하였다. 또한 간담회에는 안산의 지역언론사, 최현수 신나는 문화학교 자바르떼 대표, 안산 YWCA 사무총장 등 다른 시민사회단체도 참여하였다. 전준호 의장은 "간담회에서 논의한 내용을 시정에 반영할 수 있도록 여러 의원들과 고민하고 노력하겠다"고 언급하였다. 이러한 안산시의회의 고려인에 대한 관심과 의정활동은 안산시의회 구성원이 바뀌더라도 계속되고 있다. 2014년 10월 안산시의회 성준모 의장은 고려인 이주 150주년 기념 고려인 축제에 참석하였고, 2016년 고려인 문화센터 개관식에는 이민근 의장이 참석하였다. 2022년 안산시의회 박은경 의장은 〈너머〉를 방문해 우크라이나 전쟁 피난 고려인동포 지원을 위한 후원금을 전달하였다. 가장 최근 활동은 안산시의회 의장이 안산시장과 함께 올 4월 안산시 화랑유원지에 세워진 고려인 독립운동 기념비 제막식에 참석한 것이다(사진 1). 본 기념비는 우리나라에서 최초로 건립된 고려인독립운동 기념비로 큰 상징성이 있다고 하겠다.

　안산시 시정백서에 따르면 현재 안산시의 고려인 지원 정책은 두 가지로 나눌 수 있다. 첫째는, 고려인 문화센터 운영이다. 이 센터는 2016년 10월~2017년 7월 시기에는 안산시가 직접 운영하다가 2017년 8월 이후 사단법인

표 2 안산시 의회의 고려인 관련 의정활동

2013년 8월	고려인 고 김발로자씨 추모식
2013년 10월	고려인 안산 간담회
2014년 2월	고려인 이주 150주년 기념 및 문화복지지원을 위한 안산시민 원탁회의 발족식
2014년 10월	고려인 이주 150주년 기념 안산 고려인 축제
2015년 7월	선부2동 고려인 카페 개소식
2016년 10월	고려인 문화센터 개관식
2017년 1월	탈북새터민 고려인과 함께하는 설맞이 떡국 나눔 행사
2017년 11월	고려인 강제이주 80주년 특집 다큐멘터리 시사회
2019년 3월	고려인 독립운동 기념비 건립 국민위원회 출범식
2022년 6월	안산시 고려인문화센터 후원금 전달
2023년 11월	제7회 고려인아리랑 기념식에 참석
2024년 7월	고려인 이주 160주년 기념사업 안산 추진위원회 발대식
2024년 10월	고려인-한인 이주 160주년 기념 및 제8회 고려 아리랑 행사 참석
2025년 4월	고려인 독립운동기념비 제막식 행사

출처: 안산시 의회 공식 웹사이트, "의정사진"

사진 1 2025년 4월 5일 안산시 고려인 독립운동기념비 건립 제막식
출처: 안산시의회 공식 웹사이트 "의정사진"

〈너머〉에 위탁하여 운영하고 있다(안산시, 2024b: 341). 고려인 문화센터의 배경은 "안산시에 거주하는 고려인 주민들의 국내 정착을 지원하여 지역사회 적응과 권익증진 및 생활 안정을 도모하고 상호문화도시의 이미지를 제고"하는 것이다(안산시, 2024b: 341).

둘째는, 안산시의 고려인 등 재외 동포 주민 지원위원회 운영이다(안산시, 2024b: 342). 주민지원위원회는 고려인 등 재외 동포 주민 지원계획 수립 및 평가를 통해 재외 동포 관련 정책을 효과적으로 시행한다. 2021년 2월 22월에는 1기 위원 15명이 위촉되었고, 2023년에도 15명의 위원이 위촉되었다. 지원위원회는 매년 상, 하반기에 정기 회의를 시행하고, 고려인 지원 사항에 관한 논의를 한다. 고려인 주민과 관련한 다양한 민간단체, 관계기관의 구성원이 위원으로 위촉되어 고려인 주민들의 자립 생활에 필요한 사항에 대해 다양한 의견을 제시하고 논한다. 안산시는 이와는 별도로 사할린 동포 고국 정착 지원을 실행하고 있으며 이는 노인 복지과 전담이다. 2021년 1월 1일 사할린 동포 지원에 관한 특별법 제정이 있었고, 2022년 영주귀국 신청 대상자 350명 중 134명이 안산에 정착하였다(안산시, 2024a: 517). 안산시 노인복지과에서는 사할린 동포의 고국 정착을 지원하고 있으며 법에 따라 연금, 의료혜택을 지원하고 있다.

III. 안산 고려인 공동체 시민 사회 리더십: 〈너머〉와 〈미르〉

1. 〈너머〉

〈너머〉의 김영숙 사무처장은 원래 평범한 직장인이었다. 2011년 안산시 선부동 땟골 삼거리 지하방에서 김영숙 사무처장을 비롯한 민간 활동가들이 고려인을 대상으로 한글 야학을 시작하였다. 김영숙 처장은 한글 교육뿐만 아니라 임금 체불 등 고려인들의 생활 고충을 알게 되면서 그들의 한국 생활 전반에 대한 상담과 지원 사업 폭을 넓혔다고 한다(Btv뉴스, 2023/06/27). 한글 야학은 2012년 시민단체 〈너머〉이름으로 개원식을 시작하고 한국어 교육, 산재, 체불 임금 상담 등 국내 체류 고려인의 한국생활에서의 고충 해결에 도움을 주고 있다(너머, n.d.). 이와 더불어 보육시설 제공, 임산부와 유아 예방 접종, 의료 지원, 김장 나누기, 생필품 지원, 청소년 공부방, 주말 어린이 한국어 동화 읽기 수업, 체험 학습, 어린이 축구단과 같은 청소년과 어린이 지원 사업과 더불어서 성인을 위한 밴드, 고전 무용반 등 문화 사업도 지원하였다(김승력, 2017: 31).

〈너머〉는 설립 이후로 고려인의 생활을 지원하는 것뿐만이 아니라, 중앙과 시의 이민 정책에 영향을 미치기 위한 여러 노력을 해오고 있다(너머, n.d.). 먼저, 〈너머〉는 고려인을 대상으로 여러 연구와 설문조사를 실시하였다. 〈너머〉는 교육 정체성, 이주 실태, 노동자 인권과 복지 관련 설문조사를 하고 외대러시아연구소, 이민정책연구원, 안산여성노동자회와 같은 연구소와 시민단체와 이를 공유함으로써(김승력, 2017: 31), 안산을 비롯한 국내 고려인의 실태에 대한 정확한 정보를 제공하고 있다.

2013년 10월 안산에서 〈너머〉는 시의회와 공동 주관으로 고려인 간담회를 개최하여 고려인의 역사, 한국 생활 어려움에 대한 정보를 제공하였다. 2014년 2월 〈너머〉는 고려인 지원을 위한 안산시민원탁회의를 발족하고, 3월에는 고려인 지원을 위한 경기도 의원 간담회를 개최하였다. 안산시민원탁회의는 고려인 문제를 안산시가 풀어야 할 중요한 과제로 부각하는 작업을 하였다(김승력, 2017: 31). 2014년 4월 〈너머〉는 안산희망재단과 MOU를 체결, 5월에는 안산시 평생학습관과 MOU를 체결하고 땟골 좋은 마을 만들기 사업을 추진하고 고려인 특별법 개정 국회 간담회를 개최하였다. 2015년 1월에는 선주민과 고려인이 함께 참여하는 땟골 마을 운영위원회 결성하여 월 1회 마을 회의를 진행하고 있다.

2016년 국회에서 "고려인 이주 150주년 기념사업 지원을 위한 결의안"이 통과되면서 국비 3억 원을 포함하여 총 10억 원의 예산이 확보되어 안산에 고려인 문화센터가 지어졌다(임영상, 2024). 2016년 〈너머〉는 사단법인으로 전환하고 고려인 문화센터를 10월부터 위탁 운영하였다(너머, n.d.). 안산의 고려인문화센터는 전국 최초로 개관된 곳으로, 한국어 교육, 문화교류, 디아스포라 역사 강의, 일자리 사업 등 동포들의 정착을 돕고 있다.

〈너머〉는 2017년 5월 고려인 강제이주 80주년 국민위원회를 출범하였다. 국민위원회는 고려인 동포들의 안정적 체류를 위한 고려인 특별법 개정과 고려인 역사 알기 국민 캠페인을 펼쳤다(선명수, 2017; 박수란, 2017). 80주년 국민위원회가 추진한 개정안은 고려인들의 체류 요건 완화, 고려인 통합 지원센터 설치, 우리말 교육과 생활 지원 등의 내용을 포함하고 있었다(연합뉴스, 2017/05/17). 동년 6월 국민위원회는 고려인 특별법 개정 국민 청원을 하고, 청와대 관계자들과 면담을 가졌다(임명수, 2017; 김수영, 2017). 국내 거주 고려인들과 청와대 관계자의 면담이 성사된 것은 이번이 처음이었다(김수영, 2017). 그리고 〈너머〉와 동북아평화연대 등 여러 단체들은 모여 고려인 강제이주 80주년 "기억과 동행 위원회"를 만들고, 고려인 역사 바로 알기 운동과 고려인 특별법 개정, 의료, 교육 등 지원 활동을 펼쳤다(박수란, 2017). 같은 해 7월에는 고려인 특별법 개정과 관련해 국회의원들과 고려인 강제이주 80년 위원회와의 전문가 토론회가 열렸다(한종찬, 2017). 2019년 2월에는 법무부 외국인정책본부장이 동포정책 현안에 대한 현장 의견 수렴을 위해 안산 고려인 문화센터를 방문하여 〈너머〉 관계자와 간담회를 가졌다(정소영, 2019). 동년 7월에는 김현삼 경기도 도의원이 〈너머〉를 방문하여 〈너머〉 관계자, 경기도 외국인정책과 지원팀장과 함께 함께 경기도 내 고려인 삶의 질 개선을 위한 정책 토론회를 개최하였다(여종승, 2019).

여러 고려인 관련법 개정은 〈너머〉를 비롯한 고려인 공동체 시민사회 리더십의 영향력을 보여주고 있다. 당시 〈너머〉 소속이던 김승력 대표에 따르면, 2014년 고려인 이주 150주면 기념사업 추진위 내 "고려인 제도발전위원회"의 지속적인 문제 제기와 활동으로 2017년부터 고려인의 H-2 비자와 F-4 비자 문제가 개선되었다(김승력, 2017: 23). 고려인은 주로 이 두 종류의 비자로 한국에서 체류했는데, 이 비자 모두 고려인의 한국 생활에 큰 어려움을 주고 있었다. H-2(방문취업)비자로 들어와 일할 경우 만기가 되면 즉시 출국해야 하고, F-4(재외동포)비자를 통해서는 공장, 공사장 같은 단순노무를 할 수가 없었다. 일부 한국 고용주들은 이러한 비자 제도를 악용하여 임금 체불을 하였지만, 비자 상황으로 인해 고려인들이 법적인 대응을 할 수 없었던 것이다. 마침내 2015년 3월 F-4 비자도 서비스 업종을 제외하고 단순노무를 할 수 있도록 법무부가 고시하고, 4월 고려인동포 역시 만기 출국 후 방문취업 사증(H-2)을 즉시 발급할 수 있도록 법이 개정되었다(김승력, 2017: 23).

2019년 고려인 동포법 개정 역시 〈너머〉를 비롯한 고려인 공동체 시민 사회 리더십의 영향력을 보여주는 사례라고 할 수 있다. 고려인 4세대는 재외동포로 인정받지 못해서, 고려인 동포 3세대인 부모를 따라 이주한 자녀들은 국내에서 태어났더라도 성인이 되면 외국인으로 분류되어 한국을 떠나거나 3개월마다 관광비자를 갱신해야 하는 상황에 있었다(장아름, 2017). 하지만, 〈너머〉를 비롯한 시민사회의 노력으로 마침내 2019년 7월 재외동포법 시행령 개정안이 의결되고 고려인 4세대도 동포로 인정을 받게 되었다(강현숙, 2019).

상술한 올 4월 안산시에 우리나라 최초로 건립된 고려인독립운동기념비 역시 〈너머〉 활동의 결과물이었다. 이 기념비 건립 산업은 2019년 〈너머〉가 제안으로 시작되었고, 계속 재추진되었다(김인유, 2025). 2019년은 3.1운동 100주년으로서 〈너머〉는 독립운동에서 중요한 역할을 한 고려인들에게 존경과 감사를 나타내기 위한 기념비 건립을 안산시 시민단체에 제안했다. 이후 2019년 2월 국회 의원회관에서 기념비 건립 사업을 위한 국민추진위원회 창립총회와 연석회의가 열렸고, 고려인이 많이 사는 안산시가 기념비 건립 후보지로 잠정 결정되었던 것이다. 그리고 안산희망재단과 시민의 성금, 〈너머〉의 출연금을 더해 기념비가 건립되었다. 현재 〈너머〉는 안산시 고려인문화센터에 위치하고, 안산시로부터 4명의 활동가의 인건비와 운영비를 지원받고 있다(임영상, 2024).

2. 〈미르〉

안산 고려인센터 〈미르〉의 김승력 대표는 원래 러시아 우수리스크에서 한국어과 강사로 일을 하고 그 지역에 고려인 문화센터의 토대를 세운 사람이었다

(박정연, 2020). 김대표는 러시아에서 동북아평화연대라는 시민단체의 연해주 사무국장으로, 고려인 청년회 "후대"를 조직하고, 연해주에 "고려신문"을 설립하는 등 러시아에서 활동하였다(김용필, 2018). 김승력 대표가 2011년 러시아에 비자 문제로 못 들어가고 한국에 체류하고 있었을 때, 고려인 청년들이 그를 찾아왔다. 김대표는 이 만남에서야 고려인들이 안산에 마을을 이루고 살 정도로 많았지만 지역사회에서 투명인간 같이 여겨지고 한국사회로부터 도움을 받지 못하고 있다는 사실을 깨닫게 되었다고 한다(김승력, 2023년 7월 20일 인터뷰). 그리고 김대표는 안산 선부동 땟골에서 고려인을 대상으로 상담을 하고 한글을 가르쳤다. 이 장소가 상술한 사단법인 〈너머〉의 원형이었다. 한글 야학 수업은 심야에 끝났고 안산시에서 땟골과 멀리 떨어진 곳에 자리를 잡은 고려인들이 자기의 거주지에서 수업을 요청했다. 이들을 도와주기 위해 2014년 김대표는 안산시 사동의 지하방에 〈너머〉의 분원을 열었다.

안산시 정부에서는 고려인 지원 센터는 〈너머〉 하나로 충분한다는 입장을 견지했기에, 처음에 〈미르〉는 〈너머〉 분소로 시작하였다(김승력, 2023년 7월 20일 인터뷰). 그러나 여러 문제로 인하여 〈미르〉라는 새로운 이름을 붙여서 활동하고 있으며 〈미르〉의 활동 내용은 〈너머〉랑 유사하다고 김대표는 인터뷰에서 밝히고 있다. 2016년 김승력 대표는 아시아발전재단의 지지와 후원을 사동 지역에 새롭게 〈미르〉라는 고려인센터를 시작하고, 2018년 5월에는 어린이 돌봄센터를 개원하였다(임영상, 2024). 〈너머〉는 시의 위탁 기관이 되어서 시에서 인건비, 건물 등을 지원받지만, 〈미르〉는 민간단체로 활동하고 있다. 김승력 대표는 〈미르〉는 시의 정책으로부터 자유롭고 독립적으로 운영할 수 있는 장점이 있다고 밝혔다.

하지만 이러한 독립적 민간단체의 운영이 쉽지는 않았기에, 결국 〈미르〉는 안산시에서 선생님 2명의 인건비를 지원받는 형태의 사업에 지원하여 선정되고, 시로부터 도움을 받고 있다고 한다. 사업 선정으로 〈미르〉는 "해양가치키움터"라고 불리는 초등학생 위주의 돌봄센터에서 고려인 선생님 두 분의 인건비를 시로부터 지원받고 있다. 2021년 안산시는 다함께돌봄센터 6개소를 운영하고 있었는데, "해양가치키움터"는 다함께돌봄센터 7호점으로 운영되고 있다(전춘식, 2021). 안산시의 지원은 시설, 운용, 재정적 측면에서 장점이 있지만, 관리 감독, 서류 처리 등 행정 처리를 할 것이 많아졌기에 불편함이 있다고 김대표는 인터뷰에서 말하고 있다.

또한 김대표는 인터뷰에서 다문화를 추진한 안산시 정부가 좋은 시설과 프로그램을 갖추고 있지만, 고려인 동포들은 이러한 다문화 정책의 사각지대에 있었고 혜택을 제대로 누리지 못함을 지적했다. 김대표는 처음에 〈너머〉가 시작을 할 때, 안산이 다문화 도시이다 보니 좋은 시설들이 많이 있었지만, 고려인들이 접근하기에 어려운 측면이 있었다고 말한다. 이러한 시설들은 주로 고려인들이 근무하고 있는 낮 시간에 운영되고, 또한 고려인들의 한국어 의사소통이 어려웠기 때문이다. 따라서 김대표를 비롯하여 고려인을 도와주는 시민 사회 리더십은 고려인들이 밤에 수업을 받을 수 있도록 야학을 시작하였다.

현재 〈미르〉는 러시아어 통번역 상담(생활, 노동, 의료), 한국어 야학, 아이들 돌봄 사업을 지속하고 있다. 이와 더불어 〈미르〉는 고려인의 생활 실태조사를 위한 여러 연구도 수행했다. 2019년과 2021년 〈미르〉는 "경기도 안산시 거주 고려인 실태조사"를 수행하였다. 2024년 10월에는 아시아발전재단이 주관한 고려인 관련 총서 출판에 참여하여 고려인들의 한국 생활 상담 사례를 담았다(양형모, 2024). 그리고 〈미르〉는 각종 법, 제도에 영향을 미치기 위해서도 노력하고 있다. 〈미르〉의 김승력 대표는 상술한 고려인 특별법 개정안을 추진한 "고려인 강제이주 80주년 기념사업추진위원회"에서 활동하였다(장아름, 2017). 〈미르〉 역시 〈너머〉처럼 정부의 이민 정책 관련 간담회에 참여하고 고려인 이주민들의 목소리를 전달하는 활동을 계속하고 있다. 이번해 5월 20일에는 '세계인의 날'을 맞이하여 더불어민주당 다문화위원회가 〈미르〉를 방문하고 국내 이민 분야 3대 전문학회(한국이민정책학회, 한국이민법학회, 한국이민행정학회)와 정책협약을 체결하고, 이주민 포용을 위한 국가전략을 공식화했다. 체결식에는 안산시 지역구 의원들, 고려인 협회, 이주 노동 단체가 참여하였다. 고려인의 지원을 위한 〈미르〉의 활동은 계속되고 있다.

IV. 맺음말: 안산시 고려인과 정부-시민 사회의 상호작용

본 장은 안산시의 고려인 공동체에서 정부의 고려인 정책과 시민사회 리더십의 상호작용에 대해서 살펴보았다. 안산시는 공단의 존재로 인해 자연스럽게 외국인와 고려인이 유입되고 이들의 공동체가 큰 규모를 이루고 시민사회가 먼저 외국인과 고려인을 위한 조직을 구성한 곳이었다. 안산시 정부 역시 발전 전략의 일원으로 중앙 정부의 다문화주의에 대한 관심이 생기기도 전에 지방 차원에서 먼저 다문화 정책을 적극적으로 추진한다. 초기 다문화 정책에서 고려인은 거주 외국인 중 하나로 여겨지고 별다른 지원을 받지 못했다. 동시에, 고려인은 거주 외국인 정책에서 사각지대에 있었다. 상술하였듯 고려인은 다문화 혜택을 받을 수 있는 외국인이 아니었고, 제한적 한국어 능력으로 조선족 동포와는 다른 처지에 있었기 때문이다.

이러한 상황 속에서 〈너머〉와 〈미르〉를 비롯한 시민사회 리더십은 한글 야학, 돌봄 지원, 한국 생활 고민 상담 등을 통해 정책과 혜택의 사각지대에 있는 고려인을 직접 지원함으로써 정책의 한계를 보완하였다. 나아가 2017년 고려인에 대한 사증 제도 개정과 2019년 고려인 동포법 개정안의 사례에서 볼 수 있듯이 시민사회는 시, 도, 국가 정부 차원의 정책 관련 간담회에 참가하여 고려인의 입장을 대변하고, 이민 정책의 논의와 결정 과정에 영향을 끼쳤다. 따라서 안산 고려인 공동체의 시민사회 리더십은 공동체 차원에서는 고려인을 직접 지원하고 지방과 중앙 차원에서는 이민 정책에 영향을 끼치며 중요한 역할을 하였다고 결론 내릴 수 있다.

그리고 주목할 점은 〈너머〉와 〈미르〉를 비롯한 고려인에 초점을 둔 시민사회 역할이 주효했지만, 고려인과 관계가 없는 다른 시민단체 역시 한국의 이민 정치에서 중요한 역할을 하고 있다는 점이다. 〈너머〉와 〈미르〉를 주도한 시민사회 활동가들 역시 먼저 이민정치에 초점을 두지 않은 다른 시민단체에서 활약한 이력이 있고, 현재 그들의 활동은 다른 시민단체와의 협력으로 이루어지고 있다. 2013년 안산시에서 개최한 고려인 간담회에서는 〈너머〉와

〈미르〉뿐 아니라 안산시 YWCA, 나눔과 연대 안산내일포럼, 신나는 문화학교 자바르떼 등이 참여하고, 현재 〈너머〉와 〈미르〉를 다른 비영리 단체들이 지원하고 있다. 이러한 사실은 한국의 민주화에서 중요한 역할을 한 시민 사회의 전통이 한국의 이민 정치에서도 나타남을 강조한 선행 연구를 뒷받침하는 사실이라고 할 수 있다(Yamanaka, 2010; Chung, 2010). 사회에서 소수자와 약자로 볼 수 있는 고려인을 비롯한 이주민을 위한 지원을 위해 국내 저소득층과 사회의 약자를 위한 다른 국내 시민 단체는 서로 연합하였다.

동시에 간과할 수 없는 사실은 시민사회의 이민 정치에 대한 영향에서 정부의 역할 역시 중요했다는 점이다. 상술하였듯이 고려인 지원 정책은 안산시가 추진한 다문화 정책의 일환으로 다루어졌고, 물론 이는 관주도 다문화 정책으로서 여러 한계를 드러냈다. 하지만 고려인 공동체의 지속적인 활동과 의견 전달로 안산 시 정부를 비롯하여 중앙 정부는 시민사회의 의견 수렴하여 결국 2018년 안산시의 고려인 지원 조례를 제정하고, 2019년 고려인 동포법을 개정하였다. 또한, 현재 〈너머〉와 〈미르〉 모두 시 정부로부터 활동가의 인건비와 재정적 지원을 받고 있으며, 〈너머〉는 시에서 고려인문화센터를 위탁 운영함으로써 시 정부와 서로 도와주고 있다.

안산시 고려인 공동체 사례를 통해 한국의 이민 정치에서 정부와 시민사회는 서로 상호보완적 관계에 있다고 결론을 내릴 수가 있다. 자생적으로만 보이는 안산시 고려인 공동체와 시민사회 리더십의 형성과 유지에서 정부의 지원과 역할은 중요했던 것으로 보인다. 동시에 〈너머〉의 고려인 문화센터 위탁 운영에서도 볼 수 있듯이 시민사회 역시 정부의 이민 정책 실행에서 필수적 역할은 하고 있다.

하지만, 정부의 시민사회에 대한 지원이 여러 한계를 노정하고 있으며, 이러한 한계를 극복해나가야 할 것이다. 이러한 한계는 관주도 다문화주의에 대한 비판과 궤를 같이 하고 있다. 고려인 사례에서 특히 드러나는 것은 변화하는 고려인 공동체의 상황과 관련해 안산 시 정부보다는 시민사회의 대응이 더 빨랐고, 더 조속하게 고려인의 필요를 채워주고 지원하고 있다는 점이다.

김승력 〈미르〉 대표의 인터뷰는 이러한 사실을 잘 보여주고 있다. 김승력 대표가 처음 땟골과 먼 곳에 있는 고려인을 돕기 위해 다른 단체를 세우려 하자 안산시는 이를 반대했고, 결국 이들을 돕기 위해 김 대표는 사동 지역에 〈미르〉를 세웠다. 안산에서 고려인과 다문화 정책은 단원구 중심으로 되어 있지만, 단원구는 이미 포화상태가 되다 보니 외국인과 고려인 거주지는 상록구로 확장되었다. 그럼에도 불구하고 시의 정책은 아직 단원구 중심으로 이루어져 있고, 시도 이에 대해서 인지하고 있다고 김 대표는 말하고 있다. 또한, 김승력 대표는 시의 재정적 지원이 많은 도움이 되지만 동시에 관리 감독을 받아야 하고 여러 서류를 작성해야 하는 등 부수적 절차들이 활동에 불편함을 주고 있다고 밝히고 있다. 정부는 변화하는 고려인 공동체 상황에 대해 더 신속하게 파악하고 더 유연한 방식으로 시민사회를 지원해야 할 것이다.

참고문헌

강현숙. 2019. "고려인 4세도 동포 인정 '꿈만 같아요'… '재외동포법 시행령 개정안' 국무회의 통과." 『경기일보』 (7월 17일). https://www.kyeonggi.com/article/201907171074799 (검색일: 2024. 12. 31).

김기영. 2022. "국내 거주 고려인 체류자격과 변경에 관한 사례연구: 경기도 안산시 거주 고려인을 중심으로." 『다문화와 평화』 16(3): 28–49. https://doi.org/10.22446/MNPISK.2022.16.3.002.

김민. n.d. "마을의 미래, 함께 만들어 가는 내일." 디지털안산문화대전. https://www.grandculture.net/ansan/dir/GC025C030303 (검색일: 2024. 12. 31).

김수영. 2017. "고려인 특별법 개정 청원…청와대 관계자 면담." 『YTN』 (6월 10일). https://n.news.naver.com/mnews/article/052/0001020172?sid=001 (검색일: 2024. 12. 31).

김승력. 2017. "국내체류 고려인 동포 현황과 안산을 중심으로 한 〈너머〉의 대응."

김용필. "국민훈장 수여한 김승력 고려인동포 지원단체 시민활동가에게 듣는다." 『동포세계신문』 (11월 22일). https://www.ekw.co.kr/news/articleView.html?idxno=1538 (검색일: 2025. 5. 21).

김인유. 2025. "국내 첫 '고려인독립운동기념비' 건립…내달 안산서 제막식." 『연합뉴스』 (3월 26일). https://n.news.naver.com/mnews/article/001/0015290773?sid=102 (검색일: 2025. 5. 21).

너머. n.d. "너머와 고려인 – 걸어온 길." http://www.jamir.or.kr/bbs/board.php?-bo_table=sub_1_2 (검색일: 2024. 12. 31).

박범종. 2017. "다문화마을 특구와 지역발전에 관한 연구 – 안산시 원곡동 사례를 중심으로." 『문화와 융합』 39(3): 37-68.

박보식. 2022. "지방자치단체의 다문화정책과 상호문화주의: 안산시와 서울시 구로구를 중심으로." 『한국공공관리학보』 36(3): 107-128. https://doi.org/10.24210/KAPM.2022.36.3.005.

박수란. 2017. "고려인도 우리 민족입니다… 비자문제 해결 시급." 『천지일보』 (5월 25일). https://www.newscj.com/news/articleView.html?idxno=426541

(검색일: 2024. 12. 31).

박재천. 2019. "안산시 다문화마을특구 운영기간 연장 등 계획변경 승인." 『아주경제』 (2월 7일). https://www.ajunews.com/view/20190207111159127 (검색일: 2024. 12. 31).

박정연. 2020. "고려인의 독립운동 역사가 지워지고 있다." 『프레시안』 (4월 19일). https://www.pressian.com/pages/articles/2020041913184562825 (검색일: 2024. 12. 31).

Btv뉴스. 2023. "(이웃사람) 고려인과 함께한 15년 세월…김영숙 센터장." 『Btv뉴스』 (6월 27일). http://ch1.skbroadband.com/content/view?parent_no=24&content_no=59&p_no=158597 (검색일: 2024. 12. 31).

선명수. 2017. "고려인지원센터 〈너머〉 김영숙 사무국장 '고려인 4세 안정적 체류 보장해야.'" 『주간경향』 (4월 25일). https://weekly.khan.co.kr/khnm.html/?mode=view&dept=&art_id=201704181552161 (검색일: 2024. 12. 31).

안산시의회 공식홈페이지. "의정사진." https://www.ansan.go.kr/council/common/bbs/selectPageListBbs.do?bbs_code=B0402 (검색일: 2025. 5. 21).

안산시. 2024a. "2022-2023 안산시 시정백서 상권." https://www.ansan.go.kr/cms-data/web_upload/ebookFile/citybook14/#page=519 (검색일: 2024. 12. 31).

안산시 2024b. "2022-2023 안산시 시정백서 하권." https://www.ansan.go.kr/cms-data/web_upload/ebookFile/citybook14/#page=1410 (검색일: 2024. 12. 31).

안산시 외국인주민지원본부. n.d.-a. "본부소개 | 연혁" https://www.ansan.go.kr/global/common/cntnts/selectContents.do?cntnts_id=C0000986 (검색일: 2024. 12. 31).

안산시 외국인주민지원본부. n.d.-b. "특구현황." https://www.ansan.go.kr/global/common/cntnts/selectContents.do?cntnts_id=C0001007 (검색일: 2024. 12. 31).

양형모. 2024. "아시아 발전재단 "고려인 여러분, 우리가 돕겠습니다."" 『스포츠동아』

(10월 29일). https://sports.donga.com/article/all/20241029/130315977/1 (검색일: 2025. 5. 21).

여종승. 2019. "김현삼 도의원고려인 삶의 질 개선 '정책토론회'."『안산뉴스』(7월 24일). http://www.ansannews.co.kr/news/articleView.html?idxno=2035 (검색일: 2024. 12. 31).

연합뉴스. 2017. "고려인 관련단체 '강제이주 80주년 기억과 동행 위원회 발족.'" (5월 17일). https://n.news.naver.com/mnews/article/001/0009272717?sid=100 (검색일: 2025. 5. 21).

오경석. 2007. "어떤 다문화주의인가?: 다문화사회 논의에 관한 비판적 조망." 오경석 외 지음.『한국에서의 다문화주의: 현실과 쟁점』. 파주: 한울아카데미.

오경석. 2010. "누구를 위한 '다문화주의'인가? 안산지역 이주민 지원 활동에 대한 비판적 검토."『민주사회와 정책연구』17: 190-223.

임명수. 2017. "'대한민국에서 살고 싶어요' 고려인 4세 율랴의 편지 청와대 전달…80년 만의 청원."『중앙일보』(6월 9일). https://www.joongang.co.kr/article/21652492 (검색일: 2024. 12. 31).

임영상. 2023.『한국에서 고려인마을을 찾다』. 북코리아.

임영상. 2024. "[임영상의 글로컬 뷰] 〈미르〉 김승력 대표 고려인의 안산 '소프트 랜딩' 열정 지원으로 훈장까지."『아시아엔』(6월 8일). http://kor.theasian.asia/archives/361211 (검색일: 2024. 12. 31).

임영상·림학·주동완. 2020. "경기도의 '귀환'동포사회와 한국살이: 안산시와 시흥시."『재외한인연구』50: 29-63.

장아름. 2017. "'할아버지 나라에 정착하러 왔는데' 체류 위기 고려인 4세들."『연합뉴스』(8월 27일). https://n.news.naver.com/mnews/article/001/0009501063?sid=102 (검색일: 2024. 12. 31).

전춘식. 2021. "'초등 돌봄 사각지대 해소'… 안산시, 다함께돌봄센터 7호점 10월 개소."『중부일보』(7월 16일). https://www.joongboo.com/news/articleView.html?idxno=363494928 (검색일: 2024. 12. 31).

정소영. 2019. "안산 고려인문화센터 〈너머〉 법무부 관계자와 간담회 개최."『재외동포신문』(2월 26일). https://www.dongponews.net/news/articleView.html?idxno=39072 (검색일: 2024. 12. 31).

한종찬. 2017. "'비자 때문에 3개월마다 러시아 오갑니다' 고려인 4세의 한탄." 『연합뉴스』 (7월 21일). https://n.news.naver.com/mnews/article/001/0009423929?sid=001 (검색일: 2024. 12. 31).

허권. 2020. "변화하는 다문화 거버넌스: 안산 다문화마을 특구를 사례로." 『한국지역지리학회지』 26(2): 159-171. https://doi.org/10.26863/JKARG.2020.5.26.2.159.

허권. 2021. "안산시 외국인 정책 및 다문화 공간 방향성에 대한 비판적 고찰." 『공간과 사회』 31(2): 304-337. https://doi.org/10.19097/KASER.2021.31.3.304.

Boucher, Anna, and Justin Gest. 2018. *Crossroads: Comparative Immigration Regimes in a World of Demographic Change*. Cambridge, United Kingdom; New York, NY: Cambridge University Press.

Brubaker, Rogers. 1992. *Citizenship and Nationhood in France and Germany*. Cambridge, Mass: Harvard University Press.

Chung, Erin Aeran, Darcie Draudt, and Yunchen Tian. 2024. "The Developmental Migration State." *Journal of Ethnic and Migration Studies* 50(3): 637-656. https://doi.org/10.1080/1369183X.2023.2269781.

Chung, Erin Aeran. 2010. "Workers or Residents? Diverging Patterns of Immigrant Incorporation in Korea and Japan." *Pacific Affairs* 83(4): 675-696. https://doi.org/10.5509/2010834675.

Ellermann, Antje. 2009. *States against Migrants: Deportation in Germany and the United States*. New York: Cambridge University Press.

Freeman, Gary P.1995. "Modes of Immigration Politics in Liberal Democratic States." *International Migration Review* 29(4): 881-902. https://doi.org/10.1177/019791839502900401.

Hanson, Gordon H., Kenneth Scheve, and Matthew J. Slaughter. 2007. "Public Finance and Individual Preferences over Globalization Strategies." *Economics & Politics* 19(1): 1-33. https://doi.org/10.1111/j.1468-0343.2007.00300.x.

Joppke, Christian. 1998. "Why Liberal States Accept Unwanted Immigration."

World Politics 50(2): 266-293. https://doi.org/10.1017/S0043887100 00811X.

Kalicki, Konrad. 2019. "Security Fears and Bureaucratic Rivalry: Admitting Foreign Labor in Japan and Taiwan." *Comparative Politics* 51(4): 603-624. https://doi.org/10.5129/001041519X15647434970018.

Meyers, Eytan. 2004. *International Immigration Policy: A Theoretical and Comparative Analysis*. New York: Palgrave Macmillan.

Perlmutter, Ted. 1996. "Bringing Parties Back In: Comments on 'Modes of Immigration Politics in Liberal Democratic Societies.'" *International Migration Review* 30(1): 375-388. https://doi.org/10.1177/019791839603000141.

Peters, Margaret E. 2017. *Trading Barriers: Immigration and the Remaking of Globalization*. Princeton: Princeton University Press.

Seol, Dong-Hoon, and John D. Skrentny. 2009. "Why Is There So Little Migrant Settlement in East Asia?" *International Migration Review* 43(3): 578-620. https://doi.org/10.1111/j.1747-7379.2009.00778.x.

Wong, Tom K. 2015. *Rights, Deportation, and Detention in the Age of Immigration Control*. Standard, California: Stanford University Press.

Yamanaka, Keiko. 2010. "Civicl Society and Social Movements for Immigrant Rights in Japan and South Korea: Convergence and Divergence in Unskilled Immigration Policy." *Korea Observer* 41(4): 615-647.

Zolberg, Aristide R. 2006. *A Nation by Design: Immigration Policy in the Fashioning of America*. New York: Harvard University Press.

김승력 인터뷰. 안산 고려인센터 〈미르〉 (2023. 7. 20).

제4장

안산시 고려인의 사회적 관계 맺기와 공적 네트워크의 역할[1]

최아영

I. 머리말

이주, 그중에서도 국경을 넘는 이주는 그동안 익숙했던 사회에서 맺어왔던 관계의 해체를 가져온다. 발전한 미디어의 도움으로 SNS를 통한 국경 없는 소통이 가능한 시대에 모두 살고 있다. 그럼에도 일상에서 얼굴을 마주하며 맺어왔던 가까운 사람들과의 관계와 그것을 기초로 한 공동체의 지원과 지지라는 자원은 이주 이후에는 새로운 규범이 작동하는 낯선 공간에서 다른 관계 맺기를 통해 만들어지는 네트워크를 통해 다시 축적되어야 한다.

    구소련지역 고려인들의 삶의 궤적을 살펴보면 이주와 이주가 수반하는 관계 맺기의 멈춤과 해체, 낯선 공간에서의 새로운 관계 맺기는 주기적으로 반복되었다. 한반도에서 연해주로, 연해주에서 중앙아시아로, 중앙아시아에서 다시 한국으로 이어지는 이주의 과정에서 '까레이츠이'(Корейцы), '고려사

---

[1] 이 글은 『슬라브학보』 39-4(2024)에 게재된 논문을 본서의 편집 취지에 맞도록 수정·보완한 것입니다.

람'(Корё сарам), 비러시아계 소수민족, 그리고 '고려인'이라 불리는 재외동포, 마침내 한국에서는 '외국국적동포'로 호명되어 또 다른 소수자로서 삶을 이어 오고 있다.

고려인은 조선족과 비교했을 때 한국으로의 이주와 정착의 역사가 짧아서 서로 정보를 공유하고, 자신들의 권익을 대변할 수 있는 고려인 스스로 만든 단체가 설립되어 활동하게 된 시간이 그리 길지 않다.[2] 또한 한국인 배우자를 비롯하여 한국인 가족이 있는 경우를 제외하면 선주민과 직접 접촉하여 친밀한 유대 관계를 맺는 것도 쉽지 않다. 고려인은 소수의 경우를 제외하고는 한국어를 능숙하게 구사하지 못하여 한국인들과 소통에 어려움을 경험하고 있기 때문이다. 이러한 이유로 인해 현재 고려인들은 주로 밀집하여 거주하는 경향을 보이고 있다. 이러한 밀집 거주지역에서 고려인들은 혈연과 개인적인 친분을 바탕으로 만들어진 사적인 네트워크를 통해 연대감과 심리적 안정감, 일자리에 대한 정보와 같은 자원을 얻는다.[3]

그러나 사적인 네트워크만으로는 고려인들이 한국 사회에 적응하고 정착하는데 필요한 자원과 지원을 충분히 획득하는 것이 쉽지 않다. 사적인 네트워크와 함께 더욱 확장된 관계 맺기, 즉 한국의 공공기관, 시민사회단체, 종교단체, 교육기관 등으로 이루어진 공적인 네트워크에 연결되어서 이주 이후 정착에 필요한 정보, 서비스, 교육, 심리적 지원과 같은 외부로부터의 자원을 공급받아야 한다. 이러한 '연결'의 범위가 확장될수록 고려인들이 한국 사회에서 획득할 수 있는 사회적 자본(social capital)도 증가하게 된다.

---

[2] 조선족의 경우 2007년 방문취업제가 시작되기 전인 1990년대 초반부터 한국으로 이주했고, 이주의 규모도 고려인보다 컸다. 1995년에 '중국노동자협회'와 같은 재한조선족 공식단체가 출범했고, 2000년대에 《한중동포신문》과 같은 언론매체가 만들어졌다(이동렬, 2023: 54).

[3] 이러한 사적인 네트워크는 온라인을 통해서도 활발히 만들어지고 있는데 이 글에서 다루는 안산에 거주하는 고려인들은 인스타그램, 페이스북 그룹(예: "Мы в Ансане", "АНСАН, работа в Koree, САДОН, ХАНДЕАП, ХАНЬЯН, ИДОН") 등 SNS를 통해서 일자리, 부동산, 고려인 자영업자들의 광고, 일상정보 교류, 친교, 포교 등 다양한 활동을 하고 있다.

사회적 자본이라는 개념은 그동안 다수의 학자에 의해 정의되었는데, 사회적 자본이라는 개념을 체계화한 부르디외(P. Bourdieu)는 사회적 자본이란 서로 알고 지내거나 인정받는 관계로 이루어진 지속적인 네트워크를 소유함으로써 연결된 실제적이거나 잠재적인 자원들의 총합으로 정의했다(Bourdieu, 1986: 248). 콜먼(J. Coleman)은 관찰이 가능한 완전히 유형적 자산인 물적 자본과 이보다는 덜 유형화되었지만, 개인이 습득한 기술과 지식에 내재된 인적 자본에 비해 사회적 자본은 무형적 자산으로 사람들 사이의 관계 변화를 통해서 생겨나며 사람들 사이의 관계 속에 존재한다고 개념화했다(Coleman, 1988: 100). 한편 퍼트넘(R. Putnam)에게 있어서 사회적 자본이란 물리적 자본이 물리적 사물, 인적자본은 개인의 특성을 각각 가리키듯이 개인들 사이의 연계(connections), 그리고 이로부터 발생하는 사회적 네트워크, 호혜성(reciprocity)과 신뢰의 규범을 가리키는 말이다(퍼트넘, 2016: 17). 사회적 자본은 사회적 네트워크와 동의어로 간주되기도 하는데(윤광일, 2016: 5), 포르테스(A. Portes) 역시 부르디외의 정의를 정리하며 사회적 자본은 개인이 자신의 관계망을 통해 자원에 접근할 수 있도록 해주는 사회적 관계 자체이며, 동시에 그 자원의 양과 질이라고 하여 사회적 네트워크와 사회적 자본이 유사한 개념임을 밝혔다(Portes, 1998: 3).

이렇듯 사회적 자본에 대한 여러 정의가 존재하지만, 그것을 관통하는 핵심은 사회적 자본이란 중요한 가치를 가진 무형의 자본인 사회적 네트워크에 개인이 연결되어 있을 때 얻을 수 있는 자원이라는 점이다. 퍼트넘은 사회적 자본의 형태를 크게 결속형 사회적 자본(bonding social capital)과 연계형 사회적 자본(bridging social capital)으로 구분했다. 결속형 사회적 자본은 유사한 배경을 가진 사람들, 즉 가족, 친지와 같은 민족집단의 구성원 사이에 형성된 촘촘한 네트워크를 통해 얻는 자원으로 그 구성원들에게만 혜택과 자원이 공유된다. 그러한 이유로 인해 결속형 사회적 자본은 서로에 대한 충성심, 연대감을 확인해 주는 역할을 한다. 한편 연계형 사회적 자본은 외부 지향적이며 개인과 외부의 자원을 연계하고, 정보를 확산하는데 있어서 보다 유용한 역할을 한다(퍼트넘, 2016: 25-26).

    이 글은 사회적 자본 개념을 바탕으로 경기도 안산시에 거주하는 고려인을 지원하는 안산시의 공공기관, 사회단체와 종교단체들이 어떻게 형성되어 상호작용하여 공적 네트워크를 이루고 있으며, 이러한 공적 네트워크가 고려인들의 정착을 위해 어떠한 역할을 하고 있는가를 살펴볼 것이다. 이와 함께 안산시에 거주하는 고려인들은 이러한 공적 네트워크를 어떻게 인식하고 있으며 어떠한 양상으로 네트워크에 연계되어 있는가도 살펴볼 것이다. 이를 위해서 기존 연구 문헌 및 통계자료와 함께 저자가 2024년 11월 안산시에 거주하는 18세 이상 고려인 63명을 대상으로 수행한 설문조사의 결과가 분석에 사용되었다.

II. 안산시의 인구-사회학적 지형과 고려인 밀집 거주 지역의 형성

안산시는 '상호문화도시'[4]라는 명칭에서도 볼 수 있듯이 외국인 주민 비율이 높은 대표적인 도시이다. 안산시 단원구는 국내 지방자치단체 중에서 외국인 주민이 가장 많은 공간이다(동아일보, 2024/03/11). 2025년 3월 기준 안산시에 거주하는 외국인 주민의 수는 100,580명으로, 안산시 인구의 약 16%를 차지한다(안산시, 2025). 2023년 11월 기준 안산시의 외국인 주민의 수는 전국 시군구에서 1위를 기록했다(행정안전부, 2024: 7). 이러한 상황은 안산시의 태생적 특징에서 기원한다. 안산시는 1980년대에 반월국가산업단지가 조성되면서 만들어진 배후도시로 시작되었다. 안산시 단원구에 조성된 반월국가산업단지와 인접한 시화국가산업단지에서 근무하는 외국인 근로자들이 저렴한 주거

---

[4] 2020년 2월 유럽평의회(CoE)는 안산시를 아시아에서 2번째로 상호문화도시로 지정했다. "안산시, 국내 최초 '상호문화도시' 지정." 『안산신문사』. http://m.ansansm.co.kr/news/articleView.html?idxno=39662 (검색일: 2024. 9. 1).

공간을 찾아 안산에 정착하는 과정에서 자연발생적으로 외국인 밀집 거주지역이 형성되었다. 공업단지가 조성된 안산시 단원구에 외국인들의 밀집 거주지가 형성되었는데 다문화거리가 조성된 안산역 인근 단원구 원곡동의 경우 2025년 3월 31일 현재 전체 주민 19,537명 중 외국인 주민의 수는 14,189명으로 전체 주민의 약 73%에 달한다.[5] 이러한 인구학적 특성을 지닌 안산시는 다양한 국적의 외국인들이 공존하는 국내 최대의 외국인 밀집 거주지역이며 다른 도시들에 비해서 앞선 시기에 외국인의 생활 편의를 위한 물적-제도적 인프라를 조성했다. 안산시에는 2005년부터 외국인 밀집지역인 원곡동에 전국 최초로 외국인 관련 사안을 전담하는 외국인근로자지원센터[6]가 세워졌다. 이후 2008년에는 외국인주민센터가 개소했다. 외국인 전담 공공기관과 함께 관련 법적 제도도 마련되었는데 2007년에 안산시는 지방자치단체로는 최초로 안산시 거주외국인 지원 조례를 제정했다. 이와 함께 2009년 안산시 원곡동 일대에 중국, 베트남, 필리핀, 중앙아시아의 음식과 문화를 경험할 수 있는 다문화마을특구가 조성되었고, 2010년에는 안산 We Start 글로벌아동센터(현 안산시 글로벌청소년센터)가 개소했다. 안산시에는 외국인 주민들에 대한 지원센터뿐만 아니라 외국인 주민들의 생활패턴에 맞추어 운영되는 각종 마트와 은행 등 생활 편의를 제공하는 시스템도 비교적 잘 구축되어 있다. 이렇게 안산은 단지 안산에 거주하는 외국인뿐만 아니라 전국 각지에 거주하고 있는 외국인 근로자들이 주말이면 모여서 시간을 보내며 각종 서비스를 이용하는 공간이 되었다.

    이렇듯 2000년대 초반부터 안산시에 외국인 주민 지원과 관련된 기관이 속속 설립된 이유로는 2004년 재외동포법 개정 결과 중국과 구소련 국가 출신 동포들도 외국국적동포에 포함되어 재외동포비자(F-4)를 받을 수 있게 되

---

5 안산시청 홈페이지. https://www.ansan.go.kr/danwongu/common/cntnts/selectContents.do?cntnts_id=C0000906 (검색일: 2025. 4. 10).

6 외국인근로자지원센터는 2019년 외국인주민지원본부로 조직이 개편되어 현재에 이르고 있다.

면서 이들의 안산시 유입이 증가한 것과 관련이 있다. 안산에는 고려인과 함께 조선족도 다수 거주한다. 조선족과 고려인을 포함하는 외국국적동포의 수는 45,237명으로 안산시 전체 외국인 주민 수에서 차지하는 비중은 45%로 약 절반에 이른다. 조선족은 안산역을 중심으로 하는 원곡동에 주로 거주하며 커뮤니티를 형성하고 있는 반면 고려인들은 처음에는 원곡동 다문화마을에 함께 거주했었으나 이후 이동하여 인근 선부2동을 중심으로 거주지역을 형성해왔다. 이렇듯 조선족이 수적 다수를 점한 가운데 고려인과 공존하는 현상은 안산을 비롯하여 인천, 화성, 평택으로 이어지는 서해안을 중심으로 띠처럼 펼쳐진 수도권 지역 산업단지가 위치한 도시에서 발견할 수 있는 현상이다.[7]

법무부가 발표한 자료에 따르면 2024년 10월 31일 기준 국내에 체류하고 있는 고려인의 수는 112,408명이다. 체류자격별로는 재외동포(F-4)비자 소지자 82,642명, 방문취업(H-2)자격 소지자 13,845명, 영주(F-5)자격 소지자는 3,797명이다(법무부 출입국·외국인정책본부, 2024: 46-47). 2024년 12월 31일 현재 재외동포(F-4)비자 소지자로서 거소신고한 고려인 15,689명이 안산시에 거주하고 있는데 이는 국내에서 가장 큰 규모이다(법무부, 2025). 안산시의 다른 외국인 주민과 마찬가지로 고려인들도 단원구에 집중적으로 거주하고 있고, 그중에서도 이른바 '땟골'이라고 불리는 단원구 선부2동을 중심으로 고려인 밀집 거주지역이 형성되어 있다. 사할린에서 귀환한 한인 정착지인 '고향마을'이 위치한 안산시 상록구에도 고려인이 5,310명 거주하고 있는 가운데 한양대학교 ERICA 캠퍼스가 위치한 상록구 사동을 중심으로 고려인 집

---

[7] 한편 수도권을 벗어나면 고려인의 수가 조선족의 수를 넘어서는 현상이 목격되는데 충남 아산시, 경북 경주시와 경남 김해시에는 조선족보다 고려인의 수가 더 많다. 법무부 통계에 따르면 2024년 12월 31일 현재 아산에 거주하는 조선족은 5,744명, 고려인은 9,038명이다. 경주의 경우 조선족은 1,076명인데 반해 고려인은 4,129명으로 압도적으로 다수이다. 김해와 광주광역시 역시 조선족보다 고려인들이 많이 거주하고 있음을 통계를 통해 확인할 수 있다. 조선족이 주로 서울과 수도권 대도시에 집중하여 거주하는 반면 고려인은 안산을 비롯한 수도권 지역뿐 아니라 충남, 경남, 경북, 광주광역시 등 비수도권 공단 지역에 거주하는 양상이 점차 뚜렷해지는 것을 볼 수 있다.

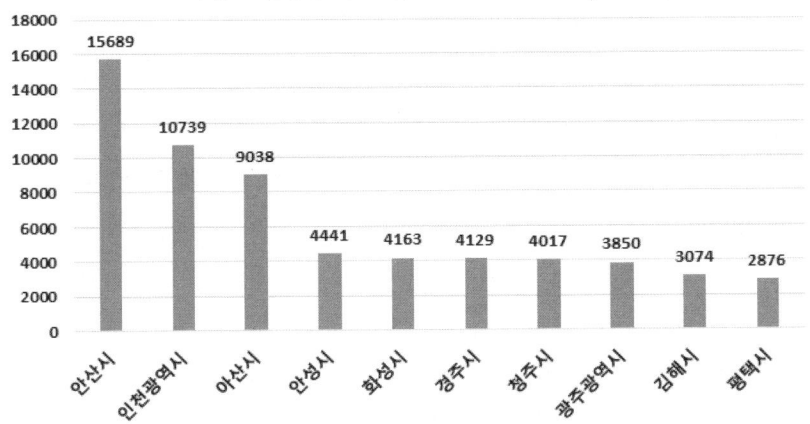

그림 1 국내 고려인(거소신고자) 거주지역 분포 현황(2024년 12월 31일 기준)
출처: 법무부. 『외국국적동포 거소신고자 시군구별 국적현황(2024. 12. 31. 현재)』을 토대로 저자 작성.

거지의 규모가 점차 커지고 있는 추세이다(법무부, 2025).

안산시에 거주하는 고려인 주민의 수가 증가하면서 2018년 안산시는 고려인 주민 지원 조례를 제정했고,[8] 2017년부터 사단법인 〈너머〉를 통해서 고려인문화센터를 위탁운영하고 있다.[9]

위에서 살펴보았듯이 출입국 제도의 변화와 법 제도의 마련으로 고려인을 비롯한 외국인들의 유입이 증가하자 안산시는 비교적 이른 시기에 정부의 위탁 형태 또는 안산시 자체로 공공기관을 설립하여 외국인 주민들을 지원하고 있다. 국내 최대의 고려인 커뮤니티의 존재, 이미 형성된 물적-제도적 인프라, 공공 및 민간단체의 지원활동은 안산시로 고려인의 유입을 촉진하는 유인 요소가 되었다. 이것은 안산시에는 국내 다른 고려인 밀집 거주지역에 비해서

---

[8] 2024년 2월 안산시 고려인 주민 지원 조례는 안산시 고려인 등 재외동포 주민 지원 조례로 개정되었다.

[9] 〈너머〉 고려인 지원센터 고려인 한글야학, https://www.jamir.or.kr/bbs/board.php?bo_table=sub_1_2 (검색일: 2024. 9. 1)

고려인들이 정착에 필요한 사회적 자본을 획득하기 위해 공적 네트워크와 연계할 수 있는 기반이 비교적 견고하게 조성되었음을 의미한다.

III. 안산시 고려인 밀집 거주지역의 공적 네트워크: 형성과 역할

안산의 고려인 밀집 거주지역은 자연발생적으로 형성되었고 국내 모든 고려인 밀집 거주지역보다 규모가 크기 때문에 하나의 구심점이 있는 형태로 발전하는 양상을 보이지는 않는다. 안산시에서는 공공기관, 시민단체, 종교단체, 민관학 협의체, 교육기관, 고려인이 설립한 단체 등이 서로 연계하여 공적인 네트워크를 구성하며 국내 거주 고려인들의 정착을 지원하고 있다. 이 장에서는 II장에서 다룬 안산시의 법적·제도적 인프라를 기반으로, 고려인들을 지원하고 연계하기 위해 만들어진 공적 네트워크의 주요 주체들이 어떻게 형성되었고, 이들이 고려인들의 정착을 위해 어떤 활동과 역할을 하고 있는지를 살펴볼 것이다.

1. 종교단체: 온누리M센터

종교가 같고 문화적 배경이 유사한 사람들이 정기적으로 종교 활동을 하면서 신앙 공동체를 형성하는 것은 이주민 사회에서 일반적으로 관찰되는 현상이다. 성직자가 거주국 사회의 선주민인 경우도 있지만, 이주민 자신이 동족들로 구성된 신앙 공동체를 이끄는 경우도 적지 않다. 이주민들이 새로운 사회에 적응하는 과정에서 종교단체가 하는 역할은 다양하다. 종교단체는 구성원들에게 종교 활동을 통해 형성되는 연대감, 환대와 지지 등 심리적 지원을 제공할 수 있다. 또한 올드커머와 뉴커머가 연결되어 정보를 교환할 수 있는 공간으로도 기능한다. 이주민 종교단체 중에는 예배, 포교행위 등 종교적인 활동에만 집중하는 내부 결속형 종교단체가 있는가 하면, 활동 영역을 확장하여 공공단체와 연계하여 이주민의 정착에 필요한 서비스, 즉 비자, 노무, 의료,

교육, 사회통합 프로그램 등을 운영하는 종교단체도 존재한다. 이런 의미에서 볼 때 본 절에서 살펴볼 종교단체인 온누리M센터는 후자에 속하면서 공공단체와 연계되어 이주민을 지원하는 공적 역할도 수행하고 있으므로 공적 네트워크를 구성하는 주체로 볼 수 있다. 이러한 종교단체와 연계됨으로써 고려인을 비롯한 이주민들은 심리적 안정감과 지지, 신앙을 바탕으로 하는 연대와 같은 결속형 사회적 자본 외에도 거주 사회에 더 넓게 연결되어야 얻을 수 있는 정보와 자원과 같은 연계형 사회적 자본도 획득할 수 있게 된다.

이처럼 종교단체가 이주민의 권익을 지키기 위한 매개자 역할을 하는 것은 고려인보다 이주의 역사가 먼저 시작되었던 국내 조선족들의 사례에서 어렵지 않게 찾을 수 있다. 1990년대 초반 한국에 거주하던 조선족들은 개신교 교회와 함께 활동하며 커뮤니티를 형성했다. 조선족 단체였던 '조선족연합회'는 1999년에 제정된 재외동포법이 중국과 구소련 지역에 거주하는 한인들을 재외동포 범위에 포함하지 않은 것에 항의하며 재외동포법 개정을 위해 2003년 12월부터 83일 동안 한국교회100주년기념관에서 농성을 하며 재외동포법 개정안이 통과되도록 했다(이정은, 2013: 133). 한편 2000년대 초반 이후 조선족들을 대표하는 공식 단체들은 개신교 교회에서 독립하여 스스로 활동하는 양상을 보였다.[10]

국내 고려인 밀집 거주지역에서도 개신교 교회와 원불교 단체가 종교 활동 외에도 각각 안산과 인천에서 고려인들의 정착을 지원하는 활동을 하고 있다. 인천광역시 연수구 함박마을에서는 2020년 원불교가 지원하는 원고려인문화원이 설립되어 고려인들의 정착을 돕고 있다.

온누리M센터는 앞서 언급한 바와 같이 신앙 공동체로 시작되어 이후 관청과 연계되어 고려인을 비롯한 외국인을 지원하는 공적 네트워크로 편입된

---

10 이정은은 이런 현상이 재외동포법 개정과 관련있다고 보았다. 불법체류에서 합법적 체류자격 획득한 중국 동포들이 종교단체들로부터 독립하거나 스스로가 권익단체를 만들어 활동하게 된 것이다(이정은, 2013: 130).

대표적인 사례이다. 온누리M센터는 2005년에 서울 소재 한 개신교 교회가 외국인 근로자들과 다문화가정을 돕기 위해서 외국인 밀집거주지역인 안산시 원곡동에 세운 개신교 단체이다. 온누리M센터에는 러시아, 우즈베키스탄, 미얀마, 몽골, 네팔, 태국 등 14개의 국가별 커뮤니티(예배공동체)와 4개의 다문화 차세대 공동체가 있다.[11] 온누리M센터는 안산의 외국인노동자와 다문화 커뮤니티를 돕기 위해 시작되었기 때문에 처음부터 예배시설과 복지 관련 시설이 한 건물에 배치되었다. 예배 공간 외에도 1층에는 무료로 진료를 받을 수 있는 공간이 마련되어 있고, 법률 상담도 진행되고 있다.

온누리M센터는 2016년부터 안산시와 협력해, 기존에 자체적으로 운영하던 다문화 아동·청소년 교육 시설을 지역아동센터(사회복지시설)로 전환하여 운영하고 있다(온누리M센터, 2022: 61). 이곳에서는 한국어, 영어 수업, 교과지도 외에도 피아노 미술, 스포츠, 아동 상담 등 정서 지원 활동도 진행되고 있다. 이외에도 안산교육지원청과 함께 2024년부터 〈이음한국어교실〉을 오픈하여 한국어 학습에 어려움을 겪고 있는 중도입국 학생, 외국인 자녀들에게 한국어 위탁교육을 하고 있다. 이렇게 개신교 종교단체인 온누리M센터가 시 당국, 교육지원청과 함께 지역사회 연계 프로그램을 운영하게 되면서 온누리M센터에 소속된 고려인을 비롯한 신도들은 같은 민족이 모이는 신앙 공동체라는 사적 네트워크뿐 아니라 안산의 다양한 외국인 지원 거버넌스와 연결될 수 있다.

온누리M센터에서 가장 규모가 큰 민족 모임은 바로 러시아어 예배이다. 온누리M센터 전체 구성원이 약 1,200명인 가운데 러시아어 예배에 참석하는 신도 수는 약 150명 정도이다. 유아, 아동, 청소년부터 장년과 노인에 이르는 다양한 연령대의 러시아어를 사용하는 신도가 모이고 있는데 절대다수가 고려인과 그의 가족들이고, 담당 목회자도 고려인이다. 러시아어 예배가 존재하는 국내 다른 지역의 교회에는 러시아와 중앙아시아 출신 고려인뿐 아니라 러

---

11 온누리M센터 홈페이지. https://onnurimcenter.org/ (검색일: 2024. 9. 1).

시아어를 사용하는 CIS 지역의 다양한 민족이 함께 출석하는 경향이 있지만, 온누리M센터에는 고려인 공동체라고 공식적으로 표방하지는 않았지만 사실상 고려인이 중심이 된 러시아어 예배와 우즈베크인들이 모여 우즈베크어로 예배를 진행하는 커뮤니티가 개별적으로 존재한다는 점이 특징적이다. 일반적으로 국내에서 구소련지역 출신 이주민들의 개신교 커뮤니티가 '러시아어권 예배'(Русскоязычное служение)라고 통칭되는 것과는 달리 온누리M센터에서는 우즈베크어를 사용하는 우즈베키스탄 출신 이주자들과 러시아어를 사용하는 고려인이라는 언어·민족적 배경이 커뮤니티의 경계를 나누는 표지의 역할을 하고 있다.

온누리M센터는 추석에 각 외국인 예배가 함께 참석하는 연합 행사를 개최한다. 이로써 고려인들은 안산의 다른 외국인 공동체와 소통하며 연계할 수 있는 기회를 가지게 된다.[12] 러시아어 예배 커뮤니티는 규모가 크기 때문에 자체적으로 고려인 아동을 위한 주일학교도 독립적으로 운영하고 있다. 예배는 러시아어로만 진행되기에 한국인은 거의 찾아볼 수 없다. 예배의 형식은 자유롭지만, 한국에서 일반적으로 볼 수 있는 전통적인 개신교 교회의 예배 형식도 일부 따르고 있다. 이를 통해서 온누리M센터 러시아어 예배에 참석하는 사람들과 러시아와 중앙아시아에서 활동하는 한국인 선교사의 연계를 유추해 볼 수 있다. 이를 통해서 고려인들이 한국으로 이주하기 전에 자신의 출신 지역에서 맺었던 한국인 또는 한국인이 설립한 종교단체와의 관계가 한국으로 이주한 이후에도 지속되는 경향을 볼 수 있다. 이와 함께 온누리M센터의 러시아어 예배는 안산뿐 아니라 인천, 김포 그리고 화성 등 수도권의 다른 고려인 밀집 거주지역에 있는 러시아어 예배공동체와 연계하여 하나의 커뮤니티를 이루고 있다. 또한 온누리M센터를 만든 서울 소재 교회의 한국인 청년들이 정기적으로 러시아어 예배의 청소년 모임에 방문하여 함께 시간을 보내며

---

12 저자가 온누리M센터 러시아어 예배에 참석했던 날 센터에 소속된 필리핀예배공동체가 우즈베키스탄으로 보낼 물품들을 모아서 러시아어 예배에 기증했다.

유대감을 형성하고 있다. 이러한 방식으로 안산의 고려인들은 종교단체를 통해 같은 언어와 문화를 공유한 사람들이 줄 수 있는 결속감과 심리적인 지지, 다른 지역에 있지만 같은 종교를 가진 고려인 커뮤니티와의 연대를 통해 사적 네트워크에 연결되었을 때 얻을 수 있는 결속형 사회적 자본을 얻고 있다. 이와 함께 종교단체를 매개로 한 선주민과의 정기적인 상호작용의 결과로 얻어지는 선주민과 한국 사회에 대한 이해, 그리고 종교단체가 거주 지역사회의 공공기관과 연결되어 제공하는 공적 서비스와 같은 연계형 사회적 자본도 획득할 수 있게 된다.

2. 아동·청소년 교육기관: 안산시 소재 공립학교, 안산시 글로벌청소년센터

사회적 자본이라는 개념은 여러 차례 다른 맥락에서 정의되었지만, 이 개념을 초창기에 고안해 낸 연구자들은 학교 교육과 지역 공동체 사이의 관계를 규명하기 위해 이 개념을 사용하고 체계화했다(퍼트넘, 2016: 17-18). 콜먼은 빈번한 이주가 가정이 외부에서 사회적 자본을 획득할 기회를 감소시켜 자녀 교육에 부정적인 영향을 미칠 수 있다고 지적했다(Coleman, 1988: 113). 과거에는 가족과 가족 외부의 지역사회 구성원들 간의 연대가 상대적으로 강했으며 마을의 자녀를 공동체가 함께 양육하는 분위기가 자연스러웠다. 하지만 국경을 넘는 이주를 포함한 거주지의 변화와 핵가족화로 인해 이러한 유대는 점차 약해지고 있다. 콜먼은 아동과 청소년의 양육에 필수적인 사회적 자본이 과거에는 가족과 지역 공동체의 연대를 통해 형성되었으나, 이러한 자본이 점차 약화되고 있으므로 이를 공식적인 방식으로 보완해야 할 필요가 있다고 보았다(Coleman, 1988: 118).

외국인 주민 비율이 높고, 다양한 형태의 이주 배경을 가진 아동과 청소년들이 다수 거주하는 안산시에는 이들을 위한 공교육 시스템이 비교적 잘 갖추어져 있다. 안산의 대표적인 고려인 밀집 거주지역인 단원구 선부동에 위치한 선일중학교를 비롯하여 안산의 공립학교에는 외국인 학생들을 위한 한국어교육 시스템, 이중언어 강사 채용 방법 등이 목록화되어 있다.[13] 선일중학교의 경우 2024년 4월 1일 기준 다문화 학생이 전체의 72%에 달하며, 다문화 학생 중 러시아어권 학생이 전체의 약 80%를 차지한다.[14] 러시아어권 학생의 대부분은 러시아, 우즈베키스탄 등 CIS 국가에서 온 고려인 학생들이다.

한편 이렇게 안산시의 공립학교에서 외국인 학생, 특히 단일 문화권 출신 외국인 학생들의 밀집도가 높아지면서 한국인 학생들이 뜻하지 않은 어려움을 겪기도 하고, 고려인 학생들도 학교에서조차 러시아어로 소통하면서 이들의 한국어 습득 수준이 떨어지고 있는 현상이 발생하고 있다.[15] 이처럼 최근 몇 년 사이 고려인 학생들이 안산의 공립 초·중등학교에 더욱 밀집하게 된 배경에는, 2022년 1월부터 국내에 체류하며 거소 신고를 한 외국국적동포의 미성년 자녀가 초·중등교육법상 학교(초·중·고등학교, 대안학교, 고등기술학교, 특수학교 등)에 재학하는 경우 F-4 비자가 발급되는 제도 변화가 중요한 요인으로 작용하고 있다.

안산의 공립학교에 재학 중인 외국인 학생 가운데 조선족의 비율이 높았으나, 최근 몇 년 사이에는 러시아, 우즈베키스탄, 카자흐스탄, 우크라이나 등에서 이주한 고려인 동포 자녀의 입학이 빠르게 증가하고 있다. 이러한 상황에서 고려인 밀집 거주지역에 소재한 공립학교 현장에서 교사들이 학생들을 지도하면서 경험하는 가장 큰 문제점은 학교 내 고려인 학생들의 초밀집 현상이며, 이러한 학교들이 당면한 현안은 고려인 학생들의 밀집도를 낮추는 것이다.[16] 고려인 학생의 비율이 급증한 선일중학교는 매 학기가 시작되면 이주배경청소년[17]과 학부모를 대상으로 한국어 능력 테스트 등 예비 교육을 실시하

---

13 안산시 선일중학교 A교사 1차 인터뷰. 안산시 선일중학교 (2023. 7. 20).

14 안산시 선일중학교 홈페이지. https://seonil-m.goeas.kr/seonil-m/na/ntt/selectNttInfo.do?mi=12797&bbsId=6496&nttSn=1038104 (검색일: 2024. 9. 15).

15 안산시 선일중학교 A교사 1차 인터뷰. 안산시 선일중학교 (2023. 7. 20).

16 안산시 선일중학교 A교사 2차 인터뷰. 안산시 단원구 고잔동 (2024. 8. 13).

17 이주배경청소년이란 부모 혹은 본인이 이주의 경험을 지닌 9세에서 24세 이하의 연령에 속

고, 고려인 등 다문화 학생의 공교육 진입을 지원하기 위한 "징검다리과정"을 운영하는 등[18] 러시아어를 사용하는 학생들이 한국 학교생활에 잘 적응하도록 지원하기 위한 제도를 시행하고 있다.

한편 고려인 아동·청소년이 한국에서의 삶에 적응해야 하는 영역은 단지 학교생활만은 아니다. 이주 후 부모가 야간에도 직장에서 근무해야 하는 경우 자녀를 돌볼 시간이 현저히 줄어들게 된다. 고려인 아동·청소년들은 태어나서 자라온 나라를 떠나면서 그곳에서 맺었던 친구, 이웃, 친족들과의 친밀했던 유대도 끊어진 상황에서 때로는 부모의 보호 밖으로 방치되거나, 심지어는 가사와 동생들의 양육까지 부모와 분담해야 하는 경우가 적지 않다.[19] 이렇게 포르테스가 학교에 다니는 아동과 청소년들에게 있어 중요한 사회적 자본이라고 꼽았던 자녀의 숙제를 챙기는 행위와 같은 자녀에 대한 부모의 통제와 관심(Portes, 1998: 11)이 한국으로 이주한 이후 급감할 수밖에 없는 상황은 이주한 고려인이 한국에 정착하는 과정에서 드물지 않게 발생한다.

이러한 상황에서는 본 절의 서두에 인용한 콜먼의 주장처럼 태어나고 자란 공동체를 떠나 국경을 넘는 이주를 한 결과 사회적 자본의 원천을 상당 부분 상실할 수밖에 없는 고려인 아동과 청소년들을 위해서는 가족의 울타리를 넘어서 공식적인 방식으로 이들의 상실한 사회적 자본을 보완하는 공적 기관과 사회 단체의 역할이 중요하다고 할 수 있다. 안산시 글로벌청소년센터는 이러한 역할을 수행하는 대표적인 기관 중 하나이다.

안산시 글로벌청소년센터는 2010년 안산 We Start 글로벌아동센터로 시작했고, 2013년 안산글로벌다문화센터 건물로 이전한 이래 2018년 현재의

하는 자를 뜻한다. 이주배경청소년지원재단. https://www.rainbowyouth.or.kr/introduction/summary.do (검색일: 2024. 9. 1).

18 안산시 선일중학교 홈페이지. https://seonil-m.goeas.kr/seonil-m/na/ntt/selectNttInfo.do?mi=12800&nttSn=1038113 (검색일: 2024. 9. 15).

19 안산시 선일중학교 A교사 2차 인터뷰. 안산시 단원구 고잔동 (2024. 8. 13).

명칭인 안산시 글로벌청소년센터로 개칭하여 활동하고 있다.[20] 안산시 글로벌청소년센터는 고려인을 비롯한 이주배경청소년들의 공교육 시스템 안착을 돕고 있는 프로그램을 진행하고 있는데 학교에 다니지 않는 중도입국 청소년들이 한국어와 한국문화를 이해하도록 지원하는 교육프로그램과 한국 학교에 다니지만 어려움을 겪고 있는 청소년들을 위해서 위탁교육 프로그램도 운영하고 있다.[21] 고려인 4세도 동포 비자를 받을 수 있게 되었고, 동포 자녀들이 초·중·고등학교에 입학하면 이들의 체류자격을 재외동포(F-4)자격으로 전환할 수 있게 됨에 따라 그동안 한국으로 일하러 떠난 부모와 떨어져 고향에 남겨져 지냈던 고려인 청소년들이 한국어를 충분히 익히지 못한 상태로 안산으로 유입되는 사례가 늘어나고 있다. 이러한 상황에서 안산시 글로벌청소년센터의 교육 지원 프로그램은 고려인 청소년들과 이들이 다니는 학교에 유용한 자원으로 자리 잡고 있다.

실제로 2023년 안산시 글로벌청소년센터를 이용하는 이주배경아동·청소년의 현황을 살펴보면 2020년대 들어 안산으로 유입되는 고려인 아동과 청소년의 수가 뚜렷하게 증가하고 있는 경향이 나타나고 있음을 알 수 있다. 2020년대 들어 안산시 글로벌청소년센터를 이용하는 외국국적동포가 급격히 증가했다. 센터를 이용하는 청소년 중 동포 근로자 자녀의 비율은 2021년 37.3%, 2022년 44.6%, 2023년 46.4%로, 해마다 지속적인 증가 추세를 보이고 있다. 한편 예년과 달리 2023년에는 눈에 띄는 경향이 포착되는데 센터를 이용하는 이주배경청소년 중에서 러시아에서 온 학생이 2022년 123명에서 2023년에는 204명으로 급증했고, 우즈베키스탄 출신도 같은 시기 90명에서 181명으로 크게 증가했다. 2023년에는 센터를 이용하는 러시아어권(중앙아시아 5개국과 러시아와 우크라이나) 출신 이주배경청소년은 총 712명이었는데 이는 중국어권 이주배경청소년의 수(595명)를 넘어선 것이었다(안산시 글로벌청소년

---

20 안산시 글로벌청소년센터 홈페이지. http://www.globalansan.com/ (검색일: 2024. 8. 17).
21 안산시 글로벌청소년센터 홈페이지. http://www.globalansan.com/ (검색일: 2024. 8. 17).

센터, 2024: 22-23).

이렇듯 러시아어를 사용하는 중도입국 청소년들이 센터를 이용하는 경우가 급증하면서 안산시 글로벌청소년센터는 이들의 초기 정착을 돕기 위해 2023년에 통역단 네트워크를 구성해서 안산시 초중등학교, 사회복지관 등 고려인 청소년들을 위해 통역이 필요한 기관에 통역사를 파견하기도 했다(안산시 글로벌청소년센터, 2024: 46).

이와 함께 안산시 글로벌청소년센터는 2023년 현재 총 135개 기관과 협력하며 정보교류, 물품 지원, 교육 지원 등의 영역에서 네트워킹하고 있다. 이 네트워크에는 타 지역 글로벌청소년센터, 안산시청과 경기도 교육청, 안산시 교육지원청, 안산시 초중고교 등 교육기관, 심리상담센터, 지역아동센터 등 복지시설, 의료시설, 고려인문화센터 〈너머〉, 고려인센터 〈미르〉와 같은 사회단체, 대학교 등 다양한 주체들이 포함되어 있다(안산시 글로벌청소년센터, 2024: 80-83).

또한, 안산시 글로벌청소년센터는 안산시청의 지원을 받아 지역 자원을 연계하여 고려인을 비롯한 이주배경청소년의 정착과 자립을 지원하기 위해 2022년에 〈안산 이주배경청소년 지원 네트워크 추진단〉을 안산시 자체 추진단으로 발족하여 운영하고 있다는 점이 주목할 만하다. 이러한 플랫폼을 통해 학교, 교육청, 글로벌청소년센터, 행정복지센터, 종합사회복지관, 지역아동센터, 경찰서, 청소년 쉼터 등 안산시의 고려인을 비롯한 이주배경청소년 지원을 위한 공적 네트워크를 구성하는 기관들은 정기적인 네트워킹 회의를 통해 단원구와 상록구의 고려인 청소년들의 정착을 돕기 위한 아이디어를 공유하며 각 단체의 자원을 효과적으로 연계하고 있다. 안산시의 자원을 바탕으로 결성된 이러한 민관학 협의체는 이주와 정착 과정에서 고려인 아동·청소년이 겪는 낯선 언어와 문화로 인한 정체성 혼란, 학습 장애, 진로 문제 등을 다양한 활동, 교육, 상담을 통해 지원하면서 결국 이주로 인해 상실되는 신뢰, 지지, 사회적 네트워크와 같은 사회적 자본을 보완하는 데 있어서 중요한 역할을 수행하고 있다.

3. 고려인 지원에 특화된 단체: 고려인문화센터 〈너머〉, 고려인센터 〈미르〉

앞서 살펴본 단체들이 고려인뿐만 아니라 안산에 거주하는 모든 외국인 주민들을 대상으로 활동하고 있다면 고려인문화센터 〈너머〉와 고려인센터 〈미르〉는 모두 고려인들을 대상으로 설립되었고, 고려인이 중심이 되어 이용하는 단체이다. 고려인문화센터 〈너머〉는 러시아에서 한국어 교사로 일했던 한국인이 2011년 안산 땟골에 모여 거주하는 고려인들의 정착을 위해 한글 야학으로 시작한 민간 단체였고, 이후 안산시의 위탁을 받아 운영되고 있다.

단원구에 비해 외국인 주민의 수가 상대적으로 적은 상록구에 거주하는 고려인들이 많아지면서 2014년 상록구 사동에 고려인센터 〈미르〉가 문을 열었다. 고려인센터 〈미르〉는 고려인문화센터 〈너머〉, 안산시 글로벌청소년센터 등 고려인 지원단체들이 주로 단원구에 집중되어 있어서 상록구에 거주하는 고려인들이 이용하기에는 지리적 접근성이 떨어지기 때문에 센터의 개소를 원하는 고려인들의 요청으로 시작되었다.[22]

고려인문화센터 〈너머〉와 고려인센터 〈미르〉는 고려인 성인들과 청소년들의 일상생활 패턴에 맞추어 운영된다. 성인 한국어반 수업은 고려인들의 퇴근 이후인 저녁 늦은 시각에 시작하고, 학교를 마친 후 달리 갈 곳이 많지 않은 고려인 아동·청소년을 위해서는 다양한 방과 후 교육프로그램도 운영한다. 고려인문화센터 〈너머〉의 홈페이지에 게시된 여러 행사와 정보는 러시아어로도 표기되어 있어서 초기 정착단계에 있거나 한국어 이해도가 낮은 고려인들도 쉽게 필요한 정보를 습득할 수 있다.

고려인문화센터 〈너머〉와 고려인센터 〈미르〉가 안산시의 다른 외국인주민 지원 단체와 다른 점은 이들이 처음부터 '고려인'을 대상으로 상정하고 형성된 단체이기 때문에 고려인들의 언어, 문화, 역사에 대한 이해도가 높고, 고려인이 지닌 문화정체성을 보존할 뿐만 아니라 이것을 안산시의 선주민들에게 알리는 사업을 병행하고 있다는 것이다. 고려인문화센터 〈너머〉에는 고려

---

22 고려인센터 〈미르〉 대표 인터뷰. 안산시 고려인센터 〈미르〉 (2023. 7. 20).

인 역사전시관이 마련되어 있고, 다른 단체와 함께 고려인 연해주 이주 150주년, 160주년을 기념하는 사업도 제안하고 추진해 왔다. 사단법인 〈너머〉가 2019년부터 추진해 온 고려인 독립운동기념비는 2025년 4월 안산시 단원구 초지동 화랑유원지에 건립되었다. 이는 광주광역시 고려인마을 다모아 어린이공원에 세워진 홍범도 장군 흉상과 마찬가지로 독립운동이 지니는 역사적 의미를 매개로, 소련 해체 이전까지 사실상 한국과 단절된 상태에서 형성된 고려인들의 정체성을 한국 사회와 연결하는 시도로 해석할 수 있다.

이와 함께 고려인문화센터 〈너머〉는 한국인들에게 고려인들의 역사와 문화를 알리는 행사를 통해서 '같지만 다른' 고려인들의 문화에 대한 선주민들의 이해도를 넓히는 기회를 제공하고 있다. 한 예로 고려인들이 추석이나 설보다 더 중요하게 여기는 명절인 '한식' 알리기 행사를 진행하고, 고려인들로 이루어진 강사진이 선주민을 대상으로 고려인 음식문화 소개, 러시아어 배우기, 중앙아시아 놀이문화를 소개하는 행사도 진행하고 있다.[23]

고려인 아동과 청소년들은 공교육 기관인 학교에서 한국 사회의 일원으로 통합되기 위한 교육을 받는 한편 고려인문화센터 〈너머〉와 고려인센터 〈미르〉와 같은 고려인 지원단체를 통해서는 '재한 고려인'으로 자신과 부모와 조부모 세대가 쌓아온 문화적 정체성을 유지하면서 한국 사회에서 자리 잡을 수 있는 자원을 얻게 된다.

고려인 성인들은 센터의 한국어 수업과 사회통합 프로그램 등의 과정을 수강하며, 가족을 넘어 보다 확장된 고려인 네트워크와 연결될 수 있다. 그리고 한국 생활에 있어서 언어 문제가 커다란 장애로 작용하는 고려인들은 센터가 조성한 이중언어 사용이 가능한 환경을 통해 한국 사회에 정착하는데 필요한 자원을 확보하고 있다. 또한 고려인들은 이러한 센터들이 내국인을 대상으로 고려인을 알리기 위해 조직하는 행사에 참여함으로써 직장, 종교단체 이외

---

[23] "2024년 이웃과 함께 하는 고려인 이야기." 안산시 고려인문화센터 〈너머〉. https://www.koreansan.org/?p=2815 (검색일: 2024. 9. 11).

의 공간에서 선주민과 접촉하는 기회를 통해 선주민 사회와 연계하고 연대감을 형성하는 사회적 자본을 축적할 수 있게 된다.

4. 고려인들이 설립한 단체[24]: 대한고려인협회(Ассоциация Корё-сарам в Республике Корея, АКРК: 2018~)

대한고려인협회는 2018년에 대한민국에 살고 있는 러시아어권 국가에서 온 고려인들을 위한 단체로서 "국내 거주 고려인들이 한민족의 일원으로서 당당하게 살아갈 수 있도록 서로 돕는 공동체 건설을 통해 고려인의 복지를 증진시키고, 조국의 발전에 기여하며 전세계 고려인 공동체 간의 협력과 우애를 높이는 것"[25]을 목적으로 하여 고려인들에 의해 세워진 단체이다. 대한고려인협회는 현재 안산, 인천과 같은 수도권에 위치한 고려인 밀집 거주지 외에도 전국에 산재한 고려인 밀집 거주지에 지부를 설치하며 활동 영역을 확장하고 있다. 따라서 이 단체는 안산이라는 지역적 범주 안에서만 고려인들을 대표하고 지원하는 단체라고 할 수는 없다. 한편 대한고려인협회의 소재지는 안산시 단원구 선부동으로 등록되어 있다.[26] 이와 같은 사실은 대한민국에 거주하는 고려인들의 권리를 지키고 선주민 사회에 그것을 대변하기 위해 설립된 단체인 대한고려인협회가 고려인들이 가장 많이 거주하고 있으며 외국인 주민을 지원하는 공적 네트워크가 상대적으로 잘 구축되어 있는 안산시에서 태동했음을 보여준다.

대한고려인협회는 현재 국내 거주 고려인 지원과 정착 업무를 담당하는 재외동포청과 같은 공공기관, 비정부기구(NGO: Non-Governmental Organization), 교육기관과의 여러 협력 사업에 참여하는 경향을 보여주고 있다. 학

---

24 국내에서 활동하는 고려인 주도의 단체로는 2024년에 설립된 고려인글로벌네트워크(KGN)도 있다.

25 대한고려인협회 홈페이지. https://koryosaram.org/kr#mission (검색일: 2024. 11. 15).

26 대한고려인협회 홈페이지. https://koryosaram.org/kr (검색일: 2024. 11. 15).

교에서 이중언어 강사들이 러시아어로 작성한 고려인 학부모를 위한 가이드라인(예: 녹색어머니회 설명)을 SNS를 통해 공유하고, 고려인 밀집 거주지역 소재 대학 입시 설명회를 개최하며 고려인 청년 맞춤형 특화 교육을 위한 업무협약을 체결하는 등 고려인들이 한국에 정착하는 과정에서 직면하는 자녀교육, 청년들의 취업과 같은 실제적인 문제의 해결을 돕기 위한 활동을 하고 있다.[27] 안산시와 관련된 사업으로는 고려인문화센터〈너머〉와 공동으로 주최하는 안산시 고려인 문화 행사인 '고려아리랑'이 있다.

이주의 시기와 규모가 고려인보다 앞선 조선족들이 설립한 단체들의 역사를 살펴보면, 2004년 재외동포법 개정 이후 2008년을 전후로 다수의 언론사와 단체가 설립되었으며, 이들 단체의 성격도 점차 다양해졌다(임영상 외, 2020: 31). 이로부터 10년 후 세워진 대한고려인협회와 같은 고려인들이 스스로 설립한 단체들은 안산뿐 아니라 국내 각 지역에 산재한 고려인 커뮤니티를 연계하고 있다. 이들은 지역사회 단체와 공공기관과 공동으로 사업을 수행하며, 고려인의 존재를 알리고 고려인 사회와 선주민 사회 간의 네트워킹을 확대하고 있다. 이러한 활동이 지속적으로 확장된다면, 이들 단체는 안산을 비롯한 국내 고려인 거주 지역에서 고려인을 지원하는 공적 네트워크의 중요한 구성 주체로 자리매김할 수 있을 것이다.

IV. 안산시 거주 고려인들의 공적 네트워크에 대한 인식과 연계 현황

Ⅲ장에서 살펴본 고려인을 지원하는 공적 네트워크를 구성하는 공공기관과 사회단체에 대한 안산 거주 고려인들의 인지도와 참여 양상 그리고 이러한 공적 네트워크가 안산 거주 고려인들의 정착에 어떤 역할을 하고 있는가에 대한 현상적 측면을 파악하기 위해서 안산시에 거주하는 18세 이상 고려인 63명을

---

27 대한고려인협회 페이스북. https://www.facebook.com/koresaraminkorea/ (검색일: 2024. 11. 15).

대상으로 설문조사를 실시했다. 설문조사는 2024년 11월 온누리 M 센터 러시아어 예배 커뮤니티 구성원을 대상으로 이루어졌다.[28] 응답자들의 인구통계학적 특성은 표 1과 같다.

설문 문항은 안산시를 거주지로 선택한 동기, 고려인을 지원하는 안산시 공공기관과 고려인 지원단체에 대한 인식도와 참여도, 이들이 제공하는 서비

표 1 설문 응답자의 인구통계학적 특성

구분		응답자수	비율(%)
연령대	18~20세	2	3.30%
	21~29세	6	9.80%
	30~39세	15	24.60%
	40~49세	12	19.70%
	50~59세	15	24.60%
	60세 이상	11	18.00%
	합계	61	100.00%
	무응답	2	
성별	남성	21	37.50%
	여성	35	62.50%
	합계	56	100.00%
	무응답	7	
출신국가	러시아	19	32.80%
	카자흐스탄	8	13.80%
	우즈베키스탄	31	53.40%
	합계	58	100.00%
	무응답	5	
거주기간	1년 미만	2	3.40%
	1년 이상~3년 미만	17	28.80%
	3년 이상~5년 미만	8	13.60%
	5년 이상~10년 미만	18	30.50%
	10년 이상	14	23.70%
	합계	59	100.00%
	무응답	4	

---

[28] 온누리 M 센터 러시아어 예배 참석자들은 다양한 배경과 연령대를 가진 고려인들로 구성되어 있고, 설문 문항에는 종교적인 성격을 지닌 질문이 포함되어 있지 않았으므로 설문조사의 대상으로 선택했다.

스에 대한 이용 경험, 이용했던 서비스의 종류, 이러한 지원 서비스를 이용했을 때 발생했던 문제점에 관한 질문으로 구성되었고, 설문지는 러시아어로 작성되었다. 문항에 포함된 기관과 단체의 명칭은 이해의 정확도를 위해서 러시아어로 번역된 명칭과 국문 명칭을 병기했다.

안산을 거주지로 결정한 동기로는 "고려인들이 많이 거주하고 있기 때문"이라고 응답한 경우가 27명으로 가장 많았다. 다음으로는 "일자리가 많기 때문"(24명), "고려인 지원을 위한 공공기관, 센터들이 많기 때문"이라고 응답했다(16명). 안산은 전국에서 고려인이 가장 많이 거주하면서 동시에 고려인 거주지역이 국내에서 가장 먼저 형성되었기 때문에 거주기간이 상대적으로 긴 올드커머들이 다수 거주하는 지역이기도 하다. 기타 사유를 주관식으로 적은 응답자 중 다수가 "자녀와 가족이 거주하고 있어서 안산으로 이주했다"고 답변했다.

그림 2에 나타나듯이 앞의 장에서 언급한 공적 네트워크를 이루는 구성 주체에 대한 인지도에 관한 질문 결과 응답자 중 가장 많은 사람들이 알고 있고, 가장 많은 응답자가 서비스를 이용하거나 활동에 참여해 보았다고 꼽은 단체는 고려인문화센터 〈너머〉였다.

고려인문화센터 〈너머〉에 대한 인지도가 높고 참여 경험 역시 가장 많은 이유는 이 단체가 설립 초기부터 고려인들을 대상으로 특정하여 한국어를 가르치는 야학으로 시작했고, 언어, 구직, 직장에서의 어려움 등 고려인들이 실제 한국의 생활에서 겪게 되는 이슈에 대한 상담 지원 활동을 해왔기 때문으로 볼 수 있다. 그리고 한국어를 잘하지 못하는 고려인들의 접근 장벽을 낮추기 위해서 러시아어로도 공지와 활동을 소개하고 진행하기 때문이기도 하다. 또한 〈너머〉가 안산시에서도 고려인들이 가장 밀집해서 거주하는 선부2동 땟골에 위치한 것도 인지도와 참여도에 영향을 주었다고 볼 수 있다. 고려인센터 〈미르〉도 고려인문화센터 〈너머〉와 함께 고려인 지원활동을 하고 있으나, 상대적으로 고려인 인구가 적은 상록구 사동에 위치하기 때문에 고려인들이 주로 거주하는 단원구에 위치한 고려인문화센터 〈너머〉에 비해 인지도와 참여

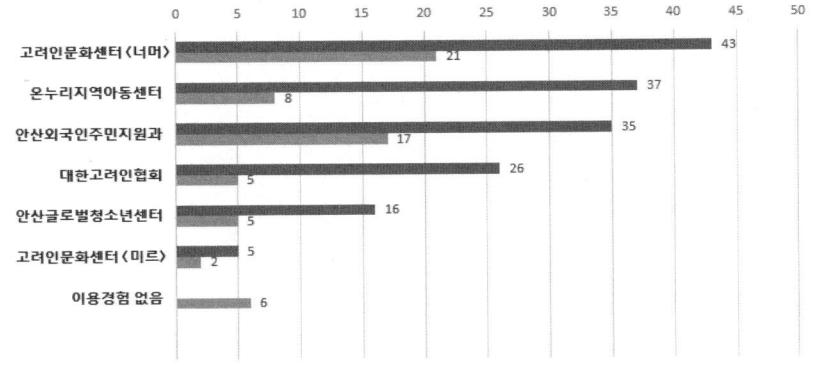

그림 2 안산시 공공기관과 지원 단체에 대한 고려인들의 인지도와 이용 경험

도가 낮은 것으로 보인다.

전반적으로 온누리지역아동센터를 제외하고는 인지도와 참여 경험의 순위가 일치하는 경향을 보였다. 온누리지역아동센터의 인지도가 높았던 원인은 이 센터가 설문조사를 실시했던 온누리M센터 건물에 위치하기 때문이라고 추측된다. 반면 이용 경험이 낮은 이유는 주로 러시아어를 사용하는 고려인 아동의 특성에서 찾을 수 있다. 지역아동센터가 러시아어 사용자만을 대상으로 운영되지는 않기 때문에 이러한 특성이 고려인 부모들의 센터 이용 경험에 영향을 주었을 것으로 판단된다.

전체적으로 고려인을 지원하는 공공기관과 사회단체의 활동에 직접 참여하거나 서비스를 실제로 이용해 본 경험은 인지도의 절반에서 적게는 1/5 수준에 그쳤다. 온누리지역아동센터 외에도 인지도에 비해 참여 경험이 적은, 즉 인지도와 이용 경험 간의 간극이 큰 현상은 대한고려인협회에서도 나타났다. 대한고려인협회는 비교적 많은 안산 거주 고려인이 참여하는 문화축제인 '고려아리랑'을 고려인문화센터 〈너머〉와 공동으로 개최하며, 이를 통해 단체의 존재를 홍보하고 인지도를 높이고 있다. 한편 대한고려인협회에 가입하거나 활동하는 경우는 인지도의 1/5 수준인 것으로 나타났다. 2018년에 설립되어 설문에 포함된 다른 단체에 비해 활동기간이 짧고, 이 단체의 활동 지역이 안산시라는 지리적 경계를 넘기 때문인 것으로 생각된다.

다음으로 그림 3에서 나타나듯이 고려인들이 안산에 살면서 실제로 이용해 본 공공기관과 지원단체가 제공하는 서비스의 종류를 묻는 문항에는 한국어 교육지원(32명), 통번역 서비스(23명)의 순으로 응답했다. 이처럼 설문 결과 상위 2개의 답변이 모두 한국어와 소통에 관한 내용이었다. 이는 2019년 경기도가족여성연구원이 발간한 정책보고서 『경기도 거주 고려인 생활실태 및 정착방안』에서 실시한 설문조사와 유사한 흐름을 보여준다. 경기도에 거주하는 고려인 400명을 대상으로 실시한 해당 조사에서는 경기도에서 생활하면서 지원받은 서비스를 묻는 문항에서 가장 많은 응답자가 '한국어교육'(68.0%)을 그다음으로 '통번역 서비스'(45.4%)를 꼽았다(최영미·이지선, 2019: 97).

공공기관과 지원단체가 제공하는 서비스를 이용하며 얻었던 긍정적인 경험을 서술하는 주관식 질문도 "비자연장신청서를 쓸 때 한국어를 잘 몰라서 곤란했는데 도움을 받았다", "병원 입원신청서를 한국어로 적어야 하는데 도움을 받았다", "자녀들에게 한국어를 가르쳐 주어서 좋았다", "한국어를 배우는 경험이 좋았다", "통역서비스", "서류번역" 등 한국어와 관련된 답변이 주를 이루었다. 그다음으로는 관청 서비스를 이용할 때 느꼈던 선의와 친절함, 자상한 한국어 교사와의 경험 등 감정적인 지원을 받은 경험이 주관식 답변에서 발견되었다.

그림 4는 안산시의 고려인들이 공공기관과 지원단체의 서비스를 실제 사용할 때 어떤 어려움을 경험하는지를 보여준다. 앞선 문항에서 나타나듯이 고려인들이 가장 많이 이용해 본 서비스가 한국어교육, 통번역 서비스라는 결과는 이들이 한국에 정착하며 겪는 가장 큰 도전이 한국어 구사 능력임을 말해준다. 다수의 고려인들이 한국어를 잘 구사하지 못하거나 전혀 한국어를 하지 못해서 한국인들과 소통하기 어렵고, 자신들의 필요를 표현하지 못하는 상황에 직면하고 있는 것이다. 이러한 문제는 공공기관과 지원단체의 서비스를 이용할 때도 동일하게 나타나는데 가장 많은 응답자가 "언어장벽"(31명)을 가장

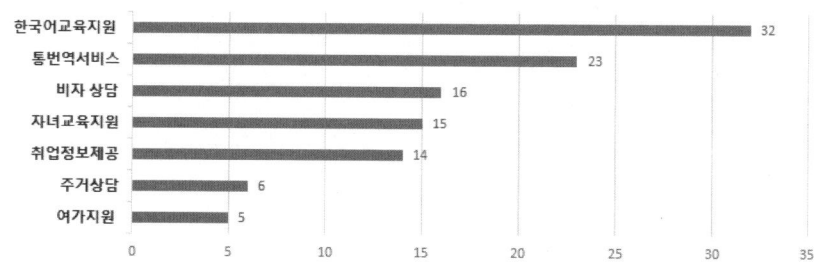

그림 3 안산시의 고려인들이 실제 이용해 본 공공기관과 지원단체가 제공하는 서비스

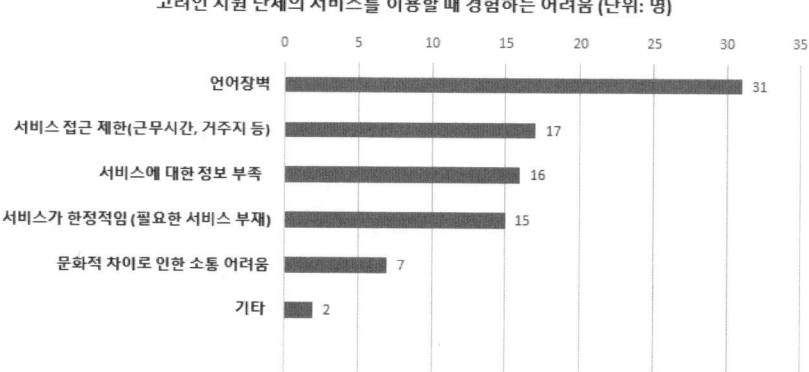

그림 4 고려인 지원단체의 서비스를 이용할 때 경험하는 어려움

큰 어려움으로 꼽았다. 상기한 경기도가족여성연구원이 보다 많은 수의 고려인을 대상으로 실시한 설문조사에서도 가장 많은 응답자(64.3%)가 '언어문제'를 생활하며 겪는 가장 큰 어려움으로 답변했다(최영미·이지선, 2019: 95).

이 밖에도 늦은 퇴근 시간 때문에 서비스에 대한 접근이 어렵고(17명), 서비스 자체에 대한 정보가 부족하며(16명), 필요한 정보에 대한 서비스가 부족하다는 것(15명)을 문제점으로 인식했다. 서술형 답변으로는 "필요한 정보가 없다", "한국인은 외국인에게 무례하게 응대한다", "50 : 50(잘 대해주는 곳도 그렇지 않은 곳도 있다)", "서비스를 받으려면 여기선 일을 해서는 안 된다. 일을 하면서비스를 신청할 시간이 없다. 그대로 적응해야 한다. 아니면 돈을 벌 수 없다" 등이 있었다. 야간에도 근무하는 경우가 일상적인 고려인들이 관청이나 지원 단체의 서비스를 이용하거나 교육기관에서 자녀 교육을 위한 상담을 하기 위해서는 자신의 근무 시간을 지속적으로 조정해야 하는 불편을 감수할 수밖에 없는 형편이다. 서술형 답변으로도 언어소통의 어려움을 호소했는데, 이 경우 대다수는 안산시 거주기간이 1년 이상 3년 미만인 응답자였다. 이러한 이유로 본 설문조사에서 고려인의 언어생활과 일상생활 패턴에 맞도록 특화된 고려인문화센터 〈너머〉와 같은 단체의 인지도와 이용 경험이 모두 높게 나타났다고 볼 수 있다.

V. 맺는말

안산시는 다양한 국가 출신의 외국인 주민이 국내에서 가장 많이 거주하는 도시로, 국내 최대 규모의 고려인 밀집 거주지역이 이 도시의 모자이크를 이루는 중요한 조각을 형성하고 있다. 안산에 자리 잡은 대규모 고려인 커뮤니티와 풍부한 일자리는 러시아를 비롯한 CIS 지역뿐 아니라, 국내 다른 지역에 거주하는 고려인들까지 안산으로 유입하는 요인으로 작용하고 있다. 이와 함께 외국인 주민과 공존의 역사가 길었던 안산에는 상대적으로 이른 시기에 정비된 외국인 주민을 지원하는 물적-제도적 인프라가 존재하고, 이것을 토대로 고려인을 지원하는 공공기관, 사회단체, 교육기관 등으로 구성된 공적 네트워크가 형성되어 있다. 이것은 안산시에 거주하는 고려인들이 이러한 공적 네트워크에 연결되어 한국으로 이주한 이후의 삶에 필요한 정보와 네트워크, 교육과 상담 서비스, 심리적 지원, 한국 사회에 대한 이해, 선주민과의 소통과 연계와 같은 사회적 자본을 획득할 수 있는 기반이 조성되었음을 의미한다.

안산에서 고려인 밀집 거주지역이 자연발생적으로 형성되면서 만들어진 고려인 지원 단체(고려인문화센터 〈너머〉)와 종교단체(온누리M센터)는 초기에 독자적으로 활동하다가 시간이 흐른 후 시 당국과 협력하여 관이 지원하는 프로그램(한국어교실, 지역아동센터, 고려인문화센터)을 수행하는 경우를 발견할 수 있다. 이러한 상황에서 고려인들은 종교단체 또는 고려인들이 주로 모이는 단체에서 문화적 동질성, 친밀감, 신앙을 바탕으로 형성되는 사적 네트워크를 통해 얻을 수 있는 심리적 안정감, 지지, 연대감과 같은 결속형 사회적 자본뿐 아니라 공적인 네트워크에 참여함으로써 거주국 사회에 더 넓게 연결되어야 얻을 수 있는 정보와 자원과 같은 연계형 사회적 자본도 획득하게 된다. 또한 러시아를 비롯한 CIS 지역에서 한국인과 맺었던 관계가 한국으로의 이주 이후에도 이어지는 현상이 종교단체(온누리M센터), 지원단체(고려인센터 〈미르〉)에서 발견된다.

최근 고려인을 포함한 외국인의 국내 이주가 단기 이주에서 정착형 이주로 전환하고 있고, 고려인들 사이에서도 부모, 자녀, 조부모 등 가족의 3대가 순차적으로 한국으로 이주하는 경우도 계속 증가하고 있다. 특히 동포 자녀의 체류자격 변경이 제도화된 이후 2020년대 초부터 고려인 청소년들의 안산으로의 유입이 증가하고 있다. 때로는 본인의 의지와 상관없이 부모와 함께 이주하거나, 떨어져 있던 부모와 함께 살기 위해서 한국으로 이주하면서 고려인 아동·청소년들은 친구와 학교, 친척들과의 이별, 부모와의 관계 변화, 정체성의 혼란, 언어장벽 등 다양한 어려움을 겪게 되고, 이러한 과정에서 그간 익숙했던 인간관계에서 얻었던 신뢰, 지지와 돌봄이라는 사회적 자본의 감소를 경험하게 된다. 이러한 상황에서 고려인 아동·청소년을 위한 지원 활동은 Ⅲ장에서 언급한 안산시 고려인 지원 공적 네트워크의 주요 주체들, 즉 종교단체, 교육기관, 고려인 지원에 특화된 단체 및 고려인이 설립한 단체 모두에서 확인할 수 있다.

Ⅳ장에서 다룬 설문조사 결과가 보여주듯이 안산시에서 고려인을 지원하는 단체에 대한 고려인들의 인지도에 비해서 실제로 단체가 제공하는 서비스를 이용하거나 활동에 참여한 경험은 적은 경향이 발견된다. 서비스를 제공하는 시스템이 고려인들의 일상 루틴과 맞지 않거나, 필요한 서비스가 부족한

경우도 있을 수 있다. 그러나 무엇보다 중요한 이유는 많은 고려인이 한국어를 능숙하게 구사하지 못해 이러한 네트워크에 접근하는 데 언어적 장벽을 경험한다는 점이다. 한국어뿐 아니라 러시아어로도 고려인들에게 정보를 제공하고, 고려인들이 가진 문화정체성을 공유할 수 있는 자원을 가진 고려인에게 특화된 지원 단체에 대한 인지도와 이들이 제공하는 서비스 사용경험이 모두 높은 것은 이를 방증한다.

법무부와 행정안전부 기준에 따르면 행정상으로 고려인은 조선족과 함께 외국국적동포라는 범주에 포함된다. 그러나 조선족과는 다른 역사적 배경을 지닌 고려인의 언어적·문화적 특수성은 공적 네트워크를 구성하는 주체들이 자신들의 자원을 고려인들이 효과적으로 이용할 수 있도록 제공하기 위해 반드시 고려해야 할 중요한 요소이다. 안산으로 유입되는 고려인 아동·청소년이 증가하는 상황에서, 안산시의 이주배경청소년을 지원하는 단체들은 기존에 다수를 차지했던 조선족 아동·청소년과 달리, 한국어 소통 문제로 인해 지원 네트워크에서 제공하는 정보에 접근해서 도움을 받기 어려운 고려인 아동·청소년의 특성을 고려해야 한다. 이미 안산시 글로벌청소년센터에서 조직한 러시아어 통역단 네트워크는 이러한 고려인 아동·청소년들의 소통을 돕고, 센터가 보유한 공적 자원을 효과적으로 공유할 수 있게 해주는 장치라고 할 수 있다.

한편 안산시에 형성된 고려인을 지원하는 단체로 구성된 공적 네트워크는 고려인들의 정착 초기 과정을 주로 지원하지만, 초기 정착뿐만 아니라 고려인들의 장기적인 사회통합에도 중요한 역할을 할 수 있다. 고려인들이 한국에 정착하는 것을 목적으로 이주하는 경우가 많아질수록 이들이 안산시에서 선주민과 동등한 구성원으로 뿌리내릴 수 있도록 돕는 장기적인 프로그램이 필요하다. 즉 주거환경 개선, 초중등학교 초밀집화 해소, 고려인 청소년들의 진로와 직업 교육의 다변화, 초급뿐 아니라 고급 한국어를 구사할 수 있도록 설계된 한국어교육 프로그램 등이 요구된다. 이때 안산에 거주하는 고려인들이 안산시의 고려인 지원 공적 네트워크에 더욱 효과적으로 접근하고 이것과 연계되기 위해서는 고려인들이 가진 요구사항과 이해관계를 선주민 사회에 적극적으로 대변할 수 있는 안산의 고려인들이 스스로 세운 결집력을 지닌 단체가 이러한 공적 네트워크에 구성단위로서 참여해야 할 것이다. 특히 정착이 목적인 이주가 증가할수록 현안이 되는 영주권과 국적 취득과 같은 중대한 이슈에 대한 고려인 사회의 의견을 거주국에 효과적으로 대변하기 위해서는 고려인들을 아우르는 자조 단체의 존재가 더욱 중요해진다. 이러한 고려인들이 스스로 세운 단체가 안산을 비롯한 국내 고려인 거주지역의 공적 네트워크에 연계되고, 네트워크를 이루는 핵심 구성단위로 자리매김해야 한다. 이처럼 고려인 커뮤니티와 거주지역 사회 선주민을 연결하는 매개자로서 거주국 사회의 공적 네트워크를 구성하며 고려인들의 이익을 대변할 수 있는 고려인 단체를 성장시키는 것이 안산을 비롯한 국내 고려인 커뮤니티 앞에 놓인 중요한 과제라 할 수 있다.

참고문헌

〈너머〉 고려인 지원센터 고려인 한글야학, https://www.jamir.or.kr/bbs/board.php?bo_table=sub_1_2 (검색일: 2024. 9. 1)

대한고려인협회 페이스북. https://www.facebook.com/koresaraminkorea/ (검색일: 2024. 11. 15).

대한고려인협회 홈페이지. https://koryosaram.org/kr#mission (검색일: 2024. 11. 15).

법무부. 2025. 『외국국적동포 거소신고자 시군구별 국적현황 (2024. 12. 31 현재)』.

법무부 출입국·외국인정책본부. 2024. 『출입국·외국인정책 통계월보』. 2024년 10월 호.

안산시. 2025. "2025년 3월말 안산시 외국인 등록 현황." https://www.ansan.go.kr/stat/common/bbs/selectBbsDetail.do?key=&bbs_code=B0685&bbs_seq=1627572&sch_type=sj&sch_text=%EC%99%B8%EA%B5%AD%EC%9D%B8&currentPage= (검색일: 2025. 4. 10).

안산시 고려인문화센터 너머. 2024. "2024년 이웃과 함께 하는 고려인 이야기." https://www.koreansan.org/?p=2815 (검색일: 2024. 9. 11).

"안산시, 국내 최초 '상호문화도시' 지정." 『안산신문사』. http://m.ansansm.co.kr/news/articleView.html?idxno=39562 (검색일: 2024. 9. 1).

안산시 글로벌청소년센터. 『2023 활동보고서』.

안산시 글로벌청소년센터 홈페이지. http://www.globalansan.com/ (검색일 2024. 8. 17).

안산시 선일중학교 홈페이지. https://seonil-m.goeas.kr/seonil-m/na/ntt/selectNttInfo.do?mi=12797&bbsId=6496&nttSn=1038104 (검색일: 2024. 9. 15). https://seonil-m.goeas.kr/seonil-m/na/ntt/selectNttInfo.do?mi=12800&nttSn=1038113 (검색일: 2024. 9. 15).

안산시청 홈페이지. https://www.ansan.go.kr/danwongu/common/cntnts/selectContents.do?cntnts_id=C0000906 (검색일: 2024. 11. 14).

온누리M센터. 2022. 온누리M센터 소식지.

온누리M센터 홈페이지. https://onnurimcenter.org/ (검색일: 2024. 9. 1).
"외국인이 가장 많이 사는 곳, 3위 화성, 2위 시흥… 1위는 '이곳'." 『동아일보』. https://www.donga.com/news/Society/article/all/20240311/123908767/1 (검색일 2024. 9. 1).
윤광일. 2016. 『이민자 네트워크 해외사례 및 국내적용방안 연구』. 법무부 연구용역 보고서.
이동렬. 2023. "재한 조선족 사회의 발전과 동포단체의 역할." 『이주와 통합』 21: 50-63.
이주배경청소년지원재단. https://www.rainbowyouth.or.kr/introduction/summary.do (검색일: 2024. 9. 1).
이정은. 2013. "한국 내 조선족동포 커뮤니티의 구성과 교류." 『귀환 혹은 순환. 아주 특별하고 불평등한 동포들』. 서울: 그린비출판사, 119-150.
임영상, 림학, 주동완. 2020. "경기도의 '귀환' 동포사회와 한국살이: 안산시와 시흥시." 『재외한인연구』 50, 29-63.
최영미, 이지선. 2019. 『경기도 거주 고려인 생활실태 및 정착방안』. 경기도가족여성연구원.
퍼트넘. 로버트 D. 2016. 『나 홀로 볼링. 볼링 얼론 - 사회적 커뮤니티의 붕괴와 소생』. 정승현 옮김. 서울: 페이퍼로드.
행정안전부. 2024. 『2023 지방자치단체 외국인 주민 현황』.

Bourdieu P. 1986. "The Forms of Capital." in J. G. Richardson ed. *Handbook of Theory and Research for the Sociology of Education*, 241-258. New York: Greenwood Press.
Coleman, James S. 1988. "Social Capital in the Creation of Human Capital." *American Journal of Sociology* 94: S95-S120.
Portes, Alejandro. 1998. "Social Capital: Its Origins and Applications in Modern Sociology." *Annual Review of Sociology* 24: 1-24.

고려인센터 〈미르〉 대표 인터뷰. 안산시 고려인센터 〈미르〉 (2023. 7. 20).
안산시 거주 고려인 63명을 대상으로 수행한 설문조사 자료 (2024. 11).

안산시 선일중학교 A교사 1차 인터뷰. 안산시 선일중학교 (2023. 7. 20).

안산시 선일중학교 A교사 2차 인터뷰. 안산시 단원구 고잔동 (2024. 8. 13).

제2부
광주 고려인 밀집거주지

제5장

설립자가 있는 광주 〈고려인마을〉 커뮤니티의 형성 동학[1]

고가영

I. 머리말

160여 년 전 두만강을 넘어 연해주로 이주한 이래 스스로를 '고려사람'이라고 불렀던 한인 디아스포라들의 이주의 역사는 오늘날까지 지속되고 있다.[2] 구소

---

[1] 이 글은 『역사문화연구』 92(2024)에 게재된 논문을 본서의 편집 취지에 맞도록 수정·보완한 것입니다.

[2] 2024년 7월 19일 두샨베에서 만난 고려인 협회장인 김 빅토르는 구소련 시기 낯선 도시에서 외모가 고려사람처럼 보이는 사람을 만나면, 그에게 다가가 마치 암호처럼 '고려사람?'이라고 넌지시 물어보고, 상대방이 아무런 반응이 없으면, 그냥 지나치고, 상대방이 그렇다고 시인하면, 서로 반가워했다면서, 지금 사용되고 있는 '고려인'이라는 단어는 마치 좀 무시당하는 용어처럼 느껴진다고 말하기도 한다. 김 빅토르 인터뷰. 타지키스탄 두샨베 중식당 (2024. 7. 19); 고려 사람이라는 용어가 정착되게 된 초기 문서로서의 근거는 "1923년 소비에트 공민권 취득을 희망하는 칼리닌(М И Калинин)에게 보낸 연해주 조선인 노동자들의 호소문"에서 발신인 명의를 고려주민이라고 적은 것에서 찾을 수 있다. 이후 구소련에서 한글문학의 성립에 기여한 망명 시인 조명희가 소련 땅에 망명해 일제하에서 신음하는 한민족의 실상을 고발한 항일저항의 산문시 「짓밟힌 고려」를 1928년 『선봉』지에 발표함으로서 '고려'라는 명칭은 더욱 일반화되었다(리 블라지미르 표도로비치 우효, 김 예브게니 예브게니예비치(영웅), 1994: 6). 그러나 이 글에서는 한국 사회에서 오늘날 널리

런 지역에 거주했던 고려인들은 현재 다양한 지역으로 거주지를 확산하고 있다. 무엇보다 최근에는 한국을 선택하고 있는 이들이 증가하고 있다.

과거 2007년 12월 외교통상부 자료에 의하면 구소련 지역에 거주하고 있는 고려인들은 약 53만 명 정도였다.[3] 그러나 2007년 이후 고려인들의 인구 통계는 표 1에서 알 수 있듯이 많은 변화가 있었다. 2021년 러시아 정부가 시행한 인구조사에 의하면, 러시아에 거주하는 고려인들은 87,819명이었다. 인구조사에 포함된 민족의 수는 194개였고, 규모로 볼 때, 고려인의 순위는 41위이며, 민족 표기를 한 사람들을 기준으로 할 때 0.07%에 해당하며(민족 표기를 한 사람은 전체 인구의 88.7%이다), 러시아 전체 인구를 기준으로 할 때는 0.06%를 차지하는 것으로 나타났다.[4]

러시아 정부가 2010년에 시행한 인구조사와 비교한다면, 당시 고려인의 수는 153,156명이었으며, 민족 규모로는 35위이고, 전체 인구의 0.11%였다. 단순히 인구조사라는 자료만을 근거로 한다면, 10년 동안 러시아연방 내에서 65,337명(42.7%)의 고려인이 감소했으며, 이러한 현상은 러시아연방 이외의 구소련 지역에서도 유사하게 나타나고 있다.[5] 그런데 2010년 인구조사

통용되고 있는 '고려인'이라는 용어를 기본적으로 사용하고자 한다.

[3] 러시아: 약 19만 명, 카자흐스탄: 약 10만 명, 우즈베키스탄: 약 17만 명, 키르기스스탄: 약 2만 명, 우크라이나: 약 3만 명, 기타: 약 2만 명이었다.

[4] "러시아의 민족 구성(Национальный состав России)." https://znanierussia.ru/articles/%D0%9D%D0%B0%D1%86%D0%B8%D0%BE%D0%BD%D0%B0%D0%BB%D1%8C%D0%BD%D1%8B%D0%B9_%D1%81%D0%BE%D1%81%D1%82%D0%B0%D0%B2_%D0%A0%D0%BE%D1%81%D1%81%D0%B8%D0%B8

[5] 2021년 인구조사에 참여한 인원은 1억 4,720만 명이고, 이들 중 민족을 표기한 사람은 88.7%이다. 에스닉 러시아인은 전체 인구의 71.7%였으며, 국적을 표시한 시민의 80.8%였다. 그 다음으로는 타타르인(470만 명), 체첸인(170만 명), 바시키르인(160만 명) 등이었다. 2021년 인구조사에 의하면, 모스크바에 거주하고 있는 고려사람은 9,783명으로 모스크바 인구의 0.1%를 차지한다. "러시아의 민족 구성(Национальный состав России)"; "인구조사에 따른 모스크바의 민족 구성(Национальный состав Москвы согласно переписи населения)." *Statdata.ru* (2021. 1. 3). https://www.statdata.ru/nacionalnyj-sostav/moskvy.

표 1 러시아의 민족 구성

민족	2010			2020-2021			변동	
	인원(명)	순위(위)	민족표기비율 (전체인구) (%)	인원(명)	순위(위)	민족표기비율 (전체인구) (%)	인원(명)	비율(%)
고려인	153,156	35	0.11(0.11)	87,819	41	0.06 (0.07)	-65,337	-42.66
유대인	156,801		0.6(0.6)	82,644		0.11 (0.11)	-74,157	-47.29
우크라이나인	1,927,998	3	1.40(1.35)	884,007명	8	0.68 (0.60)	-1,043,981	-54.15
러시아인	111,016,897	1	80.9(77.71)	105,579,179	1	80,85 (71.73)	-5,437,718	-4.90
쿠르만츠	42	182	0.00	4	194	0.00	-38	-90.48
민족표기	137,227,107	-	100(96.96)	130,587,364	-	100 (88.73)	-6,639,743	-4.84
소속민족없음	5,629,429	-	3.94	16,594,759	-	11,27	-10,965,330	+194.79
전체인구	142,856,536	-	(100)	147,182,123	-	(100)	+4,325,587	+3.03

와 비교하여 인구가 감소한 것은 고려인들만은 아니었다. 유대인은 156,801명(2010년)에서 82,644명(2021년)으로 47.3% 감소했으며, 우크라이나인은 1,927,998명(2010년)에서 884,007명(2021년)으로 104만 3,991명(54.2%)이 감소했다. 10년 동안 러시아의 인구 구성이 현저하게 변동했음을 알 수 있다.

그런데 10년 동안 유대인, 고려인, 우크라이나인들이 감소한 것과는 달리, 러시아 전체 인구는 증가했다.[6] 카자흐스탄을 제외한 중앙아시아 국가 출신자들의 수가 러시아 내에서 증가했음을 알 수 있다. 가장 큰 폭으로 증가한 민족은 크림 타타르였는데, 이들은 2010년에 2,449명에서 257,592명으로 10418.3% 증가했다. 이런 비약적인 증가 수치는 크림 합병으로 인한 것으로 여겨진다.[7]

한편 고려인들의 경우, 우즈베키스탄은 과거 약 17만 명 정도였던 것과

---

6   그중 타지크인들은 74.9% 증가했으며(350,236명), 키르기즈인들은 33.2%(137,780명), 투르크멘인들은 12.17%(41,338명), 우즈벡인들도 11.5%가 증가했다(323,278명). 반면 카자흐인들은 8.61% 감소했다(591,970명).

7   "러시아의 민족 구성(Национальный состав России)."

는 달리, 약 4만 명이 감소한 약 13만 명이 거주하고 있는 것으로 추정되고 있다(손영훈·황영삼 외, 2023: 9). 그런데 황영삼의 연구에 의하면, 우즈베키스탄 정부는 독립 이후 30여 년 동안 단 한 번도 인구조사를 시행한 적이 없다(황영삼, 2024: 7). 따라서 이러한 인구 감소의 폭은 단지 추정치에 불과하다. 또한 다수의 보고서 및 글에서는 카자흐스탄에서도 고려사람들이 감소한 것으로 나타나지만(손영훈·황영삼 외, 2023: 9; 김게르만, 2024), 카자흐스탄 정부가 시행한 인구조사에 의하면 카자흐스탄의 경우는 2009년에 100,385명이었지만, 2021년에는 118,450명으로 약 2만 명 정도 증가한 것으로 나타난다(황영삼, 2024: 6).

즉 소연방 해체 이후 카자흐스탄을 제외하고는, 고려인들이 구소련지역을 떠나는 현상이 지속되고 있다고 할 수 있다. 구소련지역을 떠난 고려인들의 상당수가 현재 한국으로 들어오고 있다. 한국에서의 고려인들의 증가는 그림 1로 확인할 수 있다.

이처럼 국내로 유입되는 고려인들의 수는 2007년을 기점으로 점차 증가하여, 안산, 인천, 제천, 광주, 아산, 천안, 평택, 안성, 경주, 김해 등에 고려인들의 밀집거주지들이 형성되고 있다.[8]

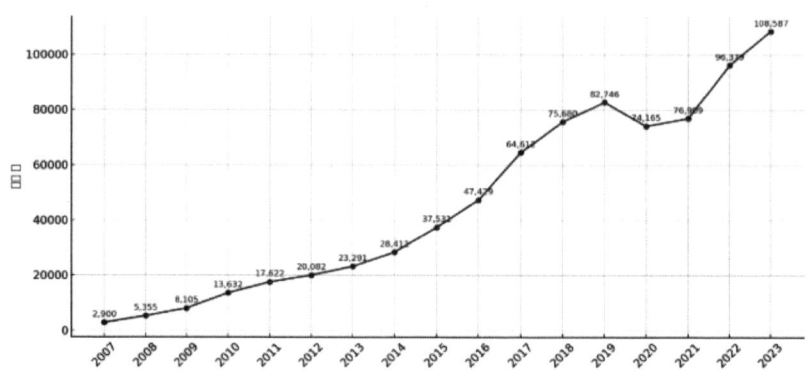

그림 1 한국 거주 고려인 수의 변화
출처: 손영훈·황영삼 외(2023: 9)

---

[8] 전국의 고려인 집거지의 전반적인 현황에 관한 저서는 임영상(2023); 임영상 외(2024); 바딤 아쿨렌코(2024) 등이 있다. 이 저서들에는 광주 〈고려인마을〉에 대한 내용도 간략하게 포함되어 있다.

이렇게 국내에 형성되고 있는 고려인 밀집거주지들은 서장에서도 언급된 것과 같이 형성 주체를 기준으로 할 때, 크게 세 가지 형태로 구분할 수 있다. 우선 자연발생적으로 형성된 고려인 밀집거주지들이다. 대표적인 예로는 안산 땟골, 인천 함박마을, 아산 신창동, 경주 성건동, 김해와 진영 등 대부분의 밀집거주지들이 이에 해당된다. 두 번째로는 관 주도로 만들어지고 있는 고려인 밀집거주지로서, 가장 대표적인 사례가 제천시장의 주도하에 조성되고 있는 제천시 고려인 밀집거주지이다. 세 번째는 민간 NGO의 주도하에 형성된 고려인 밀집거주지로서, 대표적인 지역이 광주 월곡동의 고려인 밀집거주지이다.

이 글에서는 밀집거주지의 세 범주 중 민간 주도의 설립자가 있는 커뮤니티에 해당되는 광주의 고려인 밀집거주지인 〈고려인마을〉의 형성 과정을 살펴보기 위해 우선 고려인 이주사를 짚어보고자 한다. 이어 〈고려인마을〉 형성의 주역인 2명의 설립자의 활동을 먼저 살펴보고, 2명의 선주민 조력자들의 활동도 파악해 보고자 한다.

II. 고려인의 한국으로의 유입 배경

고려인들이 한국으로 귀환 이주를 감행하고 있는 현상을 이해하기 위해서는 역사적 맥락도 고려해야 한다. 160여 년 전 홍수, 기근 등을 포함한 경제적 원인과 이후 정치적 원인으로 두만강을 넘었던 조선인-이주민들은 연해주에서 삶의 터전을 닦기 시작했다. 이러한 고려인들의 이주사는 그동안 크게 4단계로 구분되었으나, 2000년대 이후부터 제5단계에 접어들었다고 할 수 있다. 이들의 이주사를 간략하게 살펴보면 다음과 같다.

첫 번째(1863/1864~1937, '월경민')는 정치적·경제적인 원인으로 조선인들이 국경을 넘어 연해주에 정착했던 시기부터 강제 이주 이전까지 시기이다. 이때 조선인-이주민들은 근면함과 뛰어난 농경 기술을 바탕으로 불모지나 다름없던 연해주 지역의 개발과 경제 발전에 중요한 역할을 했다. 1897년에 제정 러시아에서 실시된 인구조사에 의하면, 조선인-이주민들은 연해주 전체 인구의 10.9%에 달했다. 1905년 이후에는 정치적인 이유로 연해주로 유입되는 조선인-이주민들이 증가했다. 1917년 볼셰비키 정권 수립 이후, 소연방의 변경 지역에서 조선인-이주민들은 강한 민족정체성을 유지한 채, 소비에트 체제에 순응하며, 민족공동체를 발전시켰다. 민족공동체의 발전 현황의 한 단면은 교육 기관을 통해서도 파악할 수 있다. 1934년 중반 원동지역에 초등학교 수는 252개였으며, 학생 수는 19,348명, 교원 수는 646명이었고, 초등학교 의무교육은 97~98% 수준으로 실현되었다. 중등학교도 38개 학교에 교원 210명, 학생 수는 3,645명이었다(배은경, 2015: 4).

두 번째(1937~1956, '유형민')는 '일본의 스파이'라는 구실로 연해주에서 중앙아시아로 민족 전체가 강제 이주를 당한 때로부터, 유형 민족으로서 거주이전의 자유를 갖지 못한 채 중앙아시아에서 정착했던 시기이다. 강제 이주로 인해 연해주에서 사라진 고려인들의 마을은 약 606개 이상으로 파악되고 있다(반병률, 2003: 237-238). 소연방 내무인민위원부 예조프(Николай Ежов)가 몰로토프(Вячеслав Молотов)에게 올린 보고서에 의하면, 카자흐스탄으로 이주된 고려인 수는 총 20,789가구의 95,454명, 우즈베키스탄으로는 16,272가구에 76,525명이 이주되었다. 따라서 연해주에서 이주한 고려인들은 총 37,061가구, 174,979명이었다(홍웅호, 2014: 227).

강제이주 직후부터 카자흐스탄과 우즈베키스탄 연방 공화국의 명목 민족인 카자흐, 우즈베크인들과 고려인의 관계는 우호적이었다고 여겨진다. 중앙아시아 현지에서 만난 대부분의 고려인들은 현지인들이 자신들을 환대했음을 이야기 한다. 그런데 한국으로 이주한 고려인들의 경우는 이와 다른 목소리를 내기도 한다. 중앙아시아에서 무시당하고 차별받았다고 이야기하기도 한다.[9]

세 번째(1956~1991, '소련 국민')는 거주이전의 자유를 갖게 된 고려인들이

---

9 신조야 인터뷰. 고려인 지원센터 (2021. 6. 25., 2024. 2. 5., 2024. 9. 7).

신이주를 감행하여 거주지를 확대한 시기였다.[10] 이때 고려인들은 세 방향으로 이주를 선택했다. 첫 번째 방향은 명문대학 진학을 위해 모스크바, 상트페테르부르크, 예카테린부르크, 옴스크, 키예프 등 소련의 대도시로 이주한 것이다. 이들은 대학 교육을 마친 이후 소련의 주류사회로 진입했다. 두 번째 방향은 러시아 우랄 지역, 우크라이나 동·남부, 몰다비아, 카프카즈, 시베리아 등으로 계절노동인 고본질(고본지)[11]에 나선 것이다. 고본질은 3월에 집을 떠나 10월에 되돌아오는 고된 계절 농업이지만 높은 수익성이 보장되었다. 고려인들은 고본질에서 번 돈으로 자동차를 구입하기도 하고, 도시로의 이주도 가능해졌다(신명직, 2014: 89). 세 번째 방향은 비록 소수이긴 하지만 강제 이주 이전에 거주했던 지역인 연해주로 귀환한 것이다.

그런데 이 시기에도 다수의 고려인들은 중앙아시아에서 정주를 선택했다. 그들은 주로 농업에서 두각을 나타내며, 높은 생산성을 보였다. 그 결과 김병화, 황만금을 비롯한 노동 영웅들이 중앙아시아에서 배출되었다. 또한 고려극장, 고려일보(당시 레닌기치) 등을 중심으로 민족 문화를 계승, 발전시켰다.[12] 페레스트로이카 시기에는 각 지역에서 고려인 협회들이 생겨났으며, 한국과의 교류가 시작되었다.

---

10 1953년 스탈린 사후 소련 사회의 해빙의 분위기와 탈스탈린 운동의 기조 속에서 당시 서기장이었던 흐루쇼프에 의해 1956년에 "특별이주자들의 법적 지위상 특별 거주에 따른 제한조치 해제에 관해서"라는 법령이 공표되어, 스탈린 시기에 정해졌던 거주제한이 철폐되었다.

11 농업 분야에서의 토지 임차-경작의 형태라고 볼 수 있는 고본질은 10-20명 정도로 구성되며, 대표(브리가질)가 먼저 경작할 토지를 물색하여 계약을 한다(권희영, 2004: 39; 이봄철, 2007: 50; Герон Н. Ли, 2000). 주로 우즈베키스탄 고려인들은 고본질이라고 표현하고, 카자흐스탄 고려인들은 고본지로 표현한다.

12 '한반도 밖 가장 오래된 신문'인 《고려일보》는 강제이주 이전 1923년 3월 1일부터 1937년 9월 12일까지 연해주에서 발간되었던 한인 신문 《선봉》을 계승하여, 강제이주 이후 카자흐스탄에서 《레닌의 긔치》라는 이름으로 재창간되어 1938~1991년까지 발간되었다. 1991년부터는 『고려일보』라는 명칭으로 개칭하여 지금까지 발간되고 있으며, 2023년에는 백주년을 맞이했다(김환기, 2020; 연합뉴스, 2023/02/27).

네 번째(1992-현재, '독립 국가의 국민')는 소연방이 해체된 이후 소수민족으로서 각 독립 국가의 일원으로 살아가게 된 시기였다. 고려인들은 격동의 시기에도 예전부터 지켜오던 전통문화를 보존했다. 구체적으로는 일상생활 속에서의 음식문화, 일생 의례(돌잔치, 결혼식, 환갑, 장례문화), 세시풍속(설날, 한식, 단오, 추석) 등의 전통문화를 지키면서, 민족공동체를 발전시켜 왔다(Герон Н. Ли, 1998: 161-196). 또한 소연방 해체 전후로 결성된 고려인 협회의 초기 지도부는 주로 전문직에 종사하던 엘리트들로 구성되었다. 그런데 점차 지도부가 새 세대와 새 직능을 대표하는 사업가 군단으로 교체되는 현상을 보였다(김게르만, 2008: 282-283). 이 과정에서 다양한 이유들로 고려인 협회 사이에서 갈등과 반목이 표출되기도 했다. 무엇보다 소연방 해체 이후 한국과의 교류가 활발해지면서, 고려인 협회들의 활동들도 더욱 활기를 띠게 되었다.

그런데 신생독립국가가 된 중앙아시아 각국에서 고려인들을 또다시 길을 나서도록 밀어내는 요인들이 나타났다. 이는 독립 과정에서 발생한 경제적 어려움과 더불어, 신생독립국가들이 국민국가 정체성을 확립(Nation-state building)하기 위해 자국어와 자민족 중심주의를 강조한 것이었다. 이 과정에서 러시아어가 모국어였던 고려인들은 어려움을 겪게 되었다. 이러한 현상은 특히 우즈베키스탄에서 두드러졌다. 이는 우즈베키스탄에 거주하던 고려인들로 하여금 러시아의 대도시들과 연해주 지역, 그리고 과거 소연방 시기 고본질 대상 지역이었던, 러시아 남부 지역, 시베리아, 우크라이나 동·남부 지역 등으로 떠나게 한 요인이 되었다. 이 외에도 아랄해 오염과 같은 환경 재해와 타지키스탄 내전, 우크라이나 전쟁 등으로 많은 고려인들이 새롭게 이주하고 있다.

다섯 번째(2004~현재, '귀환 이주민')는 고려인들이 역사적 고국인 한국으로 이주한 시기이다. 2000년대에는 고려인들의 한국으로의 유입이 확대되었으며, 그 결과 한국의 다양한 지역에서 고려인들의 밀집거주지들이 형성되었다. 한국 내에서 고려인들의 유입의 결정적인 계기가 된 것은 2004년에 개정

된 재외동포법이었다.[13]

재외동포법을 근거로 고려인들은 재외동포 체류자격 비자인 (F-4)를 취득할 수 있게 되었으며, 그 결과 고려인들이 국내로 유입되는 길이 확대되었다. 무엇보다 2007년 법무부가 중국 및 구소련 지역에 거주하는 동포들에 대해 만 25세 이상으로 일정한 요건을 갖춘 경우, 자유로운 출입국과 취업 활동이 가능한 '방문취업 사증(H-2)' 발급을 개시하면서 고려인의 유입은 더욱 확대되었다.[14] 이후 2019년 고려인 4세대들도 동포로 인정됨으로써, 가족 단위의 이주도 가능해졌으며, 이러한 비자 발급 제도의 확대는 고려인들의 국내 유입을 증가시키는 요인이 되었다.

그 결과 2025년 7월 현재, 외국 국적 동포는 872,939명이며, 전체 체류 외국인(2,730,534명)의 32.0%를 차지하고 있다.[15] 고려인들은 약 110,069명

---

13   김대중 정부는 IMF 경제위기 극복 과정에 재외동포들을 동참시키기 위해 1998년 6월에 '재외동포의 출입국과 법적 지위에 관한 특례법(안)' 입안을 시도했다. 12월 3일에 시행된 이 법안의 문제점은 재외동포를 '대한민국 국적을 보유하였던 자 또는 그 직계비속으로서 외국 국적을 취득한 자'라고 명시함으로써 대한민국이 건국되기 이전 시기 한반도를 떠났던 이들이 재외동포에서 제외되는 결과를 초래하였다. 이는 일제의 강제징용·수탈을 피해서, 그리고 독립운동을 하기 위해 중국과 연해주로 떠났던 이들의 후손들이 제외되는 것을 의미했다. 이에 조선족 동포 3인은 시민단체의 도움으로 1999년 8월 23일에 재외동포법 제2조 제2호에 대한 헌법소원심판을 청구했다. 이에 대해 헌법재판소는 2001년 11월 29일에 '헌법 불합치 판결'을 내렸다. 그 결과 2004년 3월 5일에 재외동포법 제2조 제2호는 "대한민국의 국적을 보유하였던 자(대한민국 정부수립 이전에 국외로 이주한 동포를 포함한다) 또는 그 직계비속으로서 외국국적을 취득한 자 중 대통령령이 정하는 자"로 개정(법률 제7173호)되어 고려인과 조선족들도 동포 비자(F-4)를 취득할 수 있는 길이 열렸다. 김봉섭. "재외동포의 출입국과 법적지위에 관한 법률." 『한국민족문화대백과사전』. https://encykorea.aks.ac.kr/Article/E0073369

14   "법무부 "방문취업제" 3월 4일부터 시행." 주과테말라대사관 (2007. 01. 11). https://overseas.mofa.go.kr/gt-ko/brd/m_5692/view.do?seq=601724&srchFr=&srchTo=&srchWord=&srchTp=&multi_itm_seq=0&itm_seq_1=0&itm_seq_2=0&company_cd=&company_nm=

15   국적별로는 중국이 77.5%(676,881명), 미국이 6.1%(53,624명), 우즈베키스탄이 4.8%(41,887명) 등의 순이다. 자격별로는 재외동포(F-4): 63.6%(555,437명), 방문취업(H-2): 10.1%(88,049명), 영주(F-5): 18.0%(156,804명), 방문동거(F-1): 2.5%(21,506명)이다. 『출입

정도가 거주하고 있는 것으로 추정된다.[16] 이처럼 국내로 유입된 고려인들은 안산시 땟골, 인천광역시 함박마을, 광주광역시 월곡동, 안성시 내리, 경주시 성건동 등 여러 지역에서 밀집거주지를 형성하고 있다.

III. 광주 〈고려인마을〉의 설립자들

현재 한국 내 '자연발생적', '관 주도', '민간 NGO 주도'로 형성된 고려사람들의 밀집거주지 중 민간 주도 형태의 대표적인 사례인 광주 〈고려인마을〉을 살펴볼 때, 〈고려인마을〉 형성 과정에서 주도적인 역할을 해온 설립자들에 주목할 필요가 있다. 특히 이 공동체를 설립한 두 명의 설립자와 이에 대한 조력자 두 사람을 구체적으로 조명해 보자면 다음과 같다.

1. 선주민 이천영 대표

광주광역시 월곡동에 사단법인 〈고려인마을〉이 형성되는 초석을 닦은 사람은 〈고려인마을〉의 고려인지원센터의 공동 대표이자, 중도 입국 자녀들을 위한 대안학교 〈새날학교〉의 교장, 그리고 〈고려인마을 교회〉의 담당 목회자로 활동하고 있는 이천영이다. 1958년 9월 1일에 전주에서 출생한 그는 가난한 가정환경으로 인해 12살부터 공장을 전전했다. 때로는 이발사, 껌팔이, 중국집배달원, 자개공 등 안 해 본 일이 없을 정도로 많은 일을 했다. 특히 그는 어린 시절 소년공으로 공장에서 일하던 시절에 정당하게 일한 임금을 받지 못하는 일

『국외국인정책 통계월보』(2025년 7월호): 3-4쪽.

16 이 숫자는 구소련 지역 외국 국적 동포 수(우즈베키스탄 41,887명, 러시아 37,696명, 카자흐스탄 22,120명, 키르기스스탄 4,063명, 우크라이나 3,176명, 타지키스탄 522명, 투르크메니스탄 605명)를 합산한 것이다. 『출입국외국인정책 통계월보』(2025년 7월호), 51쪽. 이는 2021년 4월 법무부 외국인 출입국 통계자료에서 76,880명의 고려인들이 거주하고 있는 것으로 추정되었던 것과 비교할 때 현저하게 증가한 것이다.

을 경험했으며, 체납된 임금 지급을 요청하다가 공장주한테 몰매를 맞기도 했다. 당시 그가 느꼈던 감정들은 《나눔방송》 기사에 고스란히 표현되어 있다.

> "추운 겨울 얼어가는 몸을 가늘 곳을 찾아 이곳저곳을 기웃거렸다. 그러나 희망은 잃지 않았다. 반드시 꿈꾸는 자에게 기회가 올 것이라는 믿음이 있었기에 살아갈 수 있었다. 밀린 월급을 받기 위해 날마다 사장을 찾아가 보기도 했지만 차일 피일 미루는 거짓말에 화가나 항의하다 몰매를 맞기도 했다. 그때 못배운 설움이 가슴까지 밀려왔지만 어쩔 수 없는 나날이었다."[17]

소년 시절의 이러한 경험은 그를 이주노동자를 돕는 일로 이끌었다. 스무살 성년이 된 그는 군대에 입대하기 위해 병역 신검을 받으려 했으나, 학력 미달로 입대 자격이 되지 않는다는 사실을 깨닫고 절망했으며, 그때부터 독학을 시작했다. 한자가 적혀 있는 책받침을 구입해 한자 공부를 시작했고, 다른 사람들이 버린 책들을 주워서 공부를 시작했다. 단시간에 검정고시로 중학교와 고등학교 과정을 마친 그는 1980년에 원광대학교 사범대학 영어영문학과에 입학했다. 대학 재학 시절 그의 꿈은 무사히 대학을 마치는 것이었다. 경제적 어려움 속에서 어렵게 대학을 졸업한 그는 전남 화순 탄광촌에 위치한 화순 능주중학교의 영어교사가 되었다. 이후 1988년부터 전남여상에서 근무를 시작했다. 그는 전남여상 영어교사로 재직하던 시절에는 평온하고 행복했다고 회고하고 있다.

전남여상 재직 중이던 1998년 어느 봄날에 가족들과 함께 봄나물을 캐러 간 곳에서 그는 우연히 외국인을 마주치게 되었다. 영어 선생님이니 가서 외국인과 이야기해 보라고 권하는 아들의 말을 듣고 그 외국인과 대화하던 중,

---

17 이천영 인터뷰. 고려인 지원센터. 새날학교 교장실 (2021. 6. 24., 2021. 8. 21~22., 2022. 8. 14).

그가 외국인 노동자이며 임금을 받지 못해 고통을 겪고 있음을 알게 되었다. 이 만남은 그의 운명을 바꿔 놓는 사건이 되었다. 그는 이때부터 외국인 노동자를 돕는 일에 뛰어들게 되었다. 그는 "병든 자를 들쳐메고 병원으로 달려가기도 했고, 월급을 못 받아 고통당하는 자를 위해 온 몸을 던져 싸우기도 했다. 사고로 죽고, 병으로 죽어 타국 땅에 불귀의 객이 된 외국인 근로자의 시신을 붙들고 가족을 대신해 목 놓아 울어주기도 했다"고 회상한다. 그의 이러한 행동들에 대한 소문을 듣고 찾아오는 외국인들이 많아졌다.

당시 전남여상의 교사였던 그는 광주, 전남지역 교사들로 구성된 교직자 선교회 회원들과 동료 교사들의 도움을 받아 광산구 하남공단에 창고를 임대해 〈외국인 근로자 문화센터〉를 개원했다. 동시에 그는 1999년에 광신대학교 신학대학원에 입학하여 성경과 상담을 공부하면서 목회학 석사과정을 시작했으며, 이후 대신 교단의 목사가 되었다. 당시에는 아프리카 난민들이 주로 이 〈외국인 근로자 문화센터〉를 사용했다. 외국인 노숙자쉼터는 가나 출신인 아프리카인들을 포함하여 여러 국가에서 온 이주노동자들에게 도움을 제공했다. 이천영 대표는 외국인 근로자 무료진료소, 인권상담소, 광산 외국인 근로자 문화센터, 공단교회, 한반도 사랑교회, 외국인 노숙자쉼터, 무료급식소 등을 세웠다. 이를 유지하기 위한 비용이 했기 때문에, 후원 계좌를 개설하여 운영비를 충당했다. 그러나 수입에 비해 지출이 훨씬 더 컸고, 부채가 늘어났다.

그러던 중 그의 사역에 새로운 계기가 찾아왔다. 2004년에 한 외국인 노동자가 한국으로 일하러 들어오면서, 비자를 쉽게 발급받기 위해 어린 아들을 동반하여 관광비자로 입국했는데, 아이를 데리고는 일을 할 수 없으니, 아이를 맡아달라고 요청했다. 이 아이는 얼마 지나지 않아 미등록 노동자로 추방당하는 아버지를 따라 본국으로 돌아갔으나, 이천영 대표는 이 일을 마음에 새겨두었다. 이후 많은 고려인 동포와 외국인 노동자의 자녀들이 센터를 찾아왔다. 이 아이들은 미등록 체류자라는 이유로, 그리고 한국어를 전혀 알지 못한다는 이유로 일반 학교 입학이 거절되었다. 이러한 아이들을 돌보는 일을 일을 시작했고, 이를 계기로 대안학교를 설립하게 되었다.

아무런 재정적 기반이 없이 학교를 세우는 것이 무모하게 여겨졌지만, 고려인과 이주민을 위한 학교의 필요성을 절감하게 되었다. 마침내 2007년 1월 18일에 〈새날학교〉라는 이름으로 대안학교 설립식을 가지게 되었다. 설립 당시 광주광역시 광산구 평동 동사무소 내 광산외국인 근로자 문화센터 1칸을 교실로 삼아서 시작했으며, 학생은 단지 2명뿐이었다. 점차 학생들이 늘어나, 교실 공간이 부족해졌고, 인근의 평동 초등학교의 빈교실을 무상으로 임대하여 이전했다. 정규학교인 평동초등학교 내부의 작은 공간에서 학력이 인정되지 않는 미인가 학교를 운영하면서 서러움이 쌓여갔고, 무엇보다 학생들이 늘어나면서 더 큰 공간이 필요했다. 이때 몇 년 동안 사용하지 않은 폐교가 광주 외곽에 있다는 사실을 알게 되었고, 교육청을 찾아가 임대해 줄 것을 요청했다. 입찰을 통해 월 100만 원 정도를 지급하기로 계약을 맺고 폐교 수리를 시작했다. 〈새날학교〉는 폐교가 된 삼도남초등학교 장소로 2009년에 이전하여 개교식을 가졌다.[18]

2007년부터 H2 비자가 시행되면서, 당시 광주 거주 고려인들은 2008년부터 급격히 증가하기 시작했다. 이들은 하남, 평동, 소촌공단과 근접한 월곡동, 하남동, 평동 등에 밀집거주하기 시작했다. 2011~2014년까지 3년 동안 평균 증가율이 36.7%였다. 2014년 외국인주민현황조사 자료에 의하면 광주에 거주하는 고려인은 약 980명이었다. 당시 국적별로는 우즈베키스탄 국적자가 74.5%(184명), 러시아 10.5%(26명), 우크라이나 7.7%(19명), 카자흐스탄 4%(10명), 키르기스스탄 2%(5명) 순이었다(김재기·홍인화, 2017: 88).

이처럼 고려인들의 유입이 늘어나고 〈새날학교〉 학생들도 증가하자 이천영 대표가 해야할 일들도 많아져서 그는 시간적 한계를 느끼게 되었다. 동시에 전남여상 학생들에게 집중하지 못하는 것에 대한 미안함으로, 또 무엇보다 퇴직금으로 재정 적자도 해결해야 했기 때문에 이천영 대표는 2008년 10월에

---

[18] 폐교된 삼도남초교 총동문회장은 새날학교에 지속적으로 장학금을 전달하고 있다(윤종채, 2023).

사진 1 2025년 5월, 이천영 대표, 노인돌봄센터

는 명예퇴직을 신청하여, 21년 동안 일했던 본업인 전남여상 영어교사를 두고, 고려인들을 포함한 이주노동자들을 돕는 일과 〈새날학교〉 운영에 전력을 쏟았다.

2010년 당시 〈새날학교〉의 재학생은 〈고려인마을〉 자녀들과 필리핀, 우즈베키스탄, 러시아, 네팔, 중국, 남아프리카공화국, 방글라데시, 일본, 몽골, 북한 등 14개국에서 온 학생 102명이었다. 학교는 광주의 초·중·고 교사들과 대학 교수들, 지역사회 유력 인사들의 후원으로 운영되었으며, 학비는 무료였다.

이듬해인 2011년에 〈새날학교〉는 전국에서 최초로 학력이 인정되는 초·중·고 과정 위탁형 다문화대안학교로 인가되었다. 당시에는 16개국 출신의 아이들이 다니고 있었다. 이 학교가 생기면서 〈고려인마을〉의 부모들이 아이들을 본국에서 데리고 오는 경우가 늘어나게 되었고, 이는 이산가족을 막는 효과를 가져오기도 했다. 〈새날학교〉는 광주 〈고려인마을〉 자녀는 물론 국제결혼을 통해 입양된 중도입국 다문화 청소년을 위한 교육기관으로 발전했다.

2021년 1월 졸업생의 경우, 23명 중 대학 입학을 희망하는 13명 모두가 연세대학교, 외국어대학교, 한동대학교, 국민대학교, 전남대학교, 호남대학교, 광주대학교, 동신대학교 등에 입학했으며, 또한 취업을 희망하는 학생들 대부분은 학교를 통해 광주 인근 산업단지에 위치한 기업에 입사하는 결과를 가져왔다(김혜경, 2021; 박호재, 2021).[19]

이처럼 학력 인정을 받는 새날학교 이외에도 2012년에는 〈고려인마을〉 어린이집을 개원했으며, 2013년에는 〈고려인마을〉 지역아동센터를 개소했다. 2017년에는 고려인 청소년문화센터를 개소하여 부모가 일하러 나간 사이 돌봄의 공백이 생기지 않도록 방과후 고려인 아동 및 청소년들에 대한 지원에 힘썼다. 이렇게 〈고려인마을〉이 교육 인프라를 갖추게 되자, 많은 고려인들이 유입되는 계기가 되기도 했다.

2. 고려인 공동대표 신조야

이천영 대표와 함께 〈고려인마을〉 공동체를 설립한 또 한 사람은 현재 사단법인 〈고려인마을〉의 공동대표인 신조야(Шин Зоя Михайловна)이다. 1956년에 우즈베키스탄의 타슈켄트 근교에서 출생한 신조야는 이혼 후 딸을 데리고 시베리아로 건너가서 살고 있었다. 1999년에 딸의 여권이 만료되어 딸은 여권 기간 연장신청을 위해 타슈켄트로 간 이후 연락이 되지 않았다. 수개월이 지나 한국에서 딸이 전화를 했다. 1999년 당시 25세였던 딸은 한국의 농촌 총각 장가보내기 프로그램으로 신부감을 찾기 위해 타슈켄트로 왔던 자신보다 스무 살이나 연상이었던 남편을 만났다. 신조야의 딸은 타슈켄트에 거주하던 그녀의 조부모의 동의하에 결혼을 했으며, 결혼이주자로 한국에 거주하고 있다는 사실을 신조야에게 알렸다.

---

[19] 2023학년도 대학 진학은 총 11명(경희대 1명, 전남대 1명, 조선대 1명, 호남대 2명, 동신대 2명, 동강대 2명, 조선이공대 1명, 광주보건대 1명)이었다. 2024년 8월 현재 재학생은 72명이다. 새날학교 홈페이지. http://www.saenalschool.com/bbs/content.php?co_id=school_sc_04

신조야는 2000년에 딸을 만나기 위해 한국으로 왔다. 딸은 충청남도 서천군에서 농사를 짓고 있었는데 경제적 어려움을 겪고 있었다. 신조야의 딸은 2001년에 손녀를 출산했다. 딸에게 도움을 주고 싶었던 신조야는 처음에는 모텔에서 청소하는 일을 시작했고, 그 다음에는 2개월 동안 인천의 횟집에서 일했다. 당시에는 재외동포비자가 시행되기 이전이어서, 3개월 체류 비자만을 갖고 입국했던 신조야는 비자 기간이 만료되어 미등록노동자가 되었고, 수도권에서 일하면 적발될 확률이 올라간다는 생각에 두려움을 느끼게 되어, 수도권에서 먼 지방으로 내려와 전남 함평 콘크리트 공장에서 일했다.[20] 콘크리트 공장의 일은 힘겨운 업무여서 당시 여성은 자신 밖에 없었다고 신조야는 기억했다. 그러던 어느날 공장에서 함께 일하던 중국인이 옆 공장에 우즈베키스탄 사람들이 있다고 알려주었다. 반가워서 그들에게 가서 인사를 했다. 그들은 카라칼팍스탄에서 한국으로 산업연수생으로 들어온 사람들이었다. 그들을 통해 광주의 평동공단에 있는 타이어 공장을 소개받아서 광주로 오게 되었다.

광주로 온 이후 우연히 앞집 계단을 올라가는 외국인 외모의 여성을 보고 러시아어로 인사를 건넸는데, 마침 그녀는 부하라에서 온 타냐라는 우즈베크 여성으로서 사출 공장에 다니고 있었다. 그녀를 통해 2002년에 이천영 대표를 처음으로 만났다. 이 만남 이전부터 "이천영이라는 분이 체불된 임금을 받아주는 도움을 주고 있다"는 이야기를 이미 신조야는 들어서 알고 있었다.[21] 이천영 대표는 첫 만남에서 신조야 대표에게 핸드폰을 건네주었고, 다른 곳에서 일하고 싶냐고 물었다. 그의 도움으로 신조야는 하남공단의 시멘트 공장으로 옮기게 되었다.

신조야를 만났던 소감에 대해 이천영 대표는 같은 동포들이 이주노동자로 한국으로 입국하여, 힘겹게 일한 임금을 제대로 받지 못하는 사정에 마음

---

[20] 신조야 인터뷰. 고려인 지원센터, 고려인마을 노인복지센터 (2021. 6. 25., 2022. 7. 24., 2024. 2. 5., 2024. 6. 14).

[21] 신조야 인터뷰. 고려인마을 노인복지센터 (2024. 2. 5).

이 아팠다고 회고한다.[22] 신조야는 자신의 체불 임금 문제를 해결해 준 것을 계기로, 고려인들의 정착을 돕는 일에 이천영 대표와 함께 동행하게 되었다. 신조야 대표는 자신이 월곡동에 도착한 2002년에는 카자흐스탄 남성과 결혼한 고려인 여성, 한 가정밖에 없었다고 기억하고 있다. 이후 그녀는 시베리아에 거주할 때 알고 지냈던 북한 이탈 주민인 바냐와 광주에서 재회를 하게 되어, 2007년에 결혼을 했으며, 2009년에 국적을 취득할 수 있었다.[23] 신조야는 그동안의 과도한 노동으로 인해 2009년과 그 이후 두 차례 디스크 수술을 받았으며, 그녀의 딸과 손녀가 열 살이 되던 해부터 우울증을 앓고 있다. 이는 고려인들의 한국 사회 정착의 어려움을 보여주는 사례라 할 수 있다.

이천영 대표와의 만남으로 인해 신조야의 삶은 커다란 변화를 겪게 되었다. 선주민인 이천영과 고려인 이주민인 신조야의 만남은 〈고려인마을〉 공동체를 설립하는데, 결정적인 계기가 되었다. 이들은 2004년 9월에 고려인 20여 명과 함께 고려인 공동체 모임을 만들었고, 2005년 9월부터 상담소를 개소했고 2009년 1월에는 고려인 지원센터를 개설했으며, 고려인교회를 설립했다. 2010년에는 인터넷 신문 《나눔방송》을 창간했으며, 2012년 3월에는 〈고려인마을〉 협동조합을 설립했으며, 10월에는 어린이집을 개원했다.[24] 월곡동은 평동, 하남공단들이 주변에 있어서 일자리가 있었으며, 한국인 노동자들이 거주하다가 떠난 빈집들이 많이 있었다. 이러한 조건들은 고려인 밀집 거주지를 형성하는 밑거름이 되었다.

---

22 이천영 인터뷰. 고려인 지원센터 (2022. 7. 24).

23 신조야 인터뷰. 노인복지센터 (2024. 6. 14., 2024. 9.6).

24 "제1회 고려인의 날 기념 축제 순서지." (2013. 10. 20). https://www.koreancoop.com/sub.php?PID=0405&page=11&category=&searchText=&searchType=all&action=Read&idx=13
어린이집은 2024년에 개원한 지 12년 만에 문을 닫았으며, 어린이집 장소를 현재 지원센터 겸 노인복지센터로 사용하고 있다. 노인복지센터는 일주일에 약 100명 정도가 이용하고 있다. 과거 동일한 건물 2층에 위치했던 지원센터 자리는 문 빅토르 미술관이 되었다.

사진 2　**2025년 5월, 신조야 대표, 노인돌봄센터**

　　두 사람은 2025년 현재까지도 협업을 통해 수많은 어려움들을 함께 극복하며 〈고려인마을〉을 발전시키고 있다. 이천영 대표가 2024년 10월 현재, 〈고려인마을〉을 운영하면서 가장 중점을 두고 있는 사항은 첫째는 고려인들의 국적 취득이며, 둘째로는 일자리 창출이다. 특히 임금 체불 등의 불미스러운 일을 원천적으로 차단할 수 있는 양질의 일자리를 창출하는 일에 매진하고 있다. 구체적으로는 〈고려인마을〉 특화거리 조성사업을 통한 관광객 유치와 〈고려인마을〉 특화 상품(Goods) 개발 및 판매 등을 통해 일자리를 창출하는 것을 기획하고 있다. 셋째로는 향후 〈고려인마을〉 공동체의 지속적인 발전을 위해서 후세대 지도자 양성에 힘쓰고 있다.

　　이천영 대표에 의하면, 약 4-5년 전부터 〈새날학교〉 졸업생들 중에서 마을 일에 관여하는 활동가들이 나타나고 있다. 이들은 진료소와 법률 지원단에서 통역 봉사를 하거나, 방송국 진행 요원으로 활동을 하고, 마을의 축제나 행사 진행을 돕고 있다. 또한 마을 내에서 통역 사무소나 인력 사무소를 개소하여 운영하는 졸업생들도 있다.

IV. 광주 〈고려인마을〉의 조력자들

1. 문화 · 학술 부문 담당, 김병학 관장

이천영 대표와 신조야 대표가 〈고려인마을〉 공동체의 실질적인 운영을 주관하고 있다면, 〈고려인마을〉의 문화적인 면과 학술적인 부문을 담당하는 운영자로는 김병학 관장이 있다.[25] 1965년생인 김병학 관장은 전남대학교 법대 행정학과 4학년에 재학 중이던 1991년에, 교양필수 과목이었던 '국민윤리'를 강의했던 임채완 교수를 통해 소련 지역의 한글학교 설립 추진에 대해 알게 되었다.[26] 임채완 교수는 1990년 11월에 광주일보 후원으로 당시 소련의 여러 지역에 있는 고려인들의 밀집거주지들을 다녀와서 이에 대해 광주일보에 연재했다. 이를 시작으로 전남대 임채완 교수, 광주일보 정치부 이준 부장, 통일부 산하 북한관 김준채 관장의 주도하에 광주일보를 통해 1991년 4월~6월까지 소련에 한글학교를 설립하기 위한 모금 운동이 시작하여, 두 달 동안 5,000만 원을 모금했다. 이 세 사람은 1991년 8월에 러시아, 우즈베키스탄, 카자흐스탄을 순회하며 현지 고려인들을 교사로 채용하며 6개의 '광주 한글학교'를 설립했다.

김병학 관장은 1992년 대학을 졸업하던 해에, 한글학교 설립 취지에 부응하여 교사로 자원하여 카자흐스탄의 우슈토베로 갔다. 출발할 당시에는 1~2년 단기간 교사로 재직할 계획이었으나, 그는 2016년이 되어서야 한국으로 돌아왔다. 처음에는 우슈토베에서, 이후 알마티에서 한글학교 교사로 일했으나, 재정난으로 한글학교가 문을 닫은 이후에는 카자흐스탄 한글문화센터장, 카자흐 대학 한국어 교수,《고려일보》기자를 역임하면서, 고려인과 관련

---

[25] 2024년 9월 16일에 제33회 학술, 교육 부문 광산구민상 수상자로 김병학 관장이 선정된 것으로도 이러한 사실을 알 수 있다. "김병학 고려인문화관장, 제33회 광산구민상 수상자 선정."『전남인터넷신문』(2024. 9. 16.), https://www.jnnews.co.kr/news/view.php?idx=385882

[26] 김병학 인터뷰. 월곡 고려인 문화관 '결' (2021. 7. 13., 2021. 8. 21., 2022. 8. 15., 2023. 5. 19., 2024. 3. 13., 2024. 9. 6).

표 2 광주 한글학교 분포 및 특징[27]

	학교명	존속연도	파견교사	학생수 (93.10.기준)	교사수 (파견/현지)	비고
1	알마아타 고려 천산 한글학교	1991~1998	장원창, 장경미	80	2/2	재정난으로 닫음
2	우슈토베 광주 한글학교	1991~1995	김병학	100	1/4	재정난으로 닫음
3	타슈켄트 광주 한글학교	1991~현재	허선행, 임채희, 이강희, 전현숙, 김수진	200	7/10	경기도 지자체 후원하에 세종한글학교, 이후 세종학당으로 변경되어 현재까지 운영
4	알마리크 한겨레 한글학교	1991~1993	이강희	50	1/2	건물을 고려인 명의로 구매, 명의자에게 건물을 빼앗겨서 문을 닫음
5	이르쿠츠크 고려인 한글학교	1991~1998	한민숙, 조영옥	50	2/0	93년부터 조선대 졸업생들이 교사로 감
6	하바로프스크 흑룡 한글학교	-	-	-	-	건물매입 완료했으나, 학생 모집도 못하고 이름만 남음

된 많은 자료들을 수집했다.[28]

이를 토대로 〈고려인마을〉에 문화관을 건립했으며, 그가 수집한 자료들 중 고려극장 무대에서 공연된 김해운의 희곡작품 8권, 창가집 2권, 산문작가 김기철의 소설 원고 2권, 극작가 한진의 희곡과 소설 원고 9권, 고려극장 80년사를 보여주는 사진첩 2권, 이렇게 23점의 유물이 국가지정 기록물로 등재되기도 했다. 이러한 공로를 인정받아 그는 2020년 법정기념일로 지정된 '기록의 날'에 대통령 표창을 받았다. 이렇게 그는 세계 기록의 날인 6월 9일을 법정기념일로 지정한 이후 첫 수상자가 되었다.[29]

2025년 현재 월곡 고려인 문화관 '결'은 고려인 관련 1만 2천 점의 유물을 소장하고 있다.[30] 김병학 관장은 고려인의 역사, 문학, 문화에 대한 깊은 이

---

27 장원창(1993: 152-159); 김병학 전화 인터뷰 (2024. 9. 21).

28 김병학 인터뷰. 월곡 고려인 문화관 '결' (2021. 7. 13., 2022. 8. 15., 2023. 5. 19).

29 "고려인역사유물전시관: 고려인, 유랑은 끝나야 한다." WEBZINEACC (2020. 7). https://www.acc.go.kr/webzine/index.do?article=544

30 김병학 인터뷰. 월곡 고려인 문화관 '결' (2021. 7. 13., 8. 21., 2022. 8. 15., 2024. 3. 13., 2024. 9. 6).

사진 3 김병학 관장, 2024년 9월 문화관 직무실

해와 다년간의 현지에서의 경험을 바탕으로 〈고려인마을〉의 문화적, 학술적인 영역에서 구심점의 역할을 담당하고 있다.

2. 고려인들 일상 속의 숨은 조력자 김선재

〈고려인마을〉 공동체에서 이천영, 신조야 대표가 전체적인 분야에서 리더쉽을 발휘하고 있고, 김병학 관장이 문화예술 분야에서 선도적인 역할을 담당하고 있는 것과는 대조적으로, 일상 생활 영역에서 아래로부터의 영향력을 발휘하고 있는 사람이 있다. 그는 〈고려인마을〉의 삶의 구석 구석까지 손길이 닿아 있는 생활 속의 조력자 김선재이다. 김선재는 1977년 함평에서 태어났다. 광주의 동일전자 고등학교를 졸업한 이후 1995년에 삼성전자 냉장고 개발팀에 취업을 했고, 1997-1999년 동안의 군복무 기간을 제외하고, 2001년까지 삼성전자에서 일했다. 2001년부터 2011년까지 오락기계 사업, 택배사업, 오징어 가공 공장 운영 등의 일들을 했다. 2012년부터 현재까지 광주의 계림동에서 중고가전, 특히 에어컨 사업을 하고 있다. 이러한 이력을 가진 김선재 사장이 〈고려인마을〉과 인연을 맺게 된 것은 2015년이었다. 이때 신조야 대표의 남편인 '바냐 아저씨'[31]가 지인과 함께 중고 가전사업을 시작하면서 경험자인 김선재 사장에게 도움을 요청했다.

김선재 사장은 자신이 바냐 아저씨를 통해 〈고려인마을〉과 인연을 맺게 된 시점인 2015년 당시 월곡동에는 약 4,000~5,000명의 고려인들이 거주하고 있었다고 기억하고 있다. 그의 〈고려인마을〉에 대한 첫인상은 신기하다는 것이었다. 그는 처음에는 이들을 외국인으로 인식했다. 언어와 문화가 다른 친구들을 사귈 수 있다는 사실이 흥미로웠다고 이야기한다. 그는 조선족은 알고 있었지만, 고려인에 대해서는 존재 자체도 몰랐다고 회고한다. 점차 고려인들에 대해 알게 되면서, 이들 중에 김씨, 이씨, 박씨들이 있다는 사실에 깜짝 놀랐고, 가끔씩 이들이 사용하는 북한말에 충격을 받았다. 예를 들면 '간나 새끼'와 같은 표현들이었다. 김선재는 이들의 성씨와 사용하는 북한 사투리들을 들으며, 이들이 자신과 같은 동포라는 사실을 인식할 수 있었다. 점차 그는 고려인 역사에 대해서도 관심을 갖게 되었다. 그는 이들이 한국사회에 잘 정착할 수 있도록 도와야겠다는 생각을 하게 되었다.

이때부터 그는 〈고려인마을〉 지원센터에서 보조적인 역할을 하게 되었다. 고려인들과 교류하며, 러시아어를 조금 배우게 되었고, 고려인들이 가게를 새로 열게 되면, 전기 공사, 설비들을 도와주고 물건을 구매하는 데에도 동행하여 통역을 하기도 했다. 사업자 등록을 하는 서류작업들도 도와주었다. 그가 도움을 준 가게들은 약 20개 정도가 되었다. 이중 거의 60~70%가 식당이었으며, 나머지는 화장품, 식료품 가게들이었다. 그의 도움의 구체적인 사례는, 현재 〈고려인마을〉 청소년 문화센터로 사용하고 있는 고려인 지원센터 지하공간 인테리어를 할 때, 인테리어업자가 와서 산출한 견적이 5,000만 원이었는데, 그는 이 작업을 2,800만 원에 완료했다. 재료값에 약간의 수고비를 받는 형태이다. 이 외에도 고려인들의 집들에서 냉장고 수리, 전등 수리 등을

---

31 이분은 북한이탈 주민인데, 이 글에서는 실명이 아닌 예명으로 표기한다.

하고 있는데, 많은 경우에 무상으로 이 일들을 하고 있다.

그가 2015년부터 〈고려인마을〉 주민들과 더불어 살아가면서 목도한 고려인들의 삶의 변화는 우선 생활수준들이 향상되었다는 것이다. 과거에는 무조건 중고 가전제품, 중고 가구들을 구매했지만, 지금은 새 것을 사는 비율이 높아졌다.

그가 보기에, 고려인들의 정착에 가장 큰 어려움은 언어장벽이다. 언어로 인해 선택할 수 있는 직업에 제약이 있어서, 고려인들이 본국에서는 미용기술 등 기술을 소유하고 있어도 한국에서 공인된 기술로 전환하는데 어려움을 겪고 있다. 이로 인해 고려인들이 선택할 수 있는 직업은 일용직, 공장에서의 단순노동, 아르바이트 등이다. 언어 장벽은 낮은 수입으로 이어지고, 높은 물가를 감당하기에 어려움을 느낀다. 그나마 성공할 수 있는 것이 식당이다. 이로 인해 월곡동에만 100개가 넘는 고려인 식당들이 있으며, 이 식당들에 식품 재료를 공급하는 사업을 하는 이들이 증가하고 있다. 2024년 12월에는 러시아 대형마트 '레인보우'가 문을 열었다. 이 마트의 주인은 인천에서 온 고려인이다. 인천에도 동일한 상호의 마트가 있는데, 광주로 진출한 것이다.

김선재 사장이 파악한 바에 의하면, 고려인들은 처음에는 우즈베키스탄이나 러시아보다 높은 임금으로 인해 한국으로 노동이주를 왔지만, 점차 생활비용이 매우 높다는 사실을 파악했고, 같은 돈으로 우즈베키스탄에서 훨씬 더 편안하게 살 수 있다는 사실을 알게 되면서, 정착을 선택하기보다는 돌아가는 것을 선택하는 이들도 나타나고 있다. 고려인들은 한국에 사는 것이 무섭다는 표현을 쓰기도 한다. 한국 사람들은 오로지 일만 한다는 것이다.

광주 〈고려인마을〉의 발전이 한계에 부딪힌 것에 대해 그는 과거에는 월곡동이 광주에서도 가장 낙후된 지역이었는데, 지금은 광주에서 가장 월세가 높은 지역 중 하나가 되었다고 보았다. 광주가 원룸 월세가 대체로 30만 원인 것에 비해 월곡동은 무조건 40만 원부터 시작되고, 그나마도 방이 거의 없다는 것이다. 그리고 광주에 무엇보다 일자리가 부족하다는 점이 〈고려인마을〉의 발전을 저해하는 요소가 된다고 판단한다. 봄, 가을 농번기에 농사일을 위

사진 4　김선재 사장, 2025년 5월 〈고려인마을〉 거리에서

해 사람들이 몰려들기도 하지만, 인건비 자체도 다른 지역에 비해 낮은 점이 약점으로 작용한다.

　　그는 아침에 일을 시작하기 전과 하루 일과를 마치고 꼭 〈고려인마을〉에 들른다. 그 이유는 광주 어느 지역보다 이곳이 거리에 아이들도 많고, 사람들이 사는 것 같이 살고 있는 활기가 넘치기 때문이라는 것이다. 점점 고려인들의 문화에 젖어들어, 샤슬릭(러시아식 꼬치구이), 라그만(중앙아시아식 국수요리)을 좋아하게 되었고, 고려인들이 소중한 날로 여기는 3월 8일 여성의 날도 함께 기념하게 되었다.

　　그의 관점에서 〈고려인마을〉에서 가장 중요한 기관은 첫째, 새날학교이다. 그 이유는 〈고려인마을〉의 미래이기 때문이다. 그는 고려인들도 선주민인 한국인들처럼 교육열이 매우 높다고 보았다. 두 번째로는 어린이 합창단이다. 어린이 합창단은 〈고려인마을〉 홍보대사로서의 역할을 톡톡히 해내고 있기 때문이다. 셋째로는 홍범도 장군의 흉상이 설치되어 있는 다모아 어린이 공원이다. 그는 과거 역사를 다루고 있는 박물관도 중요하지만, 고려인들의 현재 삶의 현장인 다모아 공원이 더 중요하다고 생각한다. 다모아 어린이 공원에는 하루 연인원 100~200명의 아이들이 뛰어놀고, 〈고려인마을〉의 중요한 행사들도 이곳에서 다 거행된다. 고려인들의 활기차고 생생한 현재의 삶을 보여주는 공간이라는 것이다.

이처럼 고려인들의 생활 현장과 밀착된 곳에서 그들의 정착을 돕고 더불어 살아가고 있는 김선재 사장의 분석들은 많은 시사점들을 던져준다. 이 외에도 가무단, 청소년 오케스트라, 버들시내 운영자, 때마다 경제적인 후원을 하는 가족 카페 주인 전 올가, 광산구 외국인 지원과 담당직원들, 미술관장 문 빅토르 등 많은 사람들이 〈고려인마을〉을 설립하고 유지하고 확대시키고 있다.

이러한 설립자와 조력자들의 활동을 기반으로 고려인 마을은 점차 발전하고 있으며, 국내에서 가장 성공적이면서도 대표적인 고려인 밀집거주지로 자리매김 했다. 2025년 봄, 현재 〈고려인마을〉 공동체의 운영진이 겪고 있는 어려움은 점점 확대되어 가는 〈고려인마을〉 주민들을 다양한 측면에서 지원하기 위한 운영 자금을 확보하는 일이다. 〈고려인마을〉이 위치한 월곡동에 거주하는 고려인 수는 약 7천 명으로 추산되고 있다.[32] 〈고려인마을〉은 광주광역시 보조금과 사적인 후원금과 〈고려인마을 교회〉 헌금 등을 통해 운영되고 있다. 광주광역시의 보조금은 전체 예산의 약 20~30%를 차지하고 있다.[33]

V. 맺음말

이처럼 설립자가 있는 고려인 공동체인 광주 〈고려인마을〉은 선주민 이천영과

---

[32] 소윤희·나의리(광주 경찰청 치안정보과 광역정보 1팀, 외사협력관) 인터뷰. 고려인마을 노인복지센터 (2024. 6. 14).

[33] 광주광역시는 2016년부터 〈고려인마을〉 지원 예산을 집행하고 있다. 이천영 전화 인터뷰 (2024. 10. 25).

고려인 신조야, 두 명에 의해 설립되었으며, 다양한 분야에서 함께 활동하는 운영진들이 있다. 특히 이 글에서는 학술, 문화적인 부문을 담당하는 김병학 관장과 생활 밀착형 도움을 주고 있는 김선재 사장의 경우를 살펴보았다.

민간 주도 공동체인 광주 〈고려인마을〉의 최대의 장점은 초기 정착 과정에서 도움이 필요한 고려인들에게, 그리고 법률적, 의료적 도움 등이 필요한 고려인들에게 실질적인 도움을 줄 수 있으며, 무엇보다 청소년들을 위한 다양한 교육 인프라가 갖추어져 있다는 점이다. 교육부 학력 인정을 받을 수 있는 중도입국 청소년을 위한 인가된 〈새날학교〉, 지역아동센터, 청소년 문화센터 등 다양한 교육 기관들이 존재한다는 것이다.

이들 다양한 산하 단체들과 프로그램들은 설립자이자 공동대표인 이천영 교장과 신조야 대표에 의해 효율적이고도 정겨운 형태로 운영되고 있다. 또한 '인권도시' 광주답게 지역민들은 다양한 방법으로 지지와 후원을 보내고 있다. 광주 광역시 차원에서, 그리고 광산구청 차원에서의 지원과 협력도 원활하게 이루어지고 있다. 〈고려인마을〉의 중요한 행사장에는 언제나 광산구청 '외국인지원과' 공무원들의 활동이 눈에 띈다. 그들 또한 조력자로서의 역할을 크게 담당하고 있다. 이들 공무원들을 인터뷰하면서 받았던 인상은 마치 NGO 단체의 활동가들처럼 열정과 사명감을 갖고 일하고 있다는 점이었다.

그러나 현재 〈고려인마을〉이 직면한 최대의 단점은 탁월한 지도력을 갖고 있으며, 매우 헌신적인 현재의 지도자를 이을 만한 역량을 가진 차세대 지도자를 찾기 어렵다는 점이다. 이제 점차 연로해 가는 두 사람을 대체할 만한 차기 리더십의 부재는 향후 〈고려인마을〉의 발전에 커다란 위험 요소로 작동하고 있다.

참고문헌

까를로 진즈부르그 지음. 김정하, 유제분 옮김. 2001. 『치즈와 구더기』. 문학과 지성사.
김봉섭. "재외동포의 출입국과 법적지위에 관한 법률." 『한국민족문화대백과사전』. https://encykorea.aks.ac.kr/Article/E0073369
김재기·홍인화. "광주거주 고려인 이주노동자로서 인권실태 88." 『재외한인연구』 43.
김환기. 2020. "구소련권 고려인 디아스포라 문학의 형성과 전개양상: 선봉/레닌기치/고려일보를 중심으로." 『동악어문학』 82.
장원창. 1993. "구 소련권의 한국사람들: 모국어로 말하는 기쁨을 아시나요?." 『錦湖文化』 10: 152-159.
"고려인역사유물전시관: 고려인, 유랑은 끝나야 한다." WEBZINEACC (2020. 7). https://www.acc.go.kr/webzine/index.do?article=544
"김병학 고려인문화관장, 제33회 광산구민상 수상자 선정." 『전남인터넷신문』 (2024. 9. 16). https://www.jnnews.co.kr/news/view.php?idx=385882
김혜경. 2021. "광주새날학교, 제10회 졸업식 비대면 온라인 개최." 『한국타임즈』 (1월 8일). http://www.hktimes.kr/read.php3?aid=1610059202136634006
박호재. 2021. "다문화 대안학교 '광주 새날학교' 풍성한 졸업식." The Fact (1월 8일). http://news.tf.co.kr/read/national/1836192.htm.
"법무부 "방문취업제" 3월 4일부터 시행." 주과테말라대사관 (2007. 1. 11). https://overseas.mofa.go.kr/gt-ko/brd/m_5692/view.do?seq=601724&srchFr=&srchTo=&srchWord=&srchTp=&multi_itm_seq=0&itm_seq_1=0&itm_seq_2=0&company_cd=&company_nm=
새날학교 홈페이지. http://www.saenalschool.com/bbs/content.php?co_id=-school_sc_04
윤종채. 2023. "박중석 삼도남초교 총동문회장, 새날학교에 장학금 전달." 『남도일보』 (1월 9일). http://www.namdonews.com/news/articleView.html?idxno=709892
"제1회 고려인의 날 기념 축제 순서지" (2013. 10. 20). https://www.koreancoop.

　　　　com/sub.php?PID=0405&page=11&category=&searchText=&-
　　　　searchType=all&action=Read&idx=13.
『출입국외국인정책 통계월보』(2024년 9월호).
"한반도 밖 가장 오래된 한글신문' 고려일보 100주년 맞았다."『연합뉴스』(2023. 2.
　　　　27). https://www.yna.co.kr/view/AKR20230227159700009

김병학 인터뷰. 월곡 고려인 문화관 '결' (2021. 7. 13., 8. 21., 2022. 8. 15., 2024. 3.
　　　　13., 2024. 9. 6).
소윤희·나의리(광주 경찰청 치안정보과 광역정보 1팀, 외사협력관) 인터뷰. 고려인마
　　　　을 노인복지센터 (2024. 6. 14).
신조야 인터뷰. 고려인 지원센터, 고려인마을 노인복지센터 (2021. 6. 25., 2022. 7.
　　　　24., 2024. 2. 5., 2024. 6. 14., 2024. 9. 6).
이천영 인터뷰. 고려인지원센터, 새날학교 교장실 (2022. 7. 23., 24., 25., 26., 2022.
　　　　8. 14., 16., 2023. 2. 20., 2023. 4. 7., 5. 21., 2024. 9. 6., 2024. 10. 25.,
　　　　2025. 5. 24).

제6장
광주 〈고려인마을〉 커뮤니티의 발전 단계별 특성과 한계[1]

고가영

I. 머리말

이 글에서는 밀집거주지의 세 범주 중 민간 주도의 설립자가 있는 커뮤니티에 해당되는 광주 광역시의 고려인 밀집거주지인 〈고려인마을〉의 발전 과정을 단계별로 살펴보고자 한다. 앞 장에서 살펴본 것처럼 2000년대 초반 이천영 대표와 신조야 대표의 만남이 시너지를 일으켜 형성된 광주 〈고려인마을〉은 매우 성공한 이주민 공동체로서, 그동안 국내 언론과 연구자들의 관심의 대상이 되어왔으며, 특히 우크라이나 전쟁 난민 고려인들이 유입되면서, 국내 언론의 관심은 더욱 증폭되었다.[2] 기존의 광주 〈고려인마을〉을 대상으로 한 다양한

---

[1] 이 글은 『역사문화연구』 92(2024)에 게재된 논문을 본서의 편집 취지에 맞도록 수정·보완한 것입니다.

[2] "우크라이나 고려인 난민들, 광주 시민의 힘으로 고국 땅 밟는다." 『동아일보』 (2022. 4. 7). https://v.daum.net/v/20220407030511976; "광주 〈고려인마을〉에서 만난 우크라이나 탈출 가족." *YTN* (2022. 7. 2). https://www.youtube.com/watch?v=EEgXRFNbSnE; 김명식(2023); 정회성(2023); "광주 〈고려인마을〉, 영국 BBC 방송 탔다." 『헤럴드 경제』 (2024. 6. 30). https://v.daum.net/v/20240630082211090 외 다수. 우크라이나 전쟁 난민 고려인에 관한 연구로는 고가

연구들을 주제별로 살펴보자면, 고려인들의 정착과정을 다룬 글들이 있다(김경학, 2014; 김재기, 2014; 임영상·정막래, 2016; 김경학, 2019; 윤승중 외, 2019; 한정훈, 2020; Huei-Chun Teng·Jun-Ki Chung, 2024). 둘째로는, 경제적인 측면을 포함하여 고려인들을 이주노동자의 범주에서 연구한 연구들이 있다(김재기·홍인화, 2017; 김향희, 2023). 셋째로는 언어학적인 분석의 틀 속에서 〈고려인마을〉 현상을 이해하고자 한 연구들도 있다(석주연, 2017; 석주연 외, 2018; 이형하·권충훈, 2019). 넷째로는 고려인 아동과 청소년을 중심으로 한 연구들이 있다. 이 연구에는 부모 교육에 관한 연구도 포함된다. 아울러 중도입국자녀들을 위한 대안학교인 새날학교가 학생들의 정체성 형성에 기여하는 바를 다룬 글도 있다(선봉규, 2017a; 김경학, 2018; 김나경·선봉규, 2018; 김성원, 2021; Yong-Ho Park et al., 2024). 다섯째로는 'COVID 19'가 〈고려인마을〉에 미친 영향에 대한 연구가 있다(전득안·선봉규, 2022; 정종민 외, 2022; 차노휘, 2022). 여섯째로는 고려인 이주와 장소성의 변화에 착안한 연구들이 있다(선봉규, 2017b; 박종구 외, 2020; 한정훈, 2020; 김기성, 2022). 일곱째로는 〈고려인마을〉의 문화적인 측면에 대한 연구들이 있다(김영술·홍인화, 2013; 정막래, 2017; 정막래·주동완, 2017; 고려인인문사회연구소 엮음, 2021; 윤경미, 2023). 마지막으로 공공신학적인 접근으로 〈고려인마을〉을 분석한 글도 있다(Kang-Hyun Kim·Jun-Ki Chung., 2024).

　이처럼 광주 〈고려인마을〉은 주목받는 이주민 커뮤니티로서 이미 많은 연구의 대상이 되었으나, 광주 〈고려인마을〉 커뮤니티의 형성과 발전 과정에서 나타나는 특성을 단계별로 구분하여 체계적으로 연구한 것은 거의 없다. 따라서 이 장에서는 광주 〈고려인마을〉 커뮤니티의 발전을 단계별로 구분하여 그 특성을 살펴볼 것이다.

　〈고려인마을〉의 발전 과정에서 나타나는 특성을 단계별로 파악하기 위해, 기존의 연구 성과들을 바탕으로 국내외 언론 기사 분석, 관련 기관인 법무부 및 지방자치체의 발간 통계자료들을 활용하였다. 이러한 자료와 더불어 무엇보다 광주광역시 월곡동에 거주하는 고려인을 중심으로 한 거주민들과의

영의 연구 논문(고가영, 2023)이 있다.

인터뷰를 통해 생산한 구술자료를 활용하였다. 광주 〈고려인마을〉에서의 현지 조사는 2021년 6월부터 현재(2025년 5월)까지 총 17회에 걸쳐 진행했다.[3] 심층 인터뷰는 고려인 지원센터 공동 대표 2인(고려인 1인, 선주민 1인), 고려인 25명(우크라이나 난민 고려인 포함), 〈고려인마을〉 핵심 활동가인 선주민 4인과 북한이탈주민 1인, 광주경찰청 외사협력관 1인, 전광주시의원 1인, 광산구청 외국인 주민과 공무원 2인, SBS 기자 2인과 진행하였는데, 이들 중 다수와는 반복적인 인터뷰를 진행했다.[4]

이 장에서는 이러한 자료들을 바탕으로 광주 〈고려인마을〉의 발전 과정을 세 단계로 구분하여 살펴볼 것인데, 각 단계별 분기점이 되는 사건과 상황은 다음과 같다. 첫 번째 단계의 구분점이 되는 것은 전국 최초로 '고려인 주민 지원 조례'를 제정하게 되면서 광주 〈고려인마을〉에 다양한 조직들이 생겨날 수 있는 제도적 기반이 마련된 것이었다. 두 번째로는 2017년 강제이주 80주년을 맞이하여 다양한 행사와 더불어 '고려인 동행 위원회'가 설립되면서 선주민들과의 유대감이 강화된 것이었다. 세 번째로는 2022년 우크라이나-러시아 전쟁을 계기로 〈고려인마을〉로 우크라이나 전쟁 난민 고려인들이 유입된 것이었다. 이러한 구분점을 바탕으로 민간주도의 〈고려인마을〉 공동체의 각 단계별 특성을 살펴볼 것이다.

---

3 현지조사는 1차(2021년 6월 24~25일), 2차(2021년 7월 13일), 3차(2021년 8월 20~22일), 4차(2021년 10월 8~10일), 5차(2021년 12월 10~11일), 6차(2022년 7월 23~26일), 7차(2022년 8월 13~16일), 8차(2022년 10월 15~16일), 9차(2023년 2월 20~21일), 10차(2023년 4월 6~8일), 11차(2023년 5월 18~21일); 12차(2023년 11월 3일), 13차(2024년 2월 5~6일), 14차(2024년 3월 11~13일); 15차(2024년 6월 13~15일); 16차(2024년 9월 6~8일); 17차(2025년 5월 24-25일)에 진행했다.

4 구술사 방법론은 개인의 주관적 경험을 바탕으로 하고 있기 때문에 주관적이고 '신빙성'의 문제가 대두될 수 있다. 그러나 구술사에서는 "왜 그렇게 기억하고 있는가?"하는 주관성을 중시하는 연구이다. 이를 통해 개인의 주관적 경험이 어떻게 구조와 상호 연관되어 있는가를 보여준다고 할 수 있다. 까를로 진즈부르그의 "의사전달이 불가능한 광기에 빠져드는 것을 제외한다면, 사람은 자신이 살던 시대의 문화와 계급에서 벗어나지 않는다"라는 견해처럼 한 개인은 자신이 속한 사회와 유리될 수 없다는 전제하에서 연구를 진행했다(윤택림, 2019; 까를로 진즈부르그, 2001: 45).

II. 1단계: '고려인 주민 지원 조례' 제정과 제도적 기반 마련(2013~2016)

선주민 이천영과 고려인 신조야 공동 대표의 열정으로 형성된 광주 〈고려인마을〉이 더욱 발전할 수 있는 계기가 된 것은 '고려인 주민 지원 조례'의 제정이었다. '고려인 주민 지원 조례'는 2013년 10월 홍인화 외 4인의 시의원들의 발의로 이루어졌다. 선례가 없는 작업을 시작하는 일은 언제나 쉽지 않다.

어떻게 '고려인 주민 지원 조례'를 제정할 생각을 하게 되었는지 그 계기에 대해 질문하자, 홍인화 전광주시 시의원은 "2012년 우수리스크를 탐방하게 되었는데, 그때 고려인들의 존재와 역사에 대해 처음으로 알게 되었다. 귀국한 이후 광주에도 고려인들이 거주하고 있다는 사실을 인지하게 되었으며, 역사적 수난을 겪은 우리 동포들에게 당장 국적을 부여하는 일이 어렵다면, 주민으로라도 받아들이자는 생각으로 '고려인 주민 지원 조례' 제정을 추진하게 되었다"고 답했다.[5]

광주광역시 의회는 이처럼 홍인화 당시 시의원의 주도로 전국에서 최초로 "고려인 주민 지원 조례"를 제정했다. 이 조례의 첫 조항에는 "광주광역시에 거주하는 고려인 주민들의 지역사회 적응과 권익증진 및 생활 안정을 도모하여 자립생활에 필요한 행정적 지원방안을 마련함으로써 이들이 지역사회에 정착할 수 있도록 하는 것을 목적으로 한다"라고 조례의 목적이 명시되어 있다. 이 조례는 총 16조와 부칙으로 구성되어 있다. 그중 일부는 다음과 같다.

이러한 '고려인 주민 지원 조례'는 지방자치단체 차원에서 고려인들을 지원할 수 있는 기반이 되었다. 이를 기념하여 2013년 10월 20일에는 제1회 '고려인의 날' 행사가 개최되었다. 이 행사는 고려인과 광주지역 공연단의 축하 공연, 고려인 역사 자료 전시, 의료지원 활동, 고려인 음식 나누기 등으로 진행되었다. 2013년에 처음 개최된 이후 해마다 '고려인의 날' 행사가 10월 셋째

---

5 홍인화 전화 인터뷰 (2024. 9. 25).

> 제2조(정의) 이 조례에서 "고려인 주민"이란 1860년 무렵부터 1945년 8월 15일까지의 시기에 농업이민, 항일독립운동, 강제동원 등으로 러시아 및 구소련 지역으로 이주한 사람 및 「민법」 제777조에 따른 그 친족으로 현재 광주광역시(이하 '시'라한다)에 합법적으로 거주하고 있는 사람을 말한다.
>
> 제3조(고려인의 지위) 고려인 주민은 법령이나 다른 조례 등에서 제한하지 않는 한 주민과 동일하게 시의 재산과 공공시설을 이용할 수 있고, 각종 행정서비스를 받을 수 있다.
>
> 제4조(다른 법률과의 관계) 고려인 주민의 지원에 관하여는 다른 법령이나 조례에 특별한 규정이 있는 경우를 제외하고는 이 조례에서 정하는 바에 따른다.
>
> 제7조(지원대상) 중략
>   1. 고려인 주민
>   2. 한국 국적을 새롭게 취득한 고려인과 그 자녀
>
> 제8조(지원사업) ① 고려인 주민에 대한 지원사업은 다음 각호와 같다.
>   1. 고려인 주민의 법적 지위 및 처우 개선을 위한 제도와 시책 등
>   2. 한국어 및 기초생활 적응 교육
>   3. 고려인 주민에 대한 불합리한 차별 방지 및 인권옹호를 위한 교육·홍보 등
>   4. 외국어 통역·번역 서비스 제공 등 고려인 주민이 생활하는데 필요한 기본적 생활편의 제공, 고려인 주민의 건강한 생활을 위한 응급구호 등 보건의료
>   5. 고려인 주민을 위한 문화·체육행사
>   6. 고려인 주민의 자녀 돌봄 지원
>   7. 고려인 주민 지원단체 등에 대한 지원
>   8. 고려인 주민의 취업 및 창업 지원
>   9. 고려인 관련 역사 교육 및 홍보를 위한 사업
>   10. 고려인 주민 거주지역 환경개선사업
>   11. 그 밖에 고려인 주민의 지역사회 적응을 위하여 시장이 필요하다고 인정하는 사업 등

주 일요일에 월곡동 〈고려인마을〉 중심부에 위치한 '다모아 어린이 공원'에서 진행되고 있다.[6] '고려인의 날' 행사를 10월에 개최하는 것은 극동 연해주에서 중앙아시아로 강제이주된 시기를 기념하는 의미도 있다. '고려인 주민 지

---

[6] 2024년에도 '고려인의 날' 행사가 10월 셋째 주에 개최되었으며, 약 천 명 정도가 참여했다.

원 조례'를 토대로 2013년에는 지역아동센터가 개소될 수 있었다. 2017년에는 '바람개비 꿈터 공립지역아동센터'로 전환되어 지금까지 운영되고 있는데, 이는 국내 최초 공립형 지역아동센터로 인가를 받기도 했다. 이로써 월곡동에 거주하는 고려인 청소년들의 보호막이 어느 정도 갖추어질 수 있게 되었다.

무엇보다 광주에서 이러한 제도적 토대를 마련한 것이 기준이 되어 고려인들을 지원할 수 있는 지원 조례 제정 사례가 점차 다른 지역으로 확산될 수 있었다. 이러한 제도적 근거는 국내로 들어온 고려인들의 정착을 위한 밑거름이 되고 있는데, 그 출발점이 광주였다는 점이 커다란 울림이 있다. 지금까지 고려인 관련 조례가 제정된 지방자치단체의 목록은 표 1과 같다.

또한 2014년에는 법무부로부터 비영리법인 〈고려인마을〉 설립 허가를 받기도 했다(손능수 외, 2022: 8). 이처럼 제도적인 기반이 제공되자 매년 광주

표 1 지방자치단체의 고려인 관련 조례[7]

	지역	조례 제정일(개정일)
1	광주광역시 고려인 주민 지원 조례	2013.10.01. (2018.04.01, 2019.07.01.)
2	김포시 고려인 주민 지원 조례	2015.06.10. (2020.09.29.)
3	경기도 고려인 주민 지원 조례	2016.02.24.
4	안산시 고려인 등 재외동포 주민 지원 조례	2018.01.08. (2024.02.14.)
5	경상북도 고려인 주민 지원 조례	2019.04.15.
6	경상남도 고려인 주민 지원 조례	2020.05.14.
7	전북특별자치도 고려인 주민 지원 조례	2021.04.09. (2023.12.08.)
8	충청남도 고려인 주민 지원에 관한 조례	2021.08.17.
9	제천시 고려인 등 재외동포 주민 지원에 관한 조례	2023.04.07.
10	안성시 고려인 주민 지원 조례	2023.06.30.
11	충청북도 고려인 주민 지원 조례	2023.08.04.
12	인천광역시 고려인 주민 지원 조례	2023.11.09.
13	경주시 고려인 주민 지원 조례	2024.03.12.

---

[7] 바딤 아쿨렌코(2024) 작성 표를 수정 보완하였음; "광주광역시 고려인 주민 지원 조례." https://elis.go.kr/allalr/selectAlrBdtOne

로 이주하는 고려인 수가 급증하는 추세를 보였다. 이에 〈고려인마을〉은 고려인 종합지원센터 설립을 위한 모금 활동을 '광주사회복지공동모금회'와 공동으로 전개했다. 모금 활동은 2014년 7월부터 2015년 7월까지 지속되었으며, 광주지역 유관기관과 기업체 13곳, 시민 30여 명이 참여해 총 1억 8천만 원이 모여졌다.[8] 이 모금액으로 오래된 상가 건물을 매입했으며, 고려인들 스스로 리모델링에 참여하여 종합지원센터를 갖게 되었다. 2층 건물이었던 종합지원센터에는 상담실, 교육실, 어린이집, 지역아동센터, 쉼터 등의 시설이 갖추어졌고, 고려인들의 취업, 산재, 국적 취득 등 각종 상담과 자녀 보육, 한국어교육 등의 종합서비스를 제공할 수 있게 되었다(광주고려인마을 사람들, 2019: 45). 2015년에 개최된 개소식에는 윤장현 광주시장, 김동철 국회의원 등 고려인 가족, 지역주민, 후원자 등 500여 명이 참석했다. 2015년 9월 당시 고려인 주민은 약 3,000명으로 추정되었다.

무엇보다 2016년 전국 최초 '고려FM 라디오 방송'을 개국함으로써, 고려인들의 소통의 수단이 마련되었다. 소규모의 인터넷 방송으로 시작한 '고려FM 라디오 방송'은 2021년 7월에 정식 주파수를 가진 지상파 방송으로 허가를 받기도 했으며, 2022년 3월 1일에는 GBS고려방송(FM 93.5Mhz)으로 개국식을 갖게 되었다. 가청지역이 광주시와 전남 일부인 고려방송은 러시아어 70%, 한국어 30%로 24시간 방송되는 정규방송이 되었다. 방송은 유튜브를 통해 제공되기도 한다. 이러한 미디어들을 통해 광주에 지인이 없지만, 중앙아시아로부터 광주 〈고려인마을〉 지원센터를 찾아오는 이들도 있다.[9]

한편 〈고려인마을〉이 긍정적인 이미지를 가질 수 있는 토대로서, 고려인 주민 15명으로 구성된 고려인 자경단이 결성된 것이다. 고려인 자경단은 〈고

---

[8] 개소식 당일인 2015년 9월 7일까지 총모금액은 약 2억 4천 5백만 원이었다. https://www.koreancoop.com/sub.php?PID=0405&page=9&category=&searchText=&searchType=all&action=Read&idx=37

[9] 이민음 인터뷰. 〈고려인마을〉 방송국, GBS FM고려방송국 (2022. 8. 16., 2023. 2. 20., 4. 8).

사진 1 2025년 현재 고려인종합지원센터

려인마을〉자율방범대라는 명칭으로 2016년 4월 9일에 발대식을 가졌다. 광주지방경찰청은 이들에게 순찰복과 경광봉 등을 지원했으며, 이들은 광산경찰서 월곡지구대와 협조하여 활동을 하고 있다(광주고려인마을 사람들, 2019: 45). 이들의 활동으로 인해 광주 〈고려인마을〉은 다른 지역의 고려인 밀집거주지와 비교할 때 상대적으로 치안이 안전한 고려인 밀집거주지가 되었다.

III. 2단계: 고려인 강제이주 80주년과 선주민과의 동행(2017~2022)

〈고려인마을〉 발전의 두 번째 계기가 된 것은 2017년에 고려인 강제이주 80주년을 맞이하여 고려인 '동행위원회'가 발족된 것이었다.[10] 동행위원회 위원들은 광주 시내의 각 기관의 기관장들, 시장, 법원장, 구청장, 교육감, 대학 총장, 언론사 사주 등 지역사회의 유력인사들로 구성되어 있으며, 약 1,200명 정도의 회원을 보유하고 있다. 제1대 위원장은 박용수 위원장이었으나, 광주시청 3급 정무직을 수행하게 되면서 위원장 자리를 내려놓고, 2025년 현재 2대 박상규 위원장이 맡고 있다. 고려인 동행위원회의 결성은 〈고려인마을〉이 고려인들만의 게토가 아니라 지역사회와 연계하고 함께하는 장을 열어주고 있

---

10 "광주 〈고려인마을〉, '고려인동행위원회' 출범식 갖고 새 사업 추진키로." 『한국타임즈』(2018. 1. 12). http://www.hktimes.kr/read.php3?aid=151571160098886003

다는 점에서 매우 의미 있는 일이었다.

고려인 동행위원회 결성이 고려인들의 삶에 구체적인 영향을 미친 분야 중 하나는 의료분야와 법률 자문 분야이다. 우선 법률지원 분야로는 2017년부터 활동을 시작한 '고려인 법률지원단'이 있다. 변호사와 노무사로 구성된 법률지원단은 지금까지 매주 월요일 저녁 7~9시까지 법률 상담을 진행하고 있다.

또한 의료지원 분야로는 2018년 3월 1일에 〈고려인마을〉 광주진료소를 개소하게 된 것이다. 매주 화요일 7시에 진료를 시작한 이래 지금까지 지속되고 있다. 개소 당시부터 광산구 보건소와 협약을 맺어서 협업했으며, 2차 처치가 필요한 경우 협약을 맺은 병원과 의료진에게 다음날 바로 치료를 받을 수 있도록 의료 시스템을 갖추었다. 이 진료소는 고려인 동행위원회와 고려인을 사랑하는 광주 의료인 모임의 협업으로 약 20여 명의 각 과의 의사들이 모든 과의 진료를 시행하고 있다.

또한 〈고려인마을〉은 고려인 강제이주 80주년을 맞이하여 다양한 문화

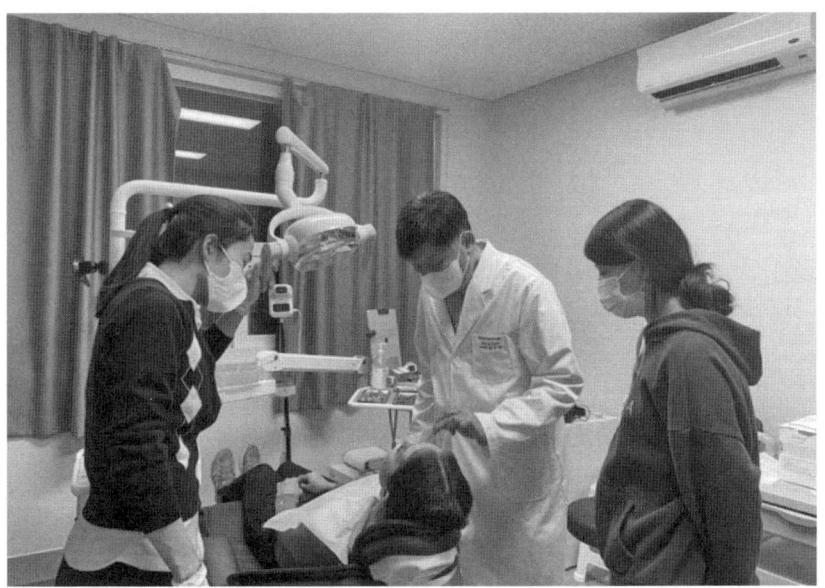

사진 2 〈고려인마을〉 의료 지원(치과진료)

행사들을 기획했다. 그중 대표적인 것이 2017년을 '〈고려인마을〉 방문의 해' 로 지정하여 4월에서 11월까지 매월 넷째 주 토요일에 기념행사들을 가진 것 이었다. 기념행사 중 주목할 만한 것은, 9월 넷째 주 토요일인 9월 23일에 국 립아시아문화전당(ACC: Asia Culture Center)과 함께 '고려인 영화제'를 개최한 것이다. 이 영화제는 '고려인강제이주 80주년 기념사업추진위원회', 〈고려인 마을〉, 광주문화재단 공동 주최로 진행되었으며 청소년 문화센터 및 역사박물 관에서 5편의 영화가 상영되었고, 국립아시아문화전당(ACC)에선 '송 라브렌 찌' 감독의 단편 영화 6편도 상영되었다.[11] 영화제와 더불어 '점, 선, 면 유랑의 역사 15,000km'라는 제목의 학술회의도 개최되었다.[12]

강제이주 80주년의 가시적인 또 다른 성과로는 지역사회와 연대한 문 화·학술 기관들이 설립되는 계기가 되었다는 점이다. 2017년에 호남대 최영 화 단장을 중심으로 '고려극단'이 창단되었고, 2018년 1월에는 '청소년 문화 센터'도 개소되었다. 2018년 4월에는 청소년 오케스트라 '아리랑'도 창단되 었다. 2018년 3월에는 '고려인 어린이 합창단'이 창단되어 지금까지 〈고려인 마을〉 홍보대사 역할을 하고 있다. 또한 2018년 8월에는 고려인과 관련된 인 문·사회과학 연구, 한인 디아스포라 연구 및 고려인 정책에 관한 연구를 수행 하기 위한 학술기관인 '고려인 인문사회연구소'가 국내 최초로 개원했다.

문화기관으로 중요한 것은 2021년에 월곡고려인 문화관 '결'이 설립된 것이다.[13] 문화관이 설립된 직후인 2021년 8월 14~31일에는 홍범도 장군의

---

[11] 상영된 영화 5편은 《실험농장》(1993년), 《음악선생님》(1999년), 《교장선생님》(1999년), 《약속의 땅》(2011년)', 《인생의 길》(2017년)이었다. "고려인강제이주 80주년기념사업위원회 2017년 추진사업 성과보고." https://www.koreancoop.com/sub.php?PID=0405&page=6&category=&searchText=&searchType=all&action=Read&idx=72

[12] "고려인 강제이주 80주년 기념행사 포스터." 『연합뉴스』 (2017. 8. 27). https://v.daum.net/v/20170827123343188

[13] 월곡 고려인 문화관 '결'의 전신인 고려인역사박물관은 2017년 6월 24일에 개소되었다. "고려인강제이주 80주년기념사업위원회 2017년 추진사업 성과보고."

사진 3 '고려인 어린이 합창단' 공연 모습

유해봉환을 기념하는 특별 전시회를 개최하였는데, 이를 통해 이전에 한국 사회에서 공개된 적이 없던 홍범도 장군과 관련된 자료들을 최초로 공개하여, 한국 사회에 반향을 일으키기도 했다. 문화관은 고려인들에게 자신들의 역사를 알려주어 자긍심을 갖도록 하고 있으며,

사진 4　2021년 개관한 월곡 고려인문화관 '결'

선주민들에게도 고려인의 역사와 문화에 대한 이해를 높이는 가교의 역할을 담당하고 있다.

IV. 3단계: 우크라이나 난민 유입과 〈고려인마을〉 (2022~ 현재)

광주 〈고려인마을〉이 다시 한번 확장되는 계기는 우크라이나-러시아 전쟁으로 인해 난민이 된 우크라이나 고려인들이 광주로 유입된 것이었다. 2022년 2월 24일 전쟁이 발발했으며, 이 전쟁으로 대규모 난민이 발생했다. 우크라이나 전쟁 발발 이후 3년이 지난 현재, 유엔난민기구가 2025년 7월 31일에 수합한 자료에 의하면, 국외난민은 5,675,680명(유럽 내 5,115,120명, 유럽 외 560,560명)이며, 우크라이나 내 실향민은 3,340,140명으로 집계되고 있다.[14]

그런데 이미 알려진 것처럼 우크라이나 전쟁 난민 고려인들이 한국으로 유입되는데, 적극적으로 관여한 공동체는 광주 〈고려인마을〉이었다. 무엇보다 〈고려인마을〉은 우크라이나 인근 국가들에 피신해 있던 고려인들에게 항공권을 구매하여 보냄으로써, 이들이 한국으로 입국할 수 있도록 도움을 제공했다. 지금까지 〈고려인마을〉 지원센터의 항공권 지원으로 국내로 입국한 고려인은 876명이다.[15]

광주 〈고려인마을〉이 우크라이나 난민들에게 항공권을 보내게 된 계기는 〈고려인마을〉에 거주하고 있는 남 루이자(당시 58세)씨의 손녀인, 남 아니타 양(10세)에게 항공권을 제공한 것이었다. 남 루이자는 전쟁 이전 돈을 벌기 위해 우크라이나에서 한국으로 입국한 고려인이었다. 그녀는 자신의 손녀 아니타가 지인들과 함께 우크라이나를 탈출하여 헝가리에 머물고 있다는 소식을 듣고도 항공료가 없어 애태우고 있었다. 또 다른 〈고려인마을〉 주민인 최 비탈리(64세)씨의 손자 최 마르크(13세)도 학업 문제로 가족들과 떨어져 우크라이나 남부 미콜라이우에 거주하고 있었다. 최 마르크는 전쟁이 발발하자 다른 고려인들과 함께 몰도바를 거쳐 루마니아에 피신해 있었다. 값비싼 항공권을 감당

---

14 https://data.unhcr.org/en/documents/details/118329

15 〈고려인마을〉은 이들의 명단 전부와 간단한 인적 사항을 홈페이지에 제공하고 있다. "사단법인 고려인마을." https://www.koreancoop.com/sub.php?PID=0506

하지 못해 조부모들이 애태우고 있다는 사실을 알게 된 〈고려인마을〉은 두 아이에게 항공권을 제공해 한국으로 데려왔다(김용희, 2022). 남 아니타가 입국한 날은 2022년 3월 21일이었으며, 최 마르크 군은 그 다음날 입국했다.[16] 전쟁 발발 당시 〈고려인마을〉에 거주하고 있는 우크라이나 고려인들은 약 250명 정도였다.[17]

이를 계기로 〈고려인마을〉은 우크라이나 난민 고려인들에게 항공권을 보내기 시작했다. 항공권 구입을 위한 자금은 월곡동에 위치한 식당 '고려인 가족 카페'의 주인인 텐 올가가 기부한 500만 원(추가로 500만 원 제공)이 마중물이 되었다. 이후 광산구청, 기업체, 개인들이 기부금을 〈고려인마을〉에 제공했다. 이를 통해 〈고려인마을〉 공동체는 우크라이나 난민 고려인들의 국내 입국을 도왔으며, 입국 이후 정착을 위해 적극적인 활동을 펼치게 되었다.[18] 광주 〈고려인마을〉에서 우크라이나 난민 고려인들에게 항공권을 제공한다는 것이 알려지자, 국내의 개인들과 기관들이 〈고려인마을〉로 기부금을 보내왔고 이는 항공권 구매 자금이 되었다. 이에 대해 월곡동에 이미 거주하고 있던 중앙아시아에서 온 고려인들과 바르샤바의 우크라이나 난민들 중 몇 사람은 한국인들이 대단하다고 평가했다.[19] 이처럼 우크라이나 난민 고려인의 한국 유입은 정부차원에서 전세기로 우크라이나 난민들을 자국으로 입국시킨 이스라엘과 일본과는 달리 민간 차원에서 진행되었다.

전쟁을 피해 우크라이나에서 한국으로 들어온 고려인들은 미콜라이우,

---

[16] "광주 〈고려인마을〉, 우크라이나 탈출 고려인동포 긴급 항공비 전달." 『K-COOP 한국협동조합 방송』 (2022. 3. 22). http://www.k-coop.com/board_view_info.php?idx=4437&seq=83

[17] 이천영 인터뷰. 〈고려인마을〉 지원센터 (2022. 7. 23.; 8. 14.); "고려방송 인터뷰-광주 〈고려인마을〉, 우크라이나 탈출 동포 돕기 모금운동." 『K-COOP 한국협동조합 방송』 (2022. 3. 22). http://www.k-coop.com/board_view_info.php?idx=4439&seq=83

[18] 이천영·신조야·박 빅토리아 인터뷰. 〈고려인마을〉 지원센터 (2022. 7. 23, 24, 25, 26., 2022. 8. 14, 16).

[19] 나탈리야 샤고바 인터뷰. 바르샤바 '우크라이나 난민 교회' (2024. 2. 25).

헤르손, 오데사 등에서 농사를 짓던 사람들이 대부분이었다. 이들은 전쟁이 발발한 이후 대체로 2개월 정도 집 지하실에서 거주하다가 적십자 등의 도움을 받아 국외로 피난을 나왔다. 〈고려인마을〉에서 제공한 항공권으로 입국한 난민들의 정착을 지원하기 위해 〈고려인마을〉은 초기 정착금을 지원했다. 아울러 각지에서 쇄도한 생필품들을 매주 정해진 시간(일요일 4시)과 장소에서 무상으로 나누어주기도 했다. 광주 월곡동에 지인이 있는 난민들의 경우는 월세방을 구할 때까지 지인들의 집에 머물렀으나, 무연고로 입국한 이들에게는 〈고려인마을〉의 쉼터 공간을 제공했다.

광주 〈고려인마을〉이 기존에 구비하고 있던 인프라들은 우크라이나 난민들을 수용하는데 유용했다. 그중 우크라이나 난민 고려인들에게 직접적인 도움이 된 것은 의료지원 인프라였다.[20] 난민들의 경우 시급한 수술을 포함한 긴급한 의료 처치를 필요로 하는 경우들이 적지 않게 발생했다. 〈고려인마을〉은 난민들에게 160건이 넘는 실질적인 의료지원을 했다.[21]

의료지원과 더불어 난민들에게 도움이 된 것은 〈고려인마을〉에서 자체 제작하여 발송하는 인터넷 신문 〈나눔 방송〉과 라디오 방송국 〈GBS FM고려방송〉 등의 미디어 인프라였다. 고려방송은 우크라이나 난민들의 유입 현황을 생생하게 보도했다.[22] 중도입국 자녀들을 위한 교육기관으로 자리를 잡은 새날학교도 우크라이나 난민 고려인 청소년들에게 교육의 기회를 제공하고 있다.[23] 새날학교 이외에도 고려인 청소년문화센터에서도 우크라이나 난민 고

---

[20] 특히 COVID-19가 성행하던 시기 고려인을 포함한 이주 노동자들 백신 접종 및 위생관리를 위해 〈고려인마을〉은 광산구청과 긴밀한 협력관계를 구축하기도 했다. 김양숙·박진 인터뷰. 광산구청 외국인 주민과 사무실 (2023. 4. 7).

[21] 박 빅토리아·안 옐레나·이천영 인터뷰. 〈고려인마을〉 지원센터 (2022. 7. 24., 2023. 4. 7).

[22] 박 빅토리아. 2022. ""아픔을 함께 이겨요" 우크라 탈출 고려인동포 자녀 고려방송 진행자로 나서." 한국협동조합방송 (10월 11일). http://www.k-coop.com/board_view_info.php?idx-=4690&seq=83

[23] 2023년 4월 당시에는 우크라이나 난민 학생들은 20명이었다. 이천영 인터뷰. 새날학교 교장

려인 자녀들을 위한 힐링 프로그램 등이 진행되기도 했으며, 2022년에 개소한 청년들의 소통의 장소인 〈버들시내〉 센터에서도 올드커머로 전쟁 이전 한국에 들어왔던 우크라이나 출신 대학생이 이제 막 전장을 빠져나온 난민 청소년들과 대화를 나누며, 간식을 챙겨주기도 한다. 이처럼 〈고려인마을〉에 촘촘하게 구성된 교육 및 생활 지원 인프라들은 우크라이나 전쟁으로 고려인 난민들이 광주로 유입된 이후 이들의 초기 정착 과정에 도움이 되었다.

이러한 인프라를 바탕으로 안 엘레나의 경우처럼 가족 전체가 입국한 우크라이나 난민들을 중심으로 우크라이나 난민 고려인들이 광주 〈고려인마을〉에서 정착하여 새로운 역사를 시작하고 있다.[24] 우크라이나 난민 고려인들의 광주로의 유입은 무엇보다 선주민들과의 연계를 강화시켰다. 또한 이를 계기로 광산구 외국인 주민과에 〈고려인마을〉 전담팀이 2023년 1월 1일부터 만들어졌으며, 이 전담팀의 구성으로 지자체와의 연계가 강화되고 있다.[25]

V. 광주 〈고려인마을〉의 한계

1. 경제적 한계

광주 〈고려인마을〉이 당면한 가장 큰 어려움은 광주시 자체에 일자리가 부족하다는 점이다. 광산구 월곡동에 고려인들을 위한 지원 인프라는 잘 갖추어져 있지만, 약 7,000명 정도로 추산되고 있는 고려인들의 생업을 위한 일자리는 부족하며, 월곡동의 월세도 계속 올라가서 고려인들의 광주 거주에 대한 압력으로 작용하고 있다. 과거에는 평동산단과 하남공단의 노동자들이 빠져나가

실 (2023. 4. 7).

[24] 우크라이나 전쟁 난민 고려인의 광주 〈고려인마을〉 정착과 관련된 자세한 내용은 (고가영, 2023)을 참조할 것.

[25] 김양숙·박진 인터뷰. 광산구청 외국인 주민과 사무실 (2023. 4. 7).

비어있는 방들에 고려인들이 들어와서 저렴하게 거주할 수 있었지만, 이제 거주 공간도 한계에 다다랐다. 2024년 9월에는 이전과 달리 월세 비용이 너무 올라서 월곡동에 살기 어려워졌다는 어려움을 호소하는 고려인들이 늘어났다.

이는 우크라이나 난민 고려인들이 단시간에 월곡동으로 들어온 것도 원인 중 하나가 되는 것으로 여겨진다. 이러한 현상은 폴란드, 키르기스스탄 등 비롯한 우크라이나 인근 국가들에서도 발생한 상황이며, 러시아 전쟁 기피 난민들이 대거 유입된 중앙아시아 국가들의 대도시에서도 임대료 인상 등이 사회적 문제들로 대두된 바 있다.

이에 광주에서 오랫동안 거주했던 고려인들이 수도권과 청주, 진천 등으로 이주하고 있다. 2019년부터 광주에 거주하던 박 빅토리아의 외삼촌 가족도 얼마 전 진천으로 떠났다. 진천은 규모가 작은 시골 마을이라 집값도 저렴한데, 임금은 광주보다 높다. 일의 종류도 화장품 병의 하자를 검사하는 일이라 상대적으로 힘이 덜 든다.[26] 이처럼 수도권을 포함한 타지역으로 이동하는 경우는 대체로 광주의 일자리 부족이 그 원인이 되고 있다. 특히 겨울철 일자리가 부족하다고 이천영 대표는 안타까워하고 있다. 〈고려인마을〉의 경제 인프라는 현재로서는 한계에 달한 것처럼 보인다.

〈고려인마을〉의 항공권 지원을 받아 광주로 왔던 사람들 중 러시아, 미국 등으로 떠나거나 아직 전쟁 중인 우크라이나로 귀환한 가정도 다수가 있다.[27]

이천영 대표를 비롯한 〈고려인마을〉의 지도부는 이러한 경제적 한계를 타개하기 위해, 자체적으로 관광 인프라를 구축하여 일자리를 창출하려고 노력하고 있다. 그 노력의 일환으로 '역사와 다채로운 문화가 어우러진 광주 〈고려인마을〉'이라는 구호 하에 다양한 문화사업들을 벌이고 있다. 이천영 대표는 전주 한옥 마을과 대전 성심당으로 인한 관광객 운집 사례와 같이, 문화 산

---

[26] 박 빅토리아 인터뷰. 〈고려인마을〉 노인복지센터 (2024. 9. 6).

[27] 〈고려인마을〉에서 양계장을 운영하던 박 에릭과 니엘자, 협동조합에서 농사를 짓던 김씨도 모두 미콜라이우의 집으로 돌아갔으며, 세르게이 김씨 부부도 오데사의 집으로 돌아갔다.

업을 통한 〈고려인마을〉 일자리 창출을 도모하고 있다.

이에 대해 긍정적인 가능성을 보여준 것이 2024년 10월 12일에 처음으로 개최된 '광산세계야시장' 행사였다. 이는 광산구가 광주 〈고려인마을〉에서 처음으로 개최한 행사였다. 이 야시장에는 주최 측 추산 약 3만 명(경찰 1만 5천 명)이 넘는 방문객들이 참가했다. 이 행사에 예상을 훨씬 뛰어넘는 사람들이 참가함으로써, 〈고려인마을〉이 위치한 지역에 거주하는 선주민들이 운영하는 가게들도 큰 수익을 올릴 수 있었다.

이 행사에는 베트남, 중국, 인도, 터키, 카자흐스탄 등 18개 국가 출신 외국인 주민, 고려인과 더불어 광주시민들이 참여했다(정회성, 2024). 중앙아시아 국가를 비롯한 필리핀, 태국, 캄보디아, 베트남, 중국, 인도, 네팔 등 각 국가의 전통의상을 입은 공연 팀들은 음악과 춤으로 자신들의 문화를 알리는 장으로 삼기도 했다(서인주, 2024). 아울러 호남대 미디어영상 공연학과 학생들의 '대지의 전설 홍범도 장군의 봉오동 전투의 대한독립군' 공연과 '고려인 이주역사 문화공연' 등의 공연도 펼쳐졌다. 선주민들에게는 〈고려인마을〉 특화거리에서 판매되고 있는 꼬치구이(샤슬릭)와 중앙아시아 전통 빵인 리표쉬카 등 이국적인 음식을 맛볼 수 있는 자리가 되기도 했다. 또한 야시장에서 수공예품 판매 등이 이루어져 수익성을 창출할 수 있는 축제 문화를 형성할 수 있는 계기가 되었다(김성빈. 2024). 이 행사가 갖는 의미는 고려인만이 아니라, 다양한 지역에서 온 이주민과 선주민이 어울릴 수 있는 장이 마련되었다는 것이다.

이 외에도 〈고려인마을〉은 수익 구조 활성화를 위한 구체적인 방안으로, 카자흐스탄의 저명한 화가 문 빅토르를 광주로 영구 이주하도록 도운 후 2024년에 '문 빅토르 미술관'을 설립했다. 아울러 우즈베키스탄 전통의상 체험 공간을 마련하여 문화산업들을 다각화시킴으로써, 더 많은 관광객을 유치하기 위한 문화적인 인프라를 갖추기 위해 노력하고 있다.

2. 제도적 한계

이처럼 광주 〈고려인마을〉을 떠나는 이유들 중 일자리 부족과 더불어 좁은 거주 공간도 원인이 되고 있다. 현재 광주에는 인구 감소로 비어있는 오래된 주공아파트가 있어서, 저렴한 가격으로 저소득층들의 입주를 유도하고 있다. 고려인들은 이러한 비어있는 오래된 아파트로 입주하기를 원한다. 그러나 입주 자격은 한국 국적 소유자여야 한다. 입주 조건을 맞출 수 없는 고려인들은 매우 안타까워하고 있다. 이러한 제도적 한계는 지방 정부 차원에서 이미 제정된 '고려인 주민 지원 조례' 등의 조항들을 확대하여, 입주 조건을 완화시키는 방법도 한시적으로 고려해 볼 수 있을 것으로 여겨진다. 그러나 장기적인 관점에서 볼 때 고려인들이 국적을 취득할 수 있는 문턱을 낮추어야 한다.

한국에서의 정착을 선택한 고려인들의 국적 취득은 현재로서는 매우 어렵다. 한국 정부는 고려인을 비롯한 외국인 이주자들에게 국적을 부여하는 정책을 매우 보수적으로 시행하고 있다. 결혼을 통한 국적 취득의 경우를 제외하고 〈고려인마을〉에서 국적을 취득한 사람은 우씨 가족 4명뿐이라고 이천영 대표는 이야기 한다. 우씨 가족은 독립유공자 후손이기에 국적을 취득할 수 있었다.[28] 신조야 대표도 북한 이탈 주민과 결혼한 이후에나 한국 국적을 취득할 수 있었다. 이런 점에서 북한 이탈 주민들은 고려인들의 부러움의 대상이 되고 있다.

또한 고려인들의 경우 배우자가 고려인이 아닌 경우들이 있다. 이 경우 배우자들은 동포 비자가 아닌, F-1 비자(동반비자)로 입국한다. 그러나 동반비자를 가진 경우, 취업을 할 수 없다. 맞벌이를 할 수 없는 한계 때문에 다시 이주의 길로 나서는 이들도 있었다. 이러한 제도적 한계는 광주 〈고려인마을〉 공동체, 더 나아가 한국 내 이주민들의 정착에 장애가 되고 있다. 광주 〈고려인마을〉 공동체가 민간차원에서 고려인들을 환대하더라도, 제도적, 정책적 기반을 마련할 수는 없다.

최근 인구소멸 지역의 대안으로서 지역 특화 비자를 발급할 때 동반비자로 취업을 가능하게 하는 '지역 특화 비자 특례'를 적용하는 지방자치단체들도

---

[28] 이천영 인터뷰. 새날학교 교장실 (2024. 6. 14).

있다. 대표적인 지역으로 제천을 들 수 있다(이대현. 2024). 광주에서도 지방 정부 차원에서 동반비자를 취득한 배우자들도 취업을 가능하게 하는 제도를 마련하는 것이 필요하다.

3. 인식의 한계

고려인들은 재외동포이지만, 언어 장벽으로 인해 소통의 어려움을 겪기도 한다. 또한 구공산권 국가에서 들어왔으니, 가치관도 다를 것이라는 불편한 시선에 노출되기도 한다. 또한 중앙아시아 지역은 동남아시아 지역과 마찬가지로 전형적인 결혼이주 여성들의 출신국이기도 하다. 중앙아시아 출신의 동포인 고려인들도 이러한 차별적 시선의 대상이 되고 있다. 광주 〈고려인마을〉의 신조야 대표에게 자주 들어오는 민원 중 하나는 신체적 결함이 있거나, 직업이 없고 나이가 많은 한국 남성들이, 한국 여성과는 결혼할 수 없으니, 젊고 건강한 고려인 여성을 배우자로 만날 수 있게 해 달라는 요청이다.[29] 이러한 부당한 요청들을 통해 일부 한국인들의 고려인을 바라보는 차별적인 시선을 감지할 수 있다.

광주 〈고려인마을〉의 운영자들은 한국 사회의 부정적 인식을 개선하기 위해 마을 중심부에 위치한 '다모아 어린이 공원'에 2022년 8월 15일 광복절을 맞이하여 홍범도 장군 흉상을 설치하기도 했다. 홍범도 장군 제막식은 광주지역 국회의원 3인과 시의원들, 구청장을 포함한 광주 사회의 유력 인사들과 마을에 거주하는 선주민들과 고려인들이 많이 참석했다. 동상 제막식에서 호남대 연극전공 학생들이 홍범도 장군의 지휘하에 싸웠던 독립운동을 재연하기도 했으며, 다양한 축하 공연 등으로 뜻깊은 행사로 진행되었다. 이 과정을 지켜보며, 고려인 중에는 내 부모들과 동일한 경험을 한, 연해주에서 카자흐스탄 크즐오르다로 강제이주를 당한 홍범도 장군을 한국 사회가 타자로 여기지 않는 것에 깊이 감동하며 눈물을 흘리기도 했다. 이처럼 〈고려인마을〉 운

---

29 신조야 인터뷰. 〈고려인마을〉 노인복지센터 (2024. 9. 6).

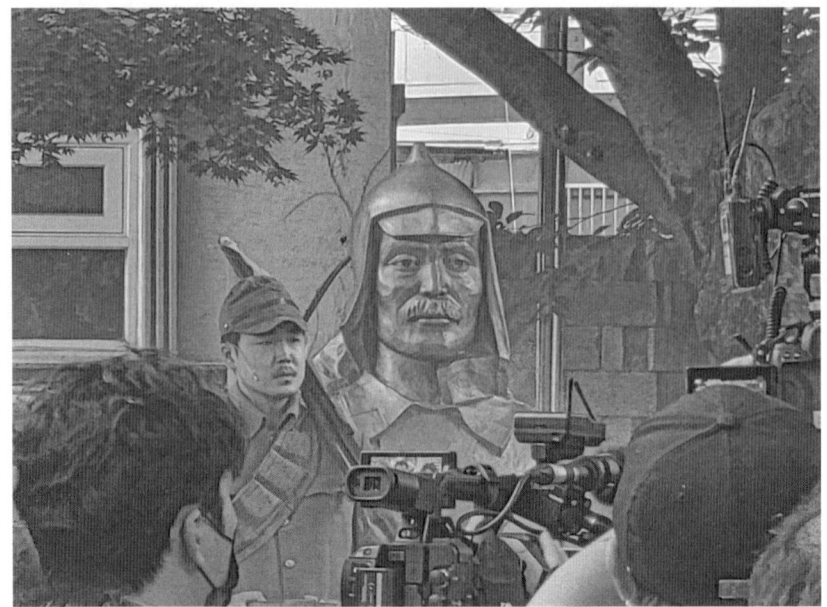

사진 5 홍범도 장군 흉상 제막식

영자들은 고려인들이 독립운동가의 후손들이라는 이미지를 부각함으로써, 차별적인 인식의 장벽을 넘으려는 시도를 하고 있다.

VI. 맺음말

설립자가 있는 고려인 공동체인 광주 〈고려인마을〉은 선주민 이천영과 고려인 신조야, 두 명에 의해 설립된 이래 무엇보다 〈고려인마을〉은 약 20년 동안 지속적으로 발전해 왔다. 〈고려인마을〉 공동체의 발전 단계는 크게 3단계로 구분할 수 있다. 첫째는 제도적 기반이 마련된 단계(2013~2017)로서 그 계기는 '고려인주민조례' 제정이었다. 둘째는 선주민과 본격적으로 동행하기 시작했던 단계(2017~2022)로서 고려인 강제이주 80주년 기념사업을 수행한 것이 계기가 되었다. 셋째는 우크라이나 난민 유입과 〈고려인마을〉의 확장 단계(2022~현재)로서, 우크라이나 전쟁 발발로 인해 우크라이나 전쟁 난민 고려인들이 〈고려인마을〉로 유입된 것이 계기가 되었다. 이러한 단계를 거쳐 현재 〈고려인마을〉은 다음과 같은 운영기관들을 갖추게 되었다(그림 1).[30]

이러한 〈고려인마을〉의 발전에도 불구하고 공동체 발전의 한계들이 존재한다. 그 한계들은 제도적, 경제적, 인식적 한계이다. 이를 통해 확인할 수 있는 것은 민간 차원의 열정과 노력에는 엄연히 한계가 존재한다는 사실이다. 역사적 모국인 한국에서, 그리고 광주 월곡동에서도 뿌리 내리지 못하고 떠나는 이들에 대한 안타까움으로 〈고려인마을〉 대표들은 더 많은 일자리 창출을 위해 민간 차원에서 할 수 있는 일들에 노력을 기울이고 있다. 최근에는 문화사업들을 다각화시키기 위해 노력하고 있지만, 〈고려인마을〉 공동체의 한계 즉, 민간 차원의 환대와 수용의 한계를 보게 된다.

국적 취득의 기회를 얻기 어려운 현시점에서 고려인들은 정치적 권리들

고려인마을 종합지원센터	고려인동행위원회	고려인마을 어린이집	월곡고려인문화관 (역사유물전시관)	고려인미디어센터
고려인법률지원단	법률지원단	고려인마을 지역아동센터	고려인문 사회연구소	FM 93.5MHz GBS 고려방송
고려인광주진료소	의료지원단	고려인마을 청소년문화센터	고려인마을출판사	고려인TV
고려인노인복지센터	소통협력단	한국어학당	김블라디미르문학관	나눔방송
고려인마을 특화거리조성사업단	고려인마을 요양원	고려인마을 어린이합창단	문빅토르미술관	한국협동조합방송
법무부위탁기관 조기적응지원센터	고려인마을 쉼터	고려인청소년 오케스트라단 '아리랑'	AI재난문자센터	고려인콘텐츠사업단
동포체류지원센터	고려인마을 관광 해설사	새날학교		고려인마을 아리랑가무단
고려인마을 집수리봉사단	고려인마을 갤러리(미술관)	고려인마을 인재육성장학회		고려인마을극단 1937
				아리랑극장

그림 1 사단법인 〈고려인마을〉의 운영 조직도
출처: 〈고려인마을〉 홈페이지

---

30   사단법인 고려인마을. https://www.koreancoop.com/sub.php?PID=05

을 얻기도 어렵다. 정치적 권리를 얻지 못하면, 경제적·주체가 되는 데에도 한계가 있다. 이는 미래를 계획하기 어렵다는 것을 의미하며, 다시 길을 떠나야 하는 요인으로 작동한다. 고려인들이 안정적인 미래를 계획할 수 있도록 한국 정부는 고려인들을 위한 정책적, 제도적인 기반을 마련해야 할 시점에 도달했다. 즉 고려인들이 국적을 취득할 수 있는 조건을 완화시켜야 한다.

참고문헌

까를로 진즈부르그 지음. 김정하, 유제분 옮김. 2001. 『치즈와 구더기』. 문학과 지성사.
고가영. 2023. "우크라이나 전쟁 난민 유입과 광주 '고려인마을' 공동체의 확장." 『호모 미그란스』 28.
"고려방송 인터뷰-광주 〈고려인마을〉, 우크라이나 탈출 동포 돕기 모금운동." K-COOP 한국협동조합 방송 (2022. 3. 22).
"고려인강제이주 80주년기념사업위원회 2017년 추진사업 성과보고." https://www.koreancoop.com/sub.php?PID=0405&page=6&category=&searchText=&searchType=all&action=Read&idx=72
고려인인문사회연구소 엮음. 2021. 『광주 이주민의 삶과 문화』, 고려인인문사회연구소 총서 2. 광주: 도서출판 루치카.
"고려인 강제이주 80주년 기념행사 포스터." 『연합뉴스』 (2017. 8. 27). https://v.daum.net/v/20170827123343188
"광주 〈고려인마을〉, '고려인동행위원회' 출범식 갖고 새 사업 추진키로." 『한국타임즈』 (2018. 1. 12). http://www.hktimes.kr/read.php3?aid=151571160098886003
광주광역시립민속박물관. 2019. 『광주 고려인마을 사람들』. 광주: 광주광역시립민속박물관.
김경학. 2014. "중앙아시아 고려인의 한국 이주와 정착: 광주 '고려인마을'을 중심으로." 『국제지역연구』 17(4).
김경학. 2018. "국내 고려인 아동의 국제 이주 경험과 초국적 정체성: 광주광역시 고려인 아동을 중심으로." 『비교문화연구』 24(2).
김경학. 2019. "경계투쟁과 아장스망-광주 광산구 고려인마을의 횡단지역성-." 『인문학연구』 64.
김기성. 2022. "경계투쟁과 아장스망-광주 광산구 고려인마을의 횡단지역성-." 『인문학연구』 64.
김성빈. "고려인마을 광산세계야시장 '초대박'... 광주 대표 축제 발돋움 가능성 확인." 『남도일보』 (2024. 10. 14). https://www.namdonews.com/news/articleView.html?idxno=793818

김나경·선봉규. 2018. "한국 거주 고려인동포 청소년의 생활실태에 관한 탐색적 연구 -광주광역시 고려인마을을 중심으로-."『다문화와 디아스포라연구』13.

김영술·홍인화. 2013. "중앙아시아 고려인의 광주지역 이주와 문화변용에 관한 연구."『디아스포라연구』7(1).

김재기·홍인화. 2017. "광주거주 고려인 이주노동자로서 인권실태."『재외한인연구』43.

김재기. 2014. "광주광역시 광산구 지역 귀환 고려인의 이주배경과 특성."『재외한인연구』32.

김향희. 2023. "광주광역시 월곡동 고려인마을 내 고려인 자영업자의 사회적 네트워크에 관한 연구."『문화와 융합』45.

박종구 외. 2020. "고려인 마을의 '사이공간'으로서 로컬리티: 광주, 안산 고려인마을을 중심으로."『대한지리학회 학술대회논문집』11.

박 빅토리아. ""아픔을 함께 이겨요" 우크라 탈출 고려인동포 자녀 고려방송 진행자로 나서."『한국협동조합방송』(2022. 10. 11). http://www.k-coop.com/board_view_info.php?idx=4690&seq=83

사단법인 고려인마을. https://www.koreancoop.com/sub.php?PID=05

서인주. 2024. "광주〈고려인마을〉'광산세계야시장' 대박났다."『헤럴드 경제』(10월 14일). https://biz.heraldcorp.com/village/view.php?ud=20241014050090

석주연. 2017. "고려인의 코드 전환과 의사소통 전략 연구-광주 월곡 마을 거주 고려인의 경우."『화법연구』37.

석주연 외. 2018. "광주 월곡 마을 고려인의 언어 사용 실태 조사를 위한 기초적 연구."『한국언어문학회』105.

선봉규. 2017a. "한국에서 외국인 집거지의 형성과 공간적 특성에 관한 연구: 광주광역시 고려인마을을 중심으로."『한국동북아논총』83.

선봉규 2017b. "한국에서 외국인 집거지의 형성과 공간적 특성에 관한 연구: 광주광역시 고려인마을을 중심으로."『한국동북아논총』22(2).

아쿨렌코 바딤. 2024.『한국 내 고려인 마을 조사 자료집』. 서울: 학고방.

윤경미. 2023.『민족공동체로서 고려인의 민족문화전승 및 교류전략에 관한 연구』. 호남대학교 대학원 박사학위 논문.

윤승중 외. 2019. 『광주 고려인마을 사람들』. 광주: 광주광역시립민속박물관.

윤택림. 2019. 『(역사와 기록 연구를 위한) 구술사 연구방법론』. 아르케

이대현. 2024. "제천시 "지역 기업과 국내 거주 고려인 동포 유치 세일즈"" 『뉴스1』 (8월 29일). https://www.news1.kr/local/sejong-chungbuk/5525253

이형하·권충훈. 2019. "광주고려인마을 나눔방송의 주요 핵심어 변화 탐색." 『한국컴퓨터정보학회 학술발표논문집』 27(2).

임영상. 2023. 『한국에서 고려인마을을 찾다』. 서울: 북코리아.

임영상·정막래. 2016. "한국 속의 러시아, 고려인 마을을 중심으로." 『동서인문학』 52.

전득안·선봉규. 2022. "코로나19(COVID-19) 팬데믹과 이주민 공동체의 변화-광주광역시 고려인마을을 중심으로-." 『지식융합연구』 5(1).

정막래·주동완. 2017. "광주 고려인마을의 발전을 위한 위키백과 구축 연구." 『슬라브학보』 32(3).

정막래. 2017. 『광주 고려인마을 콘텐츠 연구: 〈나눔방송〉 기사를 중심으로』. 한국외국어대학교 대학원 글로벌문화콘텐츠학과 박사학위 논문.

정종민 외. 2022. "팬데믹 상황에서의 광주 이주배경 고려인 아동의 정동적 연결성." 『다문화와 평화』 16(2).

정회성. 2024. "'다문화축제' 광주 광산세계야시장 3만 명 방문." 『연합뉴스』 (10월 15일). https://www.yna.co.kr/view/AKR20241015129300054

차노휘. 2022. "팬데믹 이후 광주고려인마을 한국어 교육의 중요성 담론." 『문화와 융합』 44(8).

한정훈. 2020a. "이주민 공동체의 정착 공간과 얽히는 시선들 -광주 고려인마을을 대상으로-." 『실천민속학연구』 35.

한정훈. 2020b. "이주(移住)의 서사(敍事)와 고려인 공동체의 미래 -광주 고려인마을 거주 고려인의 구술생애담을 대상으로-." 『호남학』 68.

Kim, Kang-Hyun·Chung Jun-Ki. 2024. "Public Theology and Its Application: A Case Study of Goryeoin Ministry in South Korea." *The International Journal of Religion and Spirituality in Society* 15(1).

Teng, Huei-Chun·Jun-Ki Chung. 2024. "Goryeoin Village in Gwangju, South Korea, and Its Socio-Cultural-Historical Significance." *Journal of*

Contemporary Eastern Asia 23(1).

Park, Yong-Ho et al. 2024. "Saenal School in South Korea: Its Historical Significance." *Journal of Education Culture and Society* 15(2).

김병학 인터뷰, 고려인문화관 '결' (2021. 7. 13., 8. 21., 2022. 8. 15., 2023. 5. 20., 2024. 9. 7).

김양숙·박진 인터뷰. 광산구청 외국인 주민과 사무실 (2023. 4. 7).

박 빅토리아 인터뷰. 〈고려인마을〉 지원센터/노인복지센터 (2022. 7. 24., 2023. 4. 7., 2024. 9. 6).

황 옐레나 인터뷰. 〈고려인마을〉 지원센터 (2024. 3. 12).

홍인화 전화 인터뷰. (2024. 9. 24).

신조야 인터뷰. 〈고려인마을〉 지원센터 / 〈고려인마을〉 노인복지센터.

안 옐레나 인터뷰. 〈고려인마을〉 지원센터 (2022. 7. 24., 2023. 4. 7).

이민음 인터뷰. 〈고려인마을〉 방송국, GBS FM고려방송국 (2022. 8. 16., 2023. 2. 20., 4. 8).

이천영 인터뷰. 새날학교 교장실 (2024. 6. 14).

제7장

경계를 넘는 소리:
광주 〈고려인마을〉 GBS 고려방송의 정체성과 네트워크[1]

최아영

I. 머리말

광주광역시 광산구 월곡동에 위치한 고려인 밀집거주지역은 2000년대 초 인근 하남공단, 평동공단 등 산업단지에서 근무하는 고려인들이 유입되어 정착하면서 형성되기 시작했다. 광주 〈고려인마을〉은 현재 공동대표인 이천영과 신조야가 조우하면서 태동했다. 당시 신조야는 우즈베키스탄에서 한국으로 이주한 후 평동공단에서 일하던 중 임금 체불 문제를 겪었고, 이천영 대표가 이 문제의 해결을 돕는 과정에서 이들은 어려움에 처한 고려인들을 지원하기 위한 활동을 함께 하게 되었다. 이러한 노력이 점차 확대되면서 현재의 광주 〈고려인마을〉이 형성되었다.

2000년대 초부터 20여 년 동안 광주 〈고려인마을〉은 시설과 활동 영역을 지속적으로 확장하여 학교, 어린이집, 협동조합, 지역아동센터, 교회, 진료

---

[1] 이 글은 『역사문화연구』 93(2025)에 게재된 논문을 본서의 편집 취지에 맞도록 수정·보완한 것입니다.

소, 역사문화박물관, 미술관, 노인돌봄센터와 방송미디어를 갖춘 마을 공동체로 발전해왔다.[2] 이와 함께 2013년에는 광주광역시 의회가 홍인화 당시 시의원의 주도로 전국에서 최초로 "고려인 주민 지원 조례"를 제정하면서(고가영, 2024: 326) 고려인 정착을 위한 제도적 지원의 기반이 마련되었다. 이제 광주 〈고려인마을〉은 대한민국에서 브랜드화되어서 국내 고려인 밀집거주지역을 '고려인마을'이라고 부르는 경향까지 생겨났다(아쿨렌코, 2024: 18). 그러나 고려인들의 집거 지역이 단순한 거주 공간을 넘어 '마을'로 명명되기 위해서는 거주민들이 자신의 '마을' 또는 '공동체'에 소속감을 가지며, 그들을 하나로 아우르는 역할을 하는 중심적 조직이나 개인이 존재해야 할 것이다. 이러한 의미에서 광주 〈고려인마을〉은 국내 여러 지역에 있는 고려인 밀집거주지역 중에서도 '마을' 공동체의 성격에 근접한 형태를 지니고 있다고 할 수 있다.

이러한 마을 공동체의 소식과 정보를 공유하여 고려인들이 광주에 정착하도록 돕는 역할을 하는 매개체가 바로 2016년에 고려FM으로 시작된 GBS 고려방송("Kopë GBS FM 93.5Mhz")이다. 광주 〈고려인마을〉의 GBS 고려방송은 광주광역시 광산구 일부를 방송구역으로 하는 공동체 라디오(Community Radio)로서, 지역사회와 광주 〈고려인마을〉의 고려인 주민을 연결하는 역할을 하고 있다. 동시에 러시아어를 사용하는 고려인 주민들이 주도적으로 방송을 제작·송출하는 에스닉 미디어(Ethnic Media)로서도 기능한다. 또한 GBS 고려방송은 국내 공동체 라디오로 운영되지만, 국내에 거주하는 고려인뿐만 아니라 국외 고려인 공동체와도 연결되는 미디어적 특성을 가지고 있다.

이 장은 GBS 고려방송이 공동체 라디오이자 에스닉 미디어로서 동시에 작동하는 독특한 특성에 주목하여, 이 매체가 두 정체성 사이에서 어떠한 정체성을 구축해 가는지를 고찰한다. 이를 위해 공동체 라디오로서 GBS 고려방송이 광주 지역 고려인 공동체의 정착을 지원하는 기능과 역할을 분석하고, 에스닉 미디어로서의 작동 방식과 방송이 국내외 고려인 네트워크 형성에 미

---

2 사단법인 〈고려인마을〉. https://www.koreancoop.com/sub.php?PID=0506 (검색일: 2024. 11. 30).

치는 영향을 살펴본다.

II. 공동체 라디오 GBS 고려방송의 형성과 정체성

1. GBS 고려방송의 형성과 발전 과정

광주 〈고려인마을〉이 운영하는 GBS 고려방송은 공동체 라디오로 개국했다. 공동체 라디오는 커뮤니티를 기초로 운영된다. 여기서 공동체란 첫째, 마을이나 도시 등 특정 지역을 기반으로 형성된 지리적 공동체를 의미한다(최성은, 2014: 2). 둘째, 공동체는 특정한 이슈와 관심사 또는 가치를 공유하는 사회·문화적 공동체를 뜻한다. 이러한 공동체는 지리적 범주에는 구애받지 않지만, 문화, 종교와 젠더 등 특정 가치나 이슈를 공유하는 집단으로 규정된다.

이처럼 공동체 라디오는 지역과 특정 사회·문화적 이슈와 가치를 기반으로 형성된 커뮤니티가 그 공동체를 위해서 운영하는 라디오 방송을 의미한다. 방송구역이 전국 규모인 공영방송이나 민영방송과는 달리 공동체 라디오의 방송구역은 특정 지역으로 한정된다. 공동체 라디오는 형식과 내용의 두 측면에서 지역적(local) 특성을 지니고 있다. 우선 공동체 라디오는 특정된 지리적 공간을 기반으로 존재한다는 점에서 지역성을 가진다. 대다수 공동체 라디오는 저출력 방송으로 운영되며, 일반적으로 반경 20~30km의 특정 지역에서만 방송 청취가 가능하다(최성은, 2014: 7). 또한 공동체 라디오의 프로그램은 전국 단위로 방송되는 공영방송 또는 민영방송이 다루지 않는 특정 지역의 구체적인 이슈를 조명하며, 공동체 구성원 간의 소통과 공동체 발전을 위한 콘텐츠를 기획하고 방송한다는 점에서 지역성을 띤다. 청취율을 높여 더 많은 수익을 창출하는 것을 목적으로 하지 않기 때문에 지역공동체의 후원과 기부금 등으로 운영된다는 특징도 가진다.

한편 공동체 라디오 방송으로 인정받기 위해서는 지역공동체 주민들이 라디오의 운영과 프로그램 제작에 직접 참여해야 한다(차재영, 2007: 69). 그러나 이들은 방송 분야의 전문가가 아니기 때문에 프로그램의 제작과 진행에 필요한 교육 과정을 이수해야 한다. 이러한 방식으로 공동체 라디오는 지역 주민으로 이루어진 참여자들의 미디어 리터러시를 향상시키는 역할을 하며 이를 통해 공동체 구성원들이 미디어의 주체가 될 수 있도록 한다(최성은, 2014: 38).

이와 함께 공동체 라디오는 주류 미디어에서 자신의 목소리를 내기 어려웠던 다양한 문화, 종교, 민족을 기반으로 만들어진 공동체의 성원들이 직접 자신의 이야기를 전할 수 있는 매체라는 점에서 미디어의 다양성을 증진하는 것에 기여할 수 있다.

국내 공동체 라디오에서도 외국인이 방송에 참여하는 경우가 존재한다. 표 1과 같이 2024년 7월 기준 국내 24개의 공동체 라디오 방송국 중 국내에서 외국인 주민 비율이 가장 높은 경기도 안산시 단원구와 서울특별시 행정구역 중 외국인 주민 비율이 높은 관악구 등 4개의 공동체 라디오 방송국에서 다양한 국적의 외국인 주민이 참여하는 방송이 이루어지고 있음을 볼 수 있다.

표 1에 포함된 프로그램에는 주로 외국인 이주노동자와 결혼이주여성들

표 1 국내 공동체 라디오의 외국인 주민 참여 프로그램 현황(GBS 고려방송 제외)

방송국 명칭	성서공동체FM	관악FM	단원FM	광주FM
방송구역	대구광역시 달서구 일부	서울특별시 관악구 일부	경기도 안산시 단원구 일부	광주광역시 북구 일부
프로그램 형태	외국인 이주노동자 진행	외국인 이주여성 진행	결혼이주여성, 외국인 이주노동자 진행	외국인 여성 이주민 진행
프로그램 개수 (방송횟수)	6개 (각 주당 1회)	1개 (주당 6회)	6개 (5개: 주당 1회) (1개: 격주 1회)	1개 (격주 1회 방송)
방송언어	몽골어, 중국어, 인도네시아어, 방글라데시어, 파키스탄어, 네팔어	영어(필리핀), 중국어, 러시아어	크메르어(캄보디아), 네팔어, 중국어,	한국어

출처: 성서공동체FM, 관악FM, 단원FM, 광주FM 홈페이지를 토대로 저자 작성

이 참여하고 있다. 성서공동체FM은 "이주노동자의 프로그램"(Migrant Worker's Programs)을 편성하여 저녁 9시부터 몽골, 중국, 인도네시아, 방글라데시, 파키스탄, 네팔 출신의 외국인 주민들이 주 6회 방송을 진행한다.[3] 관악FM도 필리핀, 중국, 러시아어권 외국인 이주 여성들이 고국의 소식과 한국에서 경험했던 일상을 전하는 "굿모닝! 세상의 아줌마들"이라는 프로그램을 운영하고 있다.[4] 이러한 방송 프로그램은 한국 사회에서 문화적 다양성을 높이는 한편, 외국인을 한국 사회에서 타자로 바라보는 시각에서 벗어나 주체적인 구성원으로 포용하려는 의도를 담고 있다고 볼 수 있다. 그러나 전체 프로그램에서 이러한 외국인이 참여하는 프로그램의 편성 비율과 방송 횟수는 상대적으로 낮은 수준에 머물러 있다. 또한 다양한 국가 출신의 진행자가 자신의 언어로 방송하는 프로그램은 전체를 이루는 하나의 모자이크 조각과 같은 역할을 하는 것으로 한정되어 있다.

한편, 광주 〈고려인마을〉의 GBS 고려방송은 러시아, 중앙아시아, 우크라이나에서 이주하여 정착을 원하는 고려인 동포들이 프로그램의 대다수를 제작·진행하고 있다. 이러한 점에서 GBS 고려방송은 영구 정착을 목표로 역사적 모국인 한국으로 이주한 구소련 출신 한인들이 주도적으로 운영하는 국내 유일의 공동체 라디오 방송국으로서 특별한 사례로 꼽을 수 있다.

광주 〈고려인마을〉의 GBS 고려방송은 두 단계의 발전 과정을 거쳐 현재에 이르렀다. 광주 〈고려인마을〉은 2016년 9월 "고려FM"이라는 이름으로 마을 라디오 방송국을 시작하여 5년 동안 방송국을 운영함으로써 고려인마을의 자체적인 소통 채널을 구축했다. 이후 2021년 광주 〈고려인마을〉이 방송위원회로부터 공동체 라디오 사업자로 정식 승인되고, 93.5Mhz의 라디오 주파수를 할당받으면서 2022년 지상파 라디오인 GBS 고려방송이 개국했다.

---

[3] "Migrant Worker's Programs." 성서공동체 FM. http://scnfm.or.kr/magrant-workers-programs (검색일: 2024. 12. 11).

[4] "굿모닝! 세상의 아줌마들." 관악FM. http://www.radiogfm.net/club/morning (검색일: 2024. 12. 11).

GBS 고려방송의 모태가 된 고려FM은 2016년 9월 당시 외국인 노동자, 결혼이주여성 등 이주민에게 문화예술 행사 참여의 기회를 제공하는 "무지개다리 사업"을 추진하던 광주문화재단과 광주 시청자미디어센터의 지원으로 2016년 9월 102.1Mhz의 주파수로 개국하여 1개월 동안 한시적으로 운영된 마을 방송이었다.[5] 당시 가청권역은 반경 2km의 광산구 월곡동 인근 지역이었고, 러시아어와 한국어로 일일 6시간 송출되었다.

　　이 두 기관은 광주 〈고려인마을〉 주민들이 직접 방송 제작과 진행에 참여할 수 있도록 교육 과정을 마련하여 이들이 자발적으로 미디어 활동을 할 수 있는 기반을 조성하고자 했다. 그러나 1개월간의 이벤트 방송 기간이 종료된 후에는 라디오 주파수와 방송 장비를 반납해야 했다. 이러한 상황에서도 고려인마을 주민들은 마을 라디오 방송국을 계속 운영하고자 하는 의지를 보였고, 지역사회의 후원으로 방송을 시작할 수 있는 기본적인 장비를 마련했다. 그 결과 이벤트 방송 기간이 끝난 후인 2016년 10월 11일부터 하루 6시간에서 24시간 방송 체제로 전환하여 정규방송을 시작했다. 주파수를 반납했기 때문에 모바일 애플리케이션을 통해 인터넷으로 실시간 방송과 재방송을 송출하며 방송국의 운영을 지속했다. 이와 함께 향후 공동체 라디오 주파수를 할당받아 지상파 라디오 방송국을 개국할 수 있는 자격을 갖추기 위한 준비를 진행했다.

　　2021년 7월 방송통신위원회의 결정에 따라 광주 〈고려인마을〉은 공동체 라디오 방송 신규 허가 대상 사업자로 선정되었다. 이에 따라 모바일 애플리케이션을 통해 방송했던 고려FM은 93.5㎒ 주파수를 부여받아 시험방송 기간을 거친 후 GBS 고려방송이라는 명칭을 가지고 정식 방송을 시작하게 되었다. 10W의 소출력 라디오로 승인된 GBS 고려방송은 24시간 방송 체제로 운영되

5　"한국 정착 돕는 '고려FM' 라디오 개소식." 나눔방송 http://nanumyes.com/kunsolution/webzine.php?webzine_id=nanum_01&web_sopt=and&web_sword=%B0%ED%B7%C1FM&web_scol=s|m&web_page=3&article_no=3119&webzine_phase=view (검색일: 2024. 12. 11).

며 방송구역은 광주광역시 광산구 일부 지역이다.

GBS 고려방송은 음악 방송, 고려인마을과 관련한 행사 홍보 등 정보 공유, 그리고 고려인마을 주민들의 일상을 다루는 토크쇼, 문학방송 등의 프로그램으로 구성되어 있다. 앞에서 살펴본 바와 같이 다른 지역의 공동체 라디오가 해당 지역 시청 또는 시의회의 정책을 보도하고 시정을 홍보하는 내용도 다루는 것과는 달리 GBS 고려방송은 광주광역시와 광산구의 소식 중 고려인마을과 관련된 내용을 중심으로 방송한다. 진행자의 대부분이 러시아어를 구사하는 고려인이기 때문에 러시아어 방송이 70%, 한국어 방송이 30%로 구성

표 2 GBS 고려방송 프로그램

프로그램 이름	진행자(진행언어)	내용
타임오브드림스	고려인 (러시아어)	고려인마을에 거주하는 고려인 청소년들이 함께하는 토크쇼
FM라이프 - 일상소개, 음악	고려인 (러시아어, 한국어)	음악, 고려인마을과 월곡동, 광산구 소식
한국어수업 - 초중급, 중고급	고려인 (러시아어)	러시아어로 진행하는 한국어 수업
고려인매거진	한국인 (한국어)	고려인 지역사회, 광주 지역사회 소식, 게스트 인터뷰
10대 세상	고려인 (러시아어)	고려인마을 거주 고려인 및 중앙아시아 청소년의 대한민국 학교생활 적응 프로그램
최동혁의 원테이블	한국인 (러시아어, 한국어)	광주 광산구 하남1, 2, 3지구, 산정지구 상인회 소속 MZ세대 젊은 상인들과 함께하는 소통 공감 이야기 토크쇼
유앤미- 청소년추천음악	고려인 (러시아어)	광산구 거주 다문화 가정, 고려인 청소년들과 소통하며 선곡하는 프로그램
뮤직타임- 발라드&소울	고려인 (한국어)	출퇴근 시간에 듣는 힐링 음악 프로그램
행복문학	고려인 (러시아어)	고려인마을 시인 김 블라디미르와 함께하는 러시아, 세계문학 소개 및 성경 낭독 프로그램
작은 별과 밤	고려인 (러시아어)	심야 시간 야근하는 고려인들을 위한 힐링 공감 에세이, 성경 낭독 프로그램

출처: GBS 고려방송 홈페이지를 토대로 저자 작성

되어 있다.

현재 GBS 고려방송에는 한국인 PD 1명을 비롯하여 22~23명이 방송을 제작하고 진행하고 있다. 방송 진행자의 대다수는 고려인이지만 고려인마을 및 인근 지역에 거주하는 한국인도 포함되어 있다. GBS 고려방송의 모든 프로그램 진행자들은 방송을 시작하기 전에 녹음 시스템 사용법, 말하기 기법, 대본 작성법 등의 교육을 받은 후 직접 작성한 대본으로 방송을 진행한다.[6] 방송진행자 중에는 우크라이나 전쟁 발발 이후 2022년 8월 광주 〈고려인마을〉이 지원하는 항공권을 제공받아 입국한 뒤 이곳에 정착하여 방송 교육을 받은 후 프로그램 진행자가 된 고려인 동포 자녀 3인도 포함되어 있다(고가영, 2023: 26).

이처럼 공동체 라디오에 지역 거주민이 직접 방송 제작에 참여할 경우, 그 경험은 이들의 자신감을 향상시키고, 집단 효능감 형성에 긍정적인 영향을 미친다. 또한 자신과 이웃이 방송 프로그램의 일부로 등장하는 경험은 미디어에 대한 소속감을 강화하는 효과를 줄 수 있다(Matsaganis et al., 2011: 214).

한편 2016년 10월에 모바일 애플리케이션을 통해 마을 방송을 시작한

그림 1 GBS 고려방송 스튜디오
출처: 저자촬영

그림 2 GBS 고려방송 외관
출처: 저자촬영

---

[6] GBS 고려방송 A PD 인터뷰. 광주 〈고려인마을〉 (2024. 10. 21).

고려FM과 2022년 지상파 라디오로 개국한 GBS 고려방송의 콘텐츠를 비교해 보면 일부 프로그램이 신설되거나 폐지되었을 뿐, 마을 정보와 일상 공유, 음악 방송, 게스트 초청 대담 방송이라는 기본적인 프로그램 범주는 큰 변화 없이 유지되고 있다. 또한 고려FM을 모바일 애플리케이션을 통해 24시간 들을 수 있었다면 이제는 GBS 고려방송 홈페이지의 On Air 서비스를 통해 공간과 시간에 구애받지 않고 24시간 방송을 청취할 수 있다. 이러한 상황에서 고려FM과 GBS 고려방송을 구분하는 가장 큰 차이점은 바로 국가가 공식적으로 승인한 '공신력' 있는 라디오 주파수의 보유 여부이다. 이와 관련하여 GBS 고려방송의 A PD는 다음과 같이 설명한다.

> "유튜브 방송은 재미 있으면 되니까 신뢰도가 떨어질 수도 있습니다. 우리에게는 공중파라는 공신력이 필요합니다. 그래야 이분들(고려인) 목소리에 힘이 실리니까요. 주파수를 받는다는 것은 방송법에 의해서 방송이 관리되고, 전파법에 의해 관리되기 때문에 함부로 말을 할 수 없다는 것을 의미합니다. 그런데 그것이 우리에게 힘이 됩니다. 공신력을 주게 되니까요."[7]

현재 대다수의 고려인은 여전히 대한민국 사회에서 안정적인 법적 지위를 지닌 '국민'으로 인정받지 못하고 있다. 그러나 이들의 목소리를 국가가 공식적으로 승인한 매체를 통해 전달할 수 있다는 점에서 GBS 고려방송은 광주 〈고려인마을〉이 지닌 중요한 자산이라고 할 수 있다. 이처럼 2016년 마을 방송으로 시작하여 2022년에 지상파 공동체 라디오로 자리매김한 GBS 고려방송은 국내로 이주한 고려인들이 주도적으로 참여하고, 이들이 주요 청취자층을 이루는 국내 최초의 공신력 있는 공동체 라디오가 되었다.

---

[7] GBS 고려방송 A PD 인터뷰. 광주 〈고려인마을〉 (2024. 10. 21).

2. '대한민국' 공동체 라디오로서 GBS 고려방송의 정체성

GBS 고려방송은 동포이자 이주민인 고려인이 다수 거주하는 광주 〈고려인마을〉이 운영하는 지상파 라디오방송이면서, 동시에 '대한민국' 공동체 라디오로서의 뚜렷한 정체성을 지니고 있다. 이러한 정체성은 GBS 고려방송이 2022년 삼일절에 개국했다는 점에서도 확인할 수 있다. 광주 〈고려인마을〉은 GBS 고려방송의 개국을 "고려인 이주 150년의 역사 속에 염원해 온 주파수를 가진 '지상파방송' 설립의 꿈이 이루어진 것"(GBS 고려방송, 2022/03/26)으로 기념하고 있다. 광주 〈고려인마을〉의 신조야 대표는 고려인 동포들은 모두 독립운동가 후손이라는 점을 언급한다(GBS 고려방송, 2022/03/15). 광주 〈고려인마을〉 홈페이지에도 "93.5Mhz GBS 고려방송은 대한민국이 일제강점기 시절 러시아 지역에서 중앙아시아 허허벌판으로 강제 이주되어 힘든 상황 속에서도 대한민국을 되찾고자 노력한 독립투사 후손인 고려인 동포들의 안정적인 대한민국 정착을 돕기 위한 공익 방송"[8]이라는 문구가 명시되어 있다. 고려인들은 19세기 중엽부터 오랜 기간 역사적 모국과 단절된 상태로 살아오다가, 정착을 목적으로 대한민국으로 이주해왔다. 그러나 이들의 정체성 형성 과정에서 단순한 이주민이 아니라 일제강점기 독립운동에 헌신한 지사들의 후손이라는 역사적 의식이 중요한 요소로 작용하고 있다. 이는 광주 〈고려인마을〉에 거주하는 고려인들이 대한민국 사회에 편입되는 과정에서 자신들의 정체성을 어떻게 형성하고 재구성해왔는지를 잘 보여준다.

GBS 고려방송의 음악 방송도 K-pop과 한국 가수들의 발라드를 포함한 한국어 노래로 구성된다.[9] 이는 외국인 이주민이 참여하여 출신국의 소식과 음악을 선곡하는 국내 다른 공동체 라디오와 구별되는 특성이다. 음악 방송

---

[8] "고려FM 8시뉴스 부분편집본." 광주 〈고려인마을〉. https://www.koreancoop.com/sub.php?PID=0408&page=1&category=&searchText=&searchType=all&action=Read&idx=499 (검색일: 2024. 12. 11).

[9] 다만 심야 음악 방송에서는 예외적으로 러시아어로 만들어진 기독교 종교 음악이 방송되기도 한다.

에서는 선곡과 함께 다양한 이야기가 전달되지만, 그 내용은 주로 한국에서의 생활과 관련된 경험을 중심으로 구성된다. 고려인 청소년들이 진행하는 〈유앤미-청소년추천음악〉프로그램에서는 진행자들이 선호하는 아이돌 그룹과 관련된 이야기를 나누면서 한국의 대중문화를 고려인 청소년들의 시각에서 소개한다. 또한 광주 〈고려인마을〉 출신 진행자가 한국에서 겪은 일상을 전하는 프로그램인 〈타임오브드림스〉에서는 환경 보호, 재활용품 분리수거, 캠핑 문화 등 한국 사회에서 접할 수 있는 다양한 주제들이 다뤄진다.

GBS 고려방송에서 송출하는 광고는 공익광고로만 구성되며, 광산소방서의 소방 안전 공익광고, 광산경찰서와 광주경찰청의 안전광고, 그리고 국가정보원의 공익광고가 프로그램 중간에 방송된다. 이는 상업 광고가 일정 부분 가능했던 모바일 애플리케이션 기반의 고려FM 방송 당시와 달라진 점이다.

이와 같은 공동체 라디오의 공익적 성격이 가장 두드러지게 나타나는 사례는 바로 재난방송이다. 이는 GBS 고려방송뿐만 아니라 국내 다른 지역의 공동체 라디오들이 가지는 공통적인 특성이다. 현행 방송 통신 관련 법규에 따라 공동체 라디오는 음악, 문화, 정보 제공 프로그램을 송출할 수 있지만, 정보 제공의 범위는 해당 지역 소식으로 제한되며 전국 단위의 뉴스, 정치 관련 보도나 대담 프로그램의 방송은 허용되지 않는다(방송통신위원회, 2009). 이렇게 공동체 라디오는 방송구역이 상대적으로 좁고, 지역공동체를 기반으로 운영되기 때문에 재해 지역 주민에게 필요한 정보를 적시에 제공할 수 있는 재난방송의 역할을 할 수 있는 특성을 가진다(최성은, 2014: 39). 일례로 2022년 9월 태풍 '힌남노'가 상륙했을 당시, 전국을 대상으로 하는 지상파방송이 주로 대도시 중심의 소식을 전하는 한편, 군 단위의 소규모 지역에서는 공동체 라디오가 긴급 재난방송의 역할을 수행하였다(KBS 뉴스, 2022/10/03).

GBS 고려방송도 2022년 태풍 힌남노와 관련하여 실시간 재난방송을 송출하여 지역 주민들의 태풍 피해를 최소화하려는 노력에 동참했다. 한편 한국어에 익숙하지 않은 외국인 이주민들에게 휴대전화로 한국어로만 발송되는 긴급 재난 정보는 이들이 안전한 삶을 유지하는 데 있어 심각한 장애물로 작용할 수 있다. 이러한 상황에서 2024년 6월 전북 부안에서 발생했던 지진을 계기로 GBS 고려방송은 긴급재난문자의 러시아어 번역 발송 서비스를 시작하게 되었다. 지진이 발생한 후 고려인마을 주민들은 정부가 발송한 한국어 재난 문자의 내용을 이해하지 못해 불안감을 느꼈으며, 이에 대한 대응으로 해당 서비스가 도입된 것이었다.[10] GBS 고려방송은 중앙재난안전대책본부로부터 수신한 재난 문자를 AI를 통해 러시아어로 번역한 후 고려인 주민들에게 전송하는 시스템을 구축했다(GBS 고려방송, 2024/06/19). 2024년 7월에 "극한 호우로 인한 피해가 우려되니 위험 지역에 있다면 피하라"는 내용을 담은 재난 문자를 12회에 걸쳐 발송하기도 했다(GBS 고려방송, 2024/07/19).

코로나 팬데믹 시기에도 GBS 고려방송은 고려인마을 주민들이 코로나19 예방수칙을 숙지하고, PCR 검사를 받을 수 있도록 홍보활동을 전개했다. 광주광역시 광산구 관내에서 발생하는 코로나19에 관한 방송도 러시아어로 송출했다(한국타임즈, 2020/07/14).

이처럼 국가 재난 상황에서 지역 밀착형 방송의 역할을 하는 동시에, 한국어에 익숙하지 않은 고려인 주민들을 위한 번역 서비스를 제공하는 GBS 고려방송은 공동체 라디오가 그 목적에 맞게 공익적 역할을 수행한 사례로 볼 수 있다.

한편 재난방송을 제외하면 GBS 고려방송이 대한민국 정부 기관이 생산한 정보를 제공하는 것을 주요 목적으로 하는 방송 프로그램을 제작하는 경우는 매우 드물다. 이는 전국 단위 방송국의 지역방송과 지역공동체 구성원 사이의 밀접하고 구체적인 소통을 통해 지역공동체 의식을 형성하고 강화하는 것을 주된 목적으로 하는 공동체 라디오 간의 차이점으로 볼 수 있다.

이와 함께 GBS 고려방송은 한국으로 이주한 고려인들의 안정적인 정착을 지원하는 것을 목표로 하고 있다. GBS 고려방송 청취자 중 다수가 일상에서 러시아어를 사용하는 고려인이지만, 방송 프로그램의 전부를 러시아

---

10 GBS 고려방송 A PD 전화 인터뷰 (2025. 1. 14).

어로 구성하지 않고, 30%는 한국어 프로그램으로 편성한 것은 고려인의 한국 사회 정착과 통합 과정에서 한국어 사용과 선주민과의 소통이 중요한 역할을 한다는 인식이 반영된 것으로 볼 수 있다. GBS 고려방송의 A PD는 한국어 방송을 편성한 이유를 두 가지 측면에서 설명한다. 첫째, GBS 고려방송은 대한민국에서 운영되는 공동체 라디오이므로 선주민인 한국인 청취자도 고려할 필요가 있기 때문이다. 둘째, 방송이 100% 러시아어로 진행될 경우, 고려인 청취자들의 한국어 학습 의지가 약화될 우려가 있기 때문이다.[11] 이처럼 고려인들의 언어 사용과 커뮤니케이션 서클의 다변화는 사회 통합의 중요한 지표 중 하나라고 볼 수 있다. 이는 고려인들이 러시아어를 중심으로 형성하는 사적인 관계뿐만 아니라, 이들의 사회적 네트워크에 선주민인 한국인이 얼마나 포함되어 있으며, 이들과의 소통이 어느 정도 이루어지고 있는가의 문제와도 연관된다. 대부분의 고려인들은 직장생활을 영위하고, 자녀들의 교육 문제로 학교를 방문하여 교사 등 교육 관계자와 소통하는 공적 영역에서는 한국어를 사용하며 선주민과 교류한다. 반면 사적 영역에서는 이전 거주국에서 익숙했던 음식 문화를 유지하고, 러시아어로 소통하며 러시아어로 제공되는 뉴스와 SNS를 통해 정보를 습득하고 공유하는 경향이 있다. 이러한 가운데 광주 〈고려인마을〉에 거주하는 고려인들은 공동체 라디오 방송 제작과 진행에 직접 참여함으로써 공적 영역과 사적 영역의 중간 지대에 해당하는 마을 방송을 통해 선주민들과 보다 적극적으로 상호작용할 수 있게 된다. 이처럼 GBS 고려방송은 고려인들이 지역사회에서 고립되지 않고 선주민들과 공존할 수 있도록 하는 연결 고리의 역할을 하고 있다.

    러시아어 방송 70%, 한국어 방송 30%의 비율이 보여주는 것처럼 청취자의 다수가 러시아어를 사용하는 고려인과 그들의 가족이지만, 지역에 거주하는 선주민도 함께 라디오 방송 제작과 진행에 참여하고 있다. 광주 〈고려인마을〉과 관련 있는 인사들을 초청하여 특정 주제로 대담을 나누고, 고려인마

---

11 GBS 고려방송 A PD 인터뷰. 광주 〈고려인마을〉 (2024. 10. 21).

을의 소식을 한국어로 방송하는 프로그램인 〈고려인 매거진〉의 진행자는 광주 〈고려인마을〉에 거주하는 선주민이자 광주 〈고려인마을〉 해설사로 일하고 있다. 또한 〈최동혁의 원테이블〉 프로그램에는 고려인마을이 위치한 광산구 월곡동에서 오랫동안 자영업체를 운영해 온 한국인이 진행자로 참여하고 있다. 그 외에도 GBS 고려방송은 자원활동가, 병원 관계자, 마을 도서관 관장 등 광주 〈고려인마을〉을 지원하는 지역사회 인사들과 고려인마을 동행위원회 관계자 등을 초청해 대담을 진행하면서 고려인마을 구성원과 지역사회를 연결하는 매개체 역할을 하고 있다.

이러한 가운데 선주민들과 함께 진행하는 방송에서 고려인의 역사와 문화를 주제로 한 '고려인 알기' 프로그램이 편성되고 있다. GBS 고려방송은 2022년 개국 특집으로 〈고려인은 누구인가〉라는 제목으로 3부작 방송 프로그램을 기획하며 고려인의 정체성과 역사적 배경을 조명하는 것에 집중했다. 이와 함께 2022년 광복절을 기념하여 〈고려인 항일독립투사들을 만나다〉라는 특집 다큐멘터리 방송을 기획하기도 했다(GBS 고려방송, 2022/08/07). 이 다큐멘터리는 홍범도 장군과 김경천 장군의 항일 독립투쟁 역사와 고려인마을의 형성과 주민들의 삶의 이야기가 내용으로 구성되었다(광주매일신문, 2022/08/08).

이와 함께 고려인의 항일 독립투쟁의 역사 외에도 고려방송이 기획한 〈고려인 생애사 토크쇼〉와 같은 프로그램에서는 광주 〈고려인마을〉에 거주하는 노년 세대의 고려인들이 출연하여 한국어 또는 고려인들이 보존한 민족어인 '고려말'로 자신들이 태어나고 자란 우즈베키스탄에서의 삶과 마침내 정착하게 된 조국인 한국에 대한 경험을 전달했다. 이들은 방송을 통해 우즈베키스탄에서 소수민족으로 살아가며 주류 민족과의 차이를 인식하게 된 경험, 한인으로서의 정체성을 지키기 위해 노력했던 자신들의 조부모와 부모 세대의 이야기, 그리고 조부모에게서 들은 한반도에 대한 기억을 공유했다. 또한 한국과 다른 고려인의 결혼 및 성묘 풍속, 전통 노래와 같은 문화적 요소를 소개

하며 고려인 정체성의 형성과 전승 과정을 조명했다.[12]

이러한 프로그램은 고려인들에 대한 한국 사회의 이해도를 높이기 위한 노력의 일환이라 할 수 있다. 고려인은 한국인과 같은 뿌리를 공유하지만, 다른 공간에서 역사적으로 다른 길을 걸어온 디아스포라 집단이기에 이들에 대한 한국 사회의 전반적인 이해 수준은 여전히 높지 않다. 특히 고려인들이 사용하는 러시아어는 한국인들이 고려인을 '이방인'으로 인식하는 주요 요인 중 하나로 작용하기도 한다(김경학, 2016: 79). 그러나 고려인 강제이주 80주년 기념사업과 홍범도 장군의 유해 봉환식과 같은 정부의 행보는 선주민의 고려인에 대한 이해와 관심 및 태도의 변화를 일으키는 계기가 되었다(김기성, 2022: 448). 2022년 광주 〈고려인마을〉의 다모아 어린이공원에 세워진 홍범도 장군의 흉상은 고려인들의 정체성 형성과도 연결되어 있지만, 선주민들로 하여금 국외에서 독립운동을 하다가 카자흐스탄으로 강제이주 당한 '고려인'이었던 홍범도라는 역사적 인물과 고려인마을에 거주하는 이웃 주민 고려인들을 연결하여 인식하도록 돕는 역할도 하고 있다.

이처럼 한국어 방송 프로그램은 '대한민국' 공동체 라디오로서 GBS 고려방송의 정체성을 형성하고, 선주민과 고려인 주민들을 연결하는 매개체 역할을 하고 있다. 또한 고려인의 역사와 이들이 창작하고 보존해 온 노래, 시, 그림 등 문화와 예술 작품을 조명함으로써 대한민국 사회에서 고려인의 존재를 알리고 이들에 대한 선주민들의 인식을 심화하는 기능도 하고 있다.

이러한 흐름 속에서 GBS 고려방송은 국내 대형 방송국과 협력하여 네트워크를 형성하기도 했다. 고려FM 시기 방송되었던 한국어 프로그램 〈키즈사이언스〉를 YTN 글로벌과 함께 공동 방송 협약을 체결하여 '보이는 라디오'의 형식으로 송출한 경험이 있다. 흥미로운 점은 이 프로그램의 진행자로 광주

---

[12] "돌아오지 못한 어느 고려인의 유언 1편 엄마, 우리는 어느 나라 사람이에요?" GBS 고려방송_FM93.5Mhz_방송통신위원회_시청자미디어재단_사)고려인마을, 고려인TV. Корейский TB Korean TV. https://www.youtube.com/watch?v=557cKwPdzp0 (검색일: 2024. 12. 29).

〈고려인마을〉에 거주하는 고려인 어린이들이 참여했고, 이들은 유창한 한국어 실력을 바탕으로 방송을 이끌어 갔다는 점이다.[13] 일반적으로 국내 공동체 라디오는 다른 지역의 공동체 라디오와 협업하여 프로그램을 공동으로 제작하는 관행이 있지만, GBS 고려방송은 전국 단위의 방송국과의 협력을 선택하여 '대한민국' 공동체 라디오로 자리매김하고, 고려인들이 한국 사회에서 보다 널리 알려질 수 있게 하는 전략을 취했다.

III. 에스닉 미디어로서의 GBS 고려방송

1. 에스닉 미디어로서의 GBS 고려방송의 콘텐츠와 정체성

에스닉 미디어는 특정 국가 또는 지역에 거주하는 민족 집단(ethnic group)이 그들의 언어를 사용하여 제작하는 미디어이다. 에스닉 미디어는 이주민들이 출신국의 뉴스와 사건에 연결되도록 지원하는 기능과 새로운 지역사회와 국가에 적응하도록 돕는 기능을 한다(Matsaganis et al., 2011: 58).

GBS 고려방송의 청취자 중에는 선주민인 한국인도 있지만, 방송의 70% 가량이 러시아어로 제작·송출되기 때문에 주요 청취자층은 러시아어를 사용하는 러시아와 CIS 국가에서 이주한 고려인과 그들의 가족 및 친지라고 볼 수 있다. GBS 고려방송은 대한민국 광주광역시 광산구 일부 지역을 방송구역으로 둔 공동체 라디오인 동시에 구소련 지역이라는 공간적 범주에서 형성된 역사적 경험과 러시아어를 중심으로 하는 문화를 공유하는 한인 민족집단인 고려인이 주체가 되어 제작되는 방송이라는 점에서 에스닉 미디어로서의 성격

---

[13] "키즈사이언스 "1부 수능과 김치의 날 2부 스피드퀴즈, 복불복 선물공개" 부분편집본." 사단법인 〈고려인마을〉. https://www.koreancoop.com/sub.php?PID=0408&page=1&category=&searchText=%ED%82%A4%EC%A6%88%EC%82%AC%EC%9D%B4%EC%96%B8%EC%8A%A4&searchType=all&action=Read&idx=497 (검색일: 2024. 12. 29).

도 가지고 있음을 볼 수 있다.

광주 〈고려인마을〉은 지상파 라디오인 GBS 고려방송의 개국을 "고려인 이주 150년 역사 속에 고려인 동포들의 꿈인 '자체 방송국' 설립이 실현된 것이며 새로운 역사로 영원히 기억될 것"이라고 기념하고 있다(나눔방송, 2021/07/22).

한편 마차가니스(M. Matsaganis)와 그의 동료들은 에스닉 미디어가 새로운 이주민들에게 '교사'의 역할을 할 수 있다고 보았다. 이들은 에스닉 미디어가 새로 이주한 사람들에게 지역사회와 그곳에서 이용할 수 있는 자원에 대하여 교육하고 안내하며, 새로운 사회에서 중시하는 행동 규범과 미묘한 사회적 규칙을 가르칠 수 있다고 언급했다(Matsaganis et al., 2011: 15). GBS 고려방송도 고려인 청취자들의 한국 정착을 돕기 위해서 〈한국어 수업〉 프로그램을 편성하였으며, 이 프로그램은 고려인들이 러시아어로 한국어를 교육하는 방식으로 진행된다. 이를 통해 한국어에 익숙하지 않은 고려인 청취자들이 보다 쉽게 한국어를 학습할 수 있도록 구성되었다.

한편 GBS 고려방송은 고려인 뉴커머들에게 거주국의 문화를 전달하는 기능을 할 뿐만 아니라, II장에서 살펴보았듯이 고려인들이 경험한 역사와 문화를 선주민에게 알리는 '문화적 교사'의 역할도 하고 있다. 여기서 주목할 점은 이러한 고려인의 역사와 문화를 알리는 방송 프로그램이 선주민인 한국인뿐만 아니라 고려인 청취자들에게도 '역사-문화적 교사'의 역할을 수행할 수 있다는 사실이다. 중앙아시아에서 거주하는 고려인들의 가정에서는 1937년 스탈린에 의한 강제 이주와 같은 비극적인 역사에 대한 기억이 제대로 전승되지 않는 경우가 일반적이다. 이는 강제 이주 과정에서 고려인들이 겪은 집단적 트라우마와 함께 소련 정부로부터 '벌을 받아야 하는' 유형민족으로 간주되어 중앙아시아로 이주된 고려인들이 생존을 위해서 적극적으로 러시아어를 배우고, 정부의 정책을 수용했던 역사적 배경과도 관련이 있다. GBS 고려방송이 제작한 이러한 프로그램은 고려인들에게 부모 및 조부모 세대의 경험에 대하여 들을 수 있는 기회를 제공하고, 이를 통해 역사적으로 형성된 고려인의 집단 기억과 정체성을 공유하고 확장하는 계기를 마련한다.

이러한 '할머니들'의 이야기는 광주 〈고려인마을〉에 거주하는 고려인 청소년들의 고려인 역사에 대한 인식과 정체성 형성에 영향을 미치고 있음을 볼 수 있다. GBS 고려방송의 〈타임오브드림스〉 프로그램 진행자이자 고려인마을에 거주하는 고려인 청소년은 "방송에서 할머니가 전해준 수많은 고려인 선조들의 이야기들, 그리고 '내가 어디 사람인지' 묻는 이들의 이야기가 주는 감동이 있다"고 언급한다(한국타임즈, 2019/04/03).

현재 광주 〈고려인마을〉에는 고려인 조부모, 부모, 손주의 3대가 거주하는 형태가 증가하고 있다. 조부모들이 손주들의 양육과 돌봄을 위해서 한국으로 입국하는 사례가 늘고 있기 때문이다. 이처럼 국제 이주 가정에서 조부모는 가족 관계, 문화와 전통을 유지하는 역할을 하며 고려인 조부모 또한 러시아어, 음식과 같은 고려인의 문화를 보존하고 전수하는 일을 통해 고려인 사회의 문화적 자산을 유지하는 것에 기여한다(김경학, 2016: 78-79).

일반적으로 이주자들의 거주국 사회 통합이란, 그들의 문화적 핵심(core)을 유지하면서 선택적으로 거주국의 정체성과 사회적 네트워크를 수용해 가는 과정을 의미한다(Tsuda, 2009: 213). 이러한 맥락에서 GBS 고려방송이 고려인의 역사, 이주사, 개인의 생애사를 다루는 프로그램을 기획하는 것은, 고려인들이 한국사회로 통합되는 과정에서 자신들의 문화적 핵심을 지키고 전승할 수 있도록 지원하는 시도로 이해할 수 있다.

한편 고려인 역사와 문화를 전승하는 조부모 세대가 자녀 및 손주 세대와 소통하는 언어는 대부분의 경우 러시아어이다. GBS 고려방송이 송출하는 프로그램 중 러시아어 방송의 비중이 높은 이유는 고려인들이 또 다른 한인 디아스포라인 조선족과는 달리 민족어를 보존할 수 있는 역사적 환경에서 살아올 수 없었기 때문에 한국어를 유창하게 구사하지 못하는 현실에서 찾을 수 있다. 한국으로 이주한 고려인들이 겪는 가장 큰 어려움 중 하나는 한국어를 잘 하지 못하기 때문에 발생하는 소통의 문제이다. 2017년에 광주 〈고려인마을〉 주민을 대상으로 실시된 설문조사에 따르면 고려인들의 한국어 사용 수준은 전반적으로 낮은 양상을 보였고, 자신의 한국어 능력을 보통 미만이라고 응답한 사람들이 전체의 70%가량으로 대다수를 차지했다(석주연 외, 2018: 94).

이주 이후 고려인들은 한국어 구사 능력이 제한적이라는 사실로 인해 사회적 주변화를 경험하는 경우도 발생한다. 이렇게 역사적 모국으로의 이주를 선택한 귀환이주자들은 정착 초기에 조상의 나라에서 소수집단의 위치에 처하면서 일종의 '디아스포라'적 경험을 또다시 하게 된다. 역사적 모국에서 이들의 경제적 지위가 상대적으로 낮고 실질적으로 다른 이주 노동자와 유사한 역할을 담당하기 때문이다(Tsuda, 2009: 2).

이러한 상황에서 러시아어는 출신 국가의 차이를 넘어 구소련이라는 역사·문화적 공간을 공유하는 고려인 정체성의 핵심 요소로 자리하고 있다. 한국으로 이주한 이후에도 고려인들이 사용하는 러시아어는 이들의 문화정체성을 유지하는 주요 요인으로 작용하며, 동시에 다양한 국가 출신의 고려인을 하나로 연결하는 매개체가 된다. 고려인들은 단순히 '한국인'으로 동일시되지 않으며, 대한민국에서 나고 자란 한국인들과는 다른 역사·문화적 배경을 지닌 '러시아, 중앙아시아, 우크라이나 출신 한인'으로서의 정체성을 형성한다. 이러한 구별된 정체성은 고려인이 한국에서 나고 자란 한국인들을 지칭할 때 사용하는 용어에서도 드러난다. 고려인은 한국인을 지칭할 때 러시아어로 '한인' 또는 '고려인'을 뜻하는 '까레이츠이'(корейцы)라는 명사뿐만 아니라, '한국'을 러시아어로 음차한 단어에서 파생된 '한구끼'(хангуки, 한국 사람들)나 '유좌끼'(южаки, 남한 사람들)라는 단어를 사용한다.

이렇듯 GBS 고려방송이 러시아어로 송출하는 라디오 프로그램은 고려인이 대한민국에서 나고 자란 '한국인'과는 다른 역사적 경험을 지닌 집단임을 드러내며, 이들의 문화적 고유성을 보존하는 데 일정한 역할을 한다. 이는 에스닉 미디어로서 고려방송이 수행하는 기능 중 하나라 할 수 있다.

이와 함께 러시아어는 고려인의 정체성을 나타내는 중요한 표지일 뿐만 아니라, 한국과 출신 국가에 삶의 반경이 걸쳐 있는 초국가적인 삶을 영위하는 고려인들에게 있어 상실해서는 안 되는 언어이기도 하다. 이것은 특히 유년기에 한국으로 이주했거나 한국에서 태어나 한국어를 더 자유롭게 구사하는 고려인 자녀 세대에게 더욱 그러할 수 있다. 러시아어는 러시아, 중앙아시아, 우크라이나 등지에 거주하고 있는 친지들과의 소통을 위해서 필요한 언어이다. 한국에 거주하는 고려인들은 친척들의 돌잔치, 결혼식 등에 참석하기 위해서 러시아나 중앙아시아 국가를 방문하고 있다. 또한 영주권이나 국적을 취득하지 못한 경우 여권 변경이나 비자 연장을 위해서 본인들이 떠나온 출신국을 방문해야 하는 상황도 발생한다(김경학, 2018: 79). 이 밖에도 고려인들의 비자 연장이 거부되거나 추방되는 경우 한국에서 태어나고 자란 고려인 아동이나 청소년들은 한 번도 살아 본 적이 없는 러시아나 중앙아시아로 돌아가야 한다. 이렇듯 고려인들의 불안정한 법적 지위로 인해 광주 〈고려인마을〉의 지역아동센터와 청소년문화센터는 고려인 자녀들이 한국, 러시아, 중앙아시아 어디에서나 살아갈 수 있도록 러시아어 교육을 필수 교육과정으로 운영하고 있다(GBS 고려방송, 2025/02/01). 이와 같이 러시아어는 고려인들에게 단순한 의사소통의 수단을 넘어 가족과의 연결을 유지하고 초국가적인 삶의 방식을 유지할 수 있게 해주는 필수적인 요소로 작용한다.

　이처럼 고려인의 역사·문화를 다루는 프로그램과 러시아어 방송은 GBS 고려방송이 에스닉 미디어로서 기능하는 대표적 사례이다. 특정 민족 집단의 언어로 방송 콘텐츠가 제작된다는 점은 GBS 고려방송이 에스닉 미디어로서의 특성도 지니고 있음을 보여준다.

　또한 고려방송은 대한민국의 다른 미디어에서 상세히 다루지 않는 고려인 공동체의 문제를 조명한다는 점에서도 에스닉 미디어로서의 역할을 수행하고 있다. 국내에 거주하고 있는 고려인들이 직면하고 있는 가장 큰 문제 중 하나는 바로 국적 취득의 이슈이다. 고려인의 국적 취득에 대한 문제는 GBS 고려방송이 기획한 광주 지역 인사들과의 대담에서 다루어질 뿐만 아니라, 고려인 조부모 세대가 직접 출연하여 그들의 생애사를 조명하는 특별 프로그램에서도 강조된다. 해당 프로그램에 출연한 고려인마을의 약국에서 통역사로 일하는 70대의 고려인 주민 P는 "나에게 마지막 간절한 소망이 있다면 우리 후손들이 이 나라에 정착할 수 있는 국적을 회복한 후 다시는 유랑민으로 전락해 중앙아시아를 떠돌지 않기를 바라는 것입니다."라고 언급했다.[14] 이처럼 국적 취득 또는 회복의 문제는 광주 〈고려인마을〉뿐만 아니라 국내에 거주하는 고려인들에게 있어 중요한 사안으로 인식되고 있다. 국적 취득은 고려인들의 취업 기회, 복지 혜택 접근성 등에 직접적으로 영향을 미칠 뿐 아니라 이들이 역사적 모국에서 사회의 구성원으로 인정받고 정체성을 유지하며, 다음 세대가 지속적으로 공동체를 유지하는 데 있어서 필수적이기 때문이다.

2. GBS 고려방송과 국내외 고려인 네트워크: 연결과 확장

영토 중심적 관점은 이주민들이 가지고 있는 다층적인 정체성과 연결성을 온전히 설명하지 못한다(Georgiou, 2010: 18). 고려인을 비롯한 이주민들은 출신국과 거주국뿐만 아니라 제3의 국가 등 두 개 이상의 국가에 걸쳐 삶의 반경을 형성한다. 이들은 물리적인 이동뿐만 아니라 경제·사회·문화적 교류를 통해 서로 연결되며, 이러한 네트워크를 형성하고 확장하는 데 있어 미디어의 역할이 중요하다.

GBS 고려방송은 광주광역시 일부 지역에서만 청취할 수 있는 소출력 라디오 방송이지만 애플리케이션, 인터넷 홈페이지를 통한 실시간 라디오 방송, 공동체 뉴스를 제공하는 웹사이트, 그리고 유튜브와 같은 온라인 플랫폼을 운영하고 있다. 이러한 인터넷 기반 미디어의 확장성은 가청지역 외부에 거주하는 고려인들도 GBS 고려방송의 콘텐츠를 소비할 수 있도록 하며, 이를 통해 고려인들의 사회적 공간은 물리적 경계를 넘어 탈영토화되고 재구성된다.

GBS 고려방송은 애플리케이션을 통해 방송을 시작했던 고려FM 방송 시기부터 광주광역시 광산구 주민뿐만 아니라 국내 다른 지역과 해외에 거주

---

[14] "고려인마을 산하 고려방송, 특집 다큐 '엄마 우리는 어느 나라 사람이에요' 방송." 사단법인 〈고려인마을〉. https://www.koreancoop.com/sub.php?PID=0403&page=1&category=&-searchText=&searchType=all&action=Read&idx=4782 (검색일: 2024. 12. 29).

하는 고려인들까지 주요 청취자 층으로 설정해왔다. 고려FM은 국내에서 발행하는 러시아어 신문과 협약을 체결하여 〈뉴스 매거진〉이 전하는 소식을 국내 거주 고려인들에게 전달하기도 했다(광산저널, 2016/10/15).

한편 공동체 라디오로서 GBS 고려방송의 콘텐츠는 주로 광주 〈고려인마을〉의 고려인과 한국인 주민과 관련된 소식과 주제에 집중되어 있지만 Ⅱ장에서 살펴본 러시아어로 번역되어 전해지는 긴급 재난문자는 GBS 고려방송의 활동 영역이 광주 〈고려인마을〉의 경계를 넘는 사례에 해당한다. 2024년 여름 2007명의 고려인마을 주민들이 러시아어로 번역된 재난문자 수신을 신청했는데 이들 중에는 광주에 거주하는 고려인뿐 아니라 인천, 안산 등 타 지역 고려인들도 포함되어 있었다. 이들은 광주에 사는 고려인들의 가족이나 친척들이었는데, 직장이 다른 도시에 있어서 주말마다 광주에 사는 가족을 만나러 오는 주말부부이거나, 광주 〈고려인마을〉에 친척이나 지인을 두고 있는 경우였다.[15] GBS 고려방송은 재난지역 범위가 광주광역시와 전라남도에 해당할 경우 러시아어 재난 문자 서비스 수신을 신청한 사람들에게 AI를 통해 번역된 재난문자를 무료로 발송한다(GBS 고려방송, 2024/07/02). 이와 함께 GBS 고려방송은 광주광역시와 전남 지역을 넘어 경기도 오산 지역에 거주하는 고려인 동포들의 위험을 알리기 위해 러시아어로 재난문자를 발송하였는데, 문자를 받은 광주 〈고려인마을〉 주민들로 하여금 이를 해당 지역에 거주하는 친지와 지인에게 SNS와 릴레이 문자 전송을 통해 알리도록 했다(GBS 고려방송, 2024/07/19). 이처럼 GBS 고려방송은 광주·전남 지역뿐만 아니라 전국적으로 재난이 발생했을 경우에도 한국어를 충분히 이해하지 못하는 국내 다른 지역에 거주하는 고려인들에게 러시아어로 번역된 재난 문자를 전달하도록 함으로써, 지역을 넘어 국내 고려인들이 신속하게 재난 정보를 공유할 수 있도록 돕는 역할을 하고 있다.

한편 GBS 고려방송은 지상파 라디오로 운영되면서도 홈페이지를 통해

15　GBS 고려방송 A PD 전화 인터뷰 (2025. 1. 14).

실시간으로 라디오 청취가 가능하기 때문에 국내뿐만 아니라 고려인의 출신 국가인 구소련 지역을 비롯하여 미국, 캐나다, 덴마크 등 유럽국가에서도 접속이 이루어지고 있음을 홈페이지를 통해서 확인할 수 있다.[16] 일반적으로 에스닉 미디어의 청중은 특정 지역에 거주하는 민족그룹뿐만 아니라 세계 각국에 거주하는 동일한 민족 및 언어·문화적 배경을 가진 사람들로 구성된다. 따라서 러시아어를 사용하는 구소련 지역과 그 지역에서 해외로 이주한 사람들이 GBS 고려방송을 청취하는 것으로 추정할 수 있다. 실제로 중앙아시아에서 광주 〈고려인마을〉의 방송을 통해 이 마을에 대한 소식을 들어왔던 고려인이 광주에 지인이 없음에도 불구하고 중앙아시아로부터 광주 〈고려인마을〉의 지원센터를 찾아오는 사례도 있었다(고가영, 2024: 329).

그러나 이러한 국외로 확장된 네트워크에도 불구하고, GBS 고려방송은 고려인의 출신국과 관련된 주제나 소식은 거의 다루지 않으며, 구소련 지역의 '고려인'과 관련된 이슈에 집중하는 경향을 나타낸다. GBS 고려방송의 제작과 진행에 참여하고, 프로그램에 게스트로 출연하는 고려인들은 러시아, 우크라이나, 중앙아시아 등 다양한 국가에서 온 사람들이다. 그러나 방송에서 이들의 출신국에 대한 정보와 소식은 거의 다뤄지지 않는다. 일반적으로 에스닉 미디어는 이주민 출신국의 뉴스를 중요한 비중으로 편성한다. 예를 들어 고려인과 같은 중앙아시아의 소수민족인 부하라 유대인의 경우 이스라엘로 영구 이주한 이후에도 자신들이 러시아어로 제작하는 미디어를 통하여 우즈베키스탄과 타지키스탄의 주요 뉴스와 노루즈(Nowruz)와 같은 중앙아시아 공통의 새해맞이 명절 등의 주제를 다룬다(최아영, 2022: 100-103). 그러나 GBS 고려방송은 고려인의 출신국과 관련된 주제나 소식은 거의 다루지 않는다는 점에서 일반적인 에스닉 미디어와 차이를 보인다.

이러한 흐름 속에서 GBS 고려방송은 광주와 대한민국의 지리적 경계를 넘어 보다 넓은 범위의 고려인 문제를 다루게 되는 계기를 맞이하였다. 그것

---

16 GBS 고려방송 A PD 인터뷰. 광주 〈고려인마을〉 (2024. 10. 21).

은 2022년 러시아-우크라이나 전쟁 발발 이후 광주 〈고려인마을〉이 우크라이나에 살던 고려인들에게 항공권을 지급하여 이들이 한국으로 귀환한 것과 이를 계기로 전 세계 고려인들의 연대를 비전으로 삼아 2023년에 개최된 제1회 세계 고려인 대회와 세계고려인단체총연합회 출범식이었다.

광주 〈고려인마을〉은 전쟁이 발발한 후 우크라이나에 거주하던 고려인들의 국내 귀환을 위한 모금운동을 펼쳐 900여 명에게 항공권과 정착금, 긴급의료비, 임대보증금 등을 지원했다. 이 과정에서 GBS 고려방송은 홈페이지 게시판 뉴스를 통해 모금 현황을 공유하고, 우크라이나에서 광주 〈고려인마을〉로 들어온 고려인 청소년들의 이야기를 방송을 통해 전달하면서 이들을 '전쟁난민'이기보다는 전쟁을 피해 역사적 모국으로 귀환한 '동포'와 누군가의 '가족'으로 조명하며, 전쟁으로 인해 국내에 입국한 고려인과 관련된 정보와 소식을 확산했다.

이와 함께 GBS 고려방송은 2023년 중앙아시아 고려인의 민족 언론인 고려일보 창간 100주년이 되는 해에 열린 제1회 세계고려인대회에 참석한 러시아와 중앙아시아 고려인협회 대표 및 원로 언론인들이 광주 〈고려인마을〉을 방문하는 과정을 보도했다(GBS 고려방송, 2023/05/23). 또한 현지 고려인 언론사에게 뉴스 기사를 제공하며 국외 고려인 사회와의 정보 교류를 이어갔다. 이렇게 우크라이나 고려인 지원과 세계 고려인 대회라는 두 사건에 대한 보도를 계기로 GBS 고려방송은 광주 지역 고려인의 이슈를 다루는 역할을 넘어, 초국가적 네트워크 속에서 고려인 문제를 조명하는 플랫폼으로서 기능하게 되었다.

IV. 맺는 글

광주 〈고려인마을〉은 국내에 존재하는 고려인 밀집거주지역 중에서도 '마을' 또는 '공동체'에 가장 가까운 형태를 보이고 있다. 이천영 목사와 신조야 대표를 중심으로 마을 주민인 고려인들이 고려인마을의 여러 조직과 행사에 주도적으로 참여하고 있기 때문이다. 이러한 마을 공동체의 소통을 매개하는 역할을 하는 것은 고려인이 제작과 진행에 참여하는 공동체 라디오인 GBS 고려방송이다. GBS 고려방송은 광주광역시 광산구 월곡동이라는 특정 지역에 위치하여 이 지역 인근을 가청지역으로 하는 소출력 라디오이며 지역주민인 고려인들이 주도적으로 제작과 진행에 참여하고 있으며 공익을 추구한다는 점에서 전형적인 공동체 라디오의 특성을 가지고 있다.

이와 함께 GBS 고려방송이 대한민국의 공동체 라디오 방송이면서 에스닉 미디어로서 정체성도 가진다고 볼 수 있는 근거는 구소련 지역이라는 특정 지역에서 오랜 시간 거주하면서 형성된 공통의 언어 및 사회·문화적 특성을 지닌 고려인들이 주체가 되어 만들어지는 방송이라는 사실에서 찾을 수 있다. 전체 방송 프로그램 중 러시아어로 방송되는 프로그램이 70%를 차지한다는 점도 에스닉 미디어로서의 고려방송의 정체성을 드러내준다. 러시아어로 진행되는 GBS 고려방송의 프로그램은 대한민국에서 나고 자란 '한국인'과는 다른 역사적 경험을 지닌 고려인들의 문화적 고유성을 보존하는 데 기여하며, 인터넷 기반 플랫폼을 통해 송출됨으로써 광주라는 지역적 경계를 넘어 해외에 거주하는 고려인과 네트워크를 형성하는 역할을 수행한다.

국내에서 법적 지위가 불안정한 고려인들이 대한민국 정부가 공인한 마을 매체를 통해 자신의 목소리를 낼 수 있고, 한국어로 제작되는 프로그램을 통해 지역의 선주민과 소통함으로써 대한민국 사회에 자신들의 존재를 알릴 수 있다는 점에서 고려인들의 안정적인 대한민국 정착이라는 목표를 가진 GBS 고려방송은 광주 〈고려인마을〉이 보유한 중요한 자산이라 할 수 있다.

이렇게 GBS 고려방송은 특정 지역 기반의 대한민국 공동체 라디오의 형식을 갖추면서도, '고려인'이라는 러시아어를 중심으로 형성된 구소련 지역 문화권에서 나고 자란 한인 그룹의 정체성이 뚜렷하게 반영된 에스닉 미디어로 기능하는 국내 유일의 사례라 할 수 있다. 이는 같은 한인이라는 뿌리를 공유하면서도 대한민국에서 나고 자란 한국인과는 다른 역사적 경로를 걸어온 고려인의 복합적인 정체성과도 맞닿아 있다고 볼 수 있다.

  이주민이 거주국에서 세대를 거쳐 정착하게 되면 에스닉 미디어를 통해 찾고자 하는 것은 자신과 같은 역사·문화적 전통을 가진 사람, 그리고 공통의 언어적 배경을 가진 사람들과의 연결이다(Matsaganis et al., 2011: 7). 고려인들이 한국에서 거주하는 시간이 길어짐에 따라 세대가 이어지고 있으며, 유년기에 한국으로 이주했거나, 한국에서 태어나서 한국어를 유창하게 구사하여 한국어로 제공되는 미디어를 자유롭게 활용하는 세대가 이미 등장하고 있다. 그렇다면 앞으로 GBS 고려방송과 같은 매체를 통해 고려인들이 얻고자 하는 것은 이미 익숙해진 한국 사회에 대한 정보나 소식보다는 자신과 같은 역사 및 언어·문화적 배경을 지닌 사람들과 연결되어 삶을 공유하는 것이 될 것이다. 이는 GBS 고려방송이 대한민국 공동체 라디오의 정체성을 유지하는 동시에 고려인 공동체의 정체성을 보존하고 공동체 내부의 연결을 강화하는 에스닉 미디어로서의 역할을 지속해야 하는 이유가 될 수 있다.

참고문헌

고가영. 2023. "우크라이나 전쟁 난민 유입과 광주 '고려인마을' 공동체의 확장."『호모 미그란스-이주, 식민주의, 인종주의』28: 7-50.

고가영. 2024. "설립자가 있는 광주〈고려인마을〉공동체의 발전 단계별 특성과 한계."『역사문화연구』92: 305-350.

"고려인마을 독립투사 추모 행사 '다채'."『광주매일신문』http://pdf.kjdaily.com/sectionpdf/202208/20220808-07.pdf (검색일: 2024. 12. 11).

"고려인마을 산하 고려방송, 특집 다큐 '엄마 우리는 어느 나라 사람이에요' 방송." 사단법인〈고려인마을〉. https://www.koreancoop.com/sub.php?PID=0403&page=1&category=&searchText=&searchType=all&action=Read&idx=4782 (검색일: 2024. 12. 29).

"고려FM라디오, 청소년 프로 '타임오브드림스' 인기몰이!"『한국타임즈』. http://www.hktimes.kr/read.php3?aid=1554264630114266003 (검색일: 2024. 12. 11).

"고려FM, 주민들 참여 열기 나날이 고조."『광산저널』. http://www.gsjn.co.kr/article.php?aid=147645882614914001 (검색일: 2024. 12. 29).

"고려FM 8시뉴스 부분편집본." 사단법인〈고려인마을〉. https://www.koreancoop.com/sub.php?PID=0408&page=1&category=&searchText=&searchType=all&action=Read&idx=499 (검색일: 2024. 12. 11).

"공동체 라디오방송 정규사업자 선정 및 방송국 허가." 방송통신위원회. https://kcc.go.kr/user.do?mode=view&page=A05030000&dc=K05030000&boardId=1113&cp=373&boardSeq=26345 (검색일: 2024. 11. 20).

"공동체 라디오, 지역 특화 재난 방송 역할 '톡톡'." KBS 뉴스. https://news.kbs.co.kr/news/pc/view/view.do?ncd=5570012 (검색일: 2024. 12. 29).

"광주 고려인마을, '고려FM라디오' 지상파라디오 신규 선정." 나눔방송. http://nanumyes.com/kunsolution/webzine.php?webzine_id=nanum_01&web_sopt=and&web_sword=%B0%ED%B7%C1FM&web_scol=s|m&web_page=1&article_no=5090&webzine_phase=view (검

색일: 2024. 11. 27).

"광주 고려인마을, 고려FM라디오 통한 '코로나 예방 홍보' 눈길." 『한국타임즈』. http://www.hktimes.kr/read.php3?aid=1594679427130376003(검색일: 2024. 12. 11).

"광주 고려인마을, 구소련권 고려인동포 관련 언론인 한자리에 모여." GBS 고려방송. http://gbsfm.co.kr/c-2/?pageid=2&mod=document&keyword=%EC%84%B8%EA%B3%84%EA%B3%A0%EB%A0%A4%EC%9D%B8%EB%8C%80%ED%9A%8C&uid=753(검색일: 2024. 12. 11).

"광주 고려인마을, '극한 호우' 대비 러시아어 재난문자 12회 발송." GBS 고려방송. http://gbsfm.co.kr/c-2/?pageid=17&mod=document&uid=1241 (검색일: 2024. 12. 29).

"광주 고려인마을, 마을 자녀 대상 러시아어 수업 한창." GBS 고려방송. (2025. 02. 01), http://gbsfm.co.kr/c-2/?uid=1484&mod=document (검색일: 2025. 2. 15).

"광주 고려인마을 산하 고려방송. 러시아어 재난문자 서비스 시작." GBS 고려방송. http://gbsfm.co.kr/c-2/?pageid=1&mod=document&target=title&keyword=%EC%9E%AC%EB%82%9C%EB%AC%B8%EC%9E%90&uid=1206 (검색일: 2024. 12. 29).

"광주 고려인마을, GBS고려방송 지상파 송출에 이어 홈페이지도 개설." GBS 고려방송. http://gbsfm.co.kr/c-2/?pageid=108&kboard_id=1&mod=document&uid=146 (검색일: 2024. 12. 29).

광주FM. https://kjfm.communityradio.kr/(검색일: 2024. 12. 11).

"굿모닝! 세상의 아줌마들." 관악FM. http://www.radiogfm.net/club/morning (검색일: 2024. 12. 11).

김경학. 2016. "국제이주의 맥락에서 본 '조부모노릇(grandparenting)'에 대한 연구 - 광주광역시 고려인 노년세대를 중심으로 -." 『문화역사지리』 28(4): 69-85.

김경학. 2018. "국내 고려인 아동의 국제 이주 경험과 초국적 정체성: 광주광역시 고려인 아동을 중심으로." 『비교문화연구』 24(2): 61-103.

김기성. 2022. "경계투쟁과 아장스망-광주 광산구 고려인마을의 횡단지역성-." 『인문학연구』 64: 431-460.

단원FM. https://dwfm.communityradio.kr/(검색일: 2024. 12. 11).

"돌아오지 못한 어느 고려인의 유언 1편 엄마, 우리는 어느 나라 사람이에요?" GBS 고려방송_FM93.5Mhz_방송통신위원회_시청자미디어재단_사)고려인마을, 고려인TV Корейский ТВ Korean TV. https://www.youtube.com/watch?v=557cKwPdzp0 (검색일: 2024. 12. 29).

사단법인 〈고려인마을〉. https://www.koreancoop.com/sub.php?PID=0506(검색일: 2024. 11. 27).

석주연·박수연·추연. 2018. "광주 월곡 마을 고려인의 언어 사용 실태 조사를 위한 기초적 연구." 『한국언어문학』 105: 71-99.

성서공동체 FM. http://scnfm.or.kr/(검색일: 2024. 12. 11).

아쿨렌코, 바딤. 2024. 『한국 내 고려인 마을 조사 자료집』. 서울: 학고방.

차재영. 2007. "지역공동체 라디오와 지역대학의 역할." 『사회과학연구』 18: 67-81.

최성은. 2014. 『공동체라디오』. 서울: 커뮤니케이션북스

최아영. 2022. "중앙아시아 부하라 유대인의 초국가적 네트워크 와 정체성: 디아스포라 미디어 분석을 중심으로." 『아시아리뷰』 12(3): 81-110.

"키즈사이언스 "1부 수능과 김치의 날 2부 스피드퀴즈, 복불복 선물공개" 부분편집본." 사단법인 〈고려인마을〉. https://www.koreancoop.com/sub.php?PID=0408&page=1&category=&searchText=%ED%82%A4%EC%A6%88%EC%82%AC%EC%9D%B4%EC%96%B8%EC%8A%A4&searchType=all&action=Read&idx=497(검색일: 2024. 12. 29).

"한국 정착 돕는 '고려FM' 라디오 개소식." 나눔방송. http://nanumyes.com/kunsolution/webzine.php?webzine_id=nanum_01&web_sopt=and&web_sword=%B0%ED%B7%C1FM&web_scol=s|m&web_page=3&article_no=3119&webzine_phase=view(검색일: 2024. 12. 11).

"GBS 고려방송 개국 기념 인터뷰-신조야 고려인마을 대표." GBS 고려방송. http://gbsfm.co.kr/c-1/?kboard_id=1&mod=document&pageid=1&uid=29 (검색일: 2024. 12. 11).

"GBS 고려방송, '고려인 항일독립투사들을 만나다' 다큐멘터리 방송." GBS 고려방송. http://gbsfm.co.kr/c-3/?mod=document&uid=364(검색일: 2024. 12.

29).
"GBS 고려방송 인공지능AI 러시아어 재난문자 전송 서비스 안내 / [Уведомление] Услуга отправки сообщений о чрезвычайных ситуациях на русском языке от GBS." GBS 고려방송. http://gbsfm.co.kr/c-1/?uid=1221&mod=document(검색일: 2024. 12. 29).

GBS 고려방송 홈페이지. http://gbsfm.co.kr/(검색일: 2024. 11. 19).

"Migrant Worker's Programs." 성서공동체 FM. http://scnfm.or.kr/magrant-workers-programs(검색일: 2024. 12. 11).

Georgiou, Myria. 2010. "Identity, Space and the Media: Thinking through Diaspora." *Les médias des minorités ethniques*, 26(1): 17-35.

Matsaganis, Matthew D, Katz, Vikki S and Ball-Rokeach, Sandra J. 2011. *Understanding Ethnic Media: Producers, Consumers, and Societies*. California: SAGE Publications.

Tsuda, Takeyuki. 2009. *Diasporic Homecomings: Ethnic Return Migration in Comparative Perspective*. California: Stanford University Press.

GBS 고려방송 A PD 인터뷰. 광주 〈고려인마을〉 (2024. 10. 21).
GBS 고려방송 A PD 전화 인터뷰 (2025. 1. 14).

제3부
제천 고려인 밀집거주지

제8장

제천의 '모집된' 고려인 커뮤니티의 형성, 특징, 시사점[1]

이준석

I. 머리말

본 연구는 충청북도 제천시가 2023년부터 추진하고 있는 고려인 유치 정책을 지방자치단체(지방정부)의 적극적인 후원에 따른 이민자 공동체(커뮤니티) 형성의 한 사례로서 관찰한다. 구체적으로, 본 연구는 제천 고려인 공동체의 형성 배경과 그 현황을 소개한 후, 안산과 광주 두 지역 내 고려인 공동체와 비교를 통해 그 특징을 분석하고자 한다. 또한 본 연구는 비수도권 기초자치단체(제천시)의 적극적인 모집 정책을 통해 탄생한 외국인 공동체라는 측면에서 제천 고려인 공동체가 기존의 지방정부 이민정책 연구에 가지는 정책적이고 경험적인 시사점을 논하고자 한다.

2024년 8월 한국 법무부 출입국·외국인정책본부에서 발간한 '출입국·외국인정책본부 2024년 7월 출입국외국인정책 통계월보'는 현재 한

---

[1] 이 글은 『역사문화연구』 93(2025)에 게재된 논문을 본서의 편집 취지에 맞추어 수정·보완한 것입니다.

국 내 체류 고려인 인구를 11만 3,754명으로 추산하고 있다(대한민국 법무부, 2024/08/20). 2000년을 전후로 한국 사회에 본격 유입되기 시작한 고려인은 그 수가 꾸준히 증가하였으며, 특히 2015년경부터 2024년까지 약 10년 동안 코로나바이러스(COVID-19)라는 악재에도 불구하고 약 3.6배 증가하는 등 가파른 성장세를 보였다.[2] 이주 초기 서울특별시 중구, 광주광역시 광산구, 경기도 안산시 등에 집단 거주하던 고려인 인구는 그 성장세와 함께 한국 내 다른 지방자치단체로 분산되고 있다. 이에 더하여 2022년 7월 한국 법무부의 지역특화형 비자(F-2-R)[3] 신설이 각 지방자치단체에 외국인과 재외동포 인구를 적극적으로 유치 및 지원할 수 있는 제도적 유인을 제공하게 되면서, 인구 감소와 지역경제 쇠퇴에 직면한 적지 않은 지방자치단체 다수가 지역 특화형 비자 신청 자격을 갖춘 고려인의 이주와 정착에 관심을 기울이고 있다.

이러한 가운데 2023년부터 시작된 충청북도 제천시의 고려인 지원사업은 고려인을 대상으로 하는 첫 지방자치단체 차원의 모집 정책이라는 점에서 주목받고 있다. 제천시는 1980년대 이후 주요 경제적 기반이었던 시멘트와 석탄 산업의 쇠퇴와 맞물린 장기적인 경제활동인구 유출 및 지역경제 침체의 여파로 주민등록 인구가 2024년 초 13만 명 밑으로 떨어진 이후 동년 8월 현재 129,157명[4]을 기록하는 등 지방 소멸 위기를 맞고 있다. 이에 대한 대응책으로 김창규 제천시장이 의욕적으로 추진한 '고려인 이주 및 정착 지원사업'은 2023년 상반기 관련 조례 제정과 정책 종합 계획 수립을 계기로 본격화, 2024년 8월 기준, 61세대 145명의 고려인이 정착을 완료하였으며 이주 과정에 있

---

[2] 한국 내 거주 고려인 인구는 2015년 31,747명에서 2024년 7월 기준 113,754명으로 추산되며, COVID-19 초기인 2020년 소폭 감소를 제외하고는 꾸준한 증가세를 나타냄.

[3] 지역특화형 비자(F-2-R)의 개요에 대해서는 다음의 대한민국 법무부 공식 보도자료를 참조할 것. https://www.moj.go.kr/moj/221/subview.do?enc=Zm5jdDF8QEB8JTJGYmJzJTJGb-W9qJTJGMTgyJTJGNTYxNDgxJTJGYXJ0Y2xWaWV3LmRvJTNG (검색일: 2024. 9. 19.)

[4] 본 연구 내 광역 및 지방자치단체별 인구는 모두 2024년 8월 기준 대한민국 행정안전부 주민등록 인구 및 세대 현황을 따름. https://jumin.mois.go.kr/index.jsp (검색일: 2024. 9. 13.)

는 인원을 합치면 최대 133세대 347명의 고려인 인구 유입이 예상되는 등 소기의 성과를 내는 것으로 알려졌다 (중앙일보, 2024/08/11).

제천시의 적극적 후원에 힘입어 형성되고 있는 제천 고려인 공동체 연구는 지방자치단체 주도 고려인 공동체라는 새로운 재외동포 공동체 유형에 대한 관찰과 분석의 기회를 제공하며, 일부 잘 알려진 지역 내 고려인 공동체에 편중되어 있었던 기존 연구의 지평을 확장한다는 점에서도 중요하다. 한국 내 고려인 공동체 연구는 광주광역시(광산구)와 경기도 안산시 등 2000년대 초반 이후 민간단체의 강력한 지원에 기대거나(광주) 기존 외국인 노동자 공동체의 곁에서 자연스레 형성된(안산) 규모가 크고 대외적으로 잘 알려진 사례에 편중되었다.[5] 2010년대 중반 이후 한국 체류 고려인 인구의 급격한 증가에 따라 고려인 공동체 연구의 지리적 지평은 인천광역시(연수구)(장안리 외, 2022), 경상남도 김해시, 경상북도 경주시(박신규 외, 2021), 충청북도 청주시(김태옥, 2023) 등 광주와 안산 이외 지역으로 확장되었다. 이와 함께, 관내 기초자치단체(시·군·자치구)에 대규모 고려인 공동체가 존재하는 광역자치단체(특별시·도·광역시) 산하 정책연구원에서 고려인 공동체 현황과 그 지원방안을 담은 정책보고서를 출간한 바 있다(예, 손능수 외, 2022; 김병욱 외, 2018; 양수진 외, 2020).

그러나 제천시의 지원 정책에 따른 고려인 공동체 형성은 2023년부터 시작된 새로운 사례로, 단순 언론 보도 외 학술 또는 정책 연구적인 접근은 매우 드물다. 본 사례를 다루는 소수의 기존 연구는 제천시 고려인 지원사업을 소개하고 그 발전 방향에 대한 조언을 건네는 데 초점을 맞추고 있어 사업의 경과와 지역 내 실제 공동체 형성을 다루고 있지 않다(손영훈 외, 2023; 임영상, 2023).

따라서 본 연구는 제천시의 고려인 '모집'과 그로 인한 고려인 공동체 형성에 대한 시론적(introductory)이고 기술적(descriptive)인 연구로서 가치를 지

---

[5] 광주 〈고려인마을〉을 다루는 연구는 본 지면 관계상 모두 소개할 수 없으며, 주요 기존 연구 목록은 고가영(2023) 각주 15번(11~12쪽)을 참조할 것. 안산의 경우 곽동근 외(2017); 서대승(2022); 임영상 외(2016) 등을 참조할 수 있음.

난다고 볼 수 있다. 본 연구는 제천시의 고려인 지원 조례 제정, 고려인 이주 및 정착 지원사업, 그리고 고려인 공동체 형성을 직접적으로 언급하는 국내외 언론 보도, 제천시에서 공개하는 관련 1차 자료, 그리고 제천시 관계자(시장과 담당 공무원) 인터뷰 등을 폭넓게 검토해 본 사업과 고려인 공동체의 전반적인 현황을 전달하고 그 경과를 평가할 예정이다. 추가로, 본 연구는 제천시의 고려인 유치 정책과 유사하다고 평가할 수 있는 해외 사례를 활용해 본 지원사업의 정책적 시사점을 타진할 계획이다. 다만, 제천 고려인 공동체는 그 짧은 역사로 관련 자료 및 학술적 성과가 아직 축적되지 않았기에, 본 연구의 시론적 논의에는 분명한 한계가 존재한다.

    방법론적으로, 본 연구는 문헌 분석, 사례 간 비교 및 인터뷰의 세 가지 연구 방법을 이용한다. 첫째, 본 연구는 한국 행정안전부, 법무부(출입국·외국인정책본부) 등 정부 기관의 통계 및 법안자료와 광역·기초 지방자치단체의 고려인 공동체 관련 정책보고서 등을 인용, 분석해 제천시의 고려인 지원 정책 수립과 그 현황을 밝히는 데 활용한다. 둘째, 본 연구는 광주광역시와 경기도 안산시의 고려인 공동체 현황을 조사, 이를 제천 사례와 비교하여 그 특성을 논한다. 셋째, 제천 고려인 공동체의 형성과 실제 활동을 알아보기 위해 본 연구는 제천 현지 조사(2024년 4월)를 통해 획득한 제천시 관계자(시장과 담당 공무원)와 고려인 주민 인터뷰 자료를 활용한다. 추가로 광주(2023년 2월)와 안산(2023년 7월) 현지 조사 중 취득한 고려인 주민과 지원단체 인터뷰 자료 또한 사례 간 비교에 활용된다.

    본 연구는 우선 2장을 통해 제천 사례의 경험적, 정책적 함의를 지방정부 주도 이민자 수용과 그 공동체 형성의 측면에서 논한다. 이후 3장에서 제천시의 고려인 이주 및 정착 지원사업을 소개한다. 4장에서는 지원사업을 통해 '모집된' 제천 내 고려인 공동체의 현황과 특징을 기술하며, 이 과정에서 그 특성을 규모, 결속력, 지역사회 연계의 세 측면에서 광주, 안산의 사례와 비교한다. 마지막으로, 맺음말을 통해 본 연구의 주요 논의를 요약하고, 연구의 향후 발전 방향을 제시한다.

II. 지방정부의 이민정책 연구와 제천시 사례의 시사점

지방정부의 이민정책과 관내 외국인(재외동포) 수용 관련 연구에 있어, 제천시의 '모집된 공동체'[6] 사례는 ① 상대적으로 이민자 수용의 역사가 짧은 단일국가(중앙집권제 국가) 내 지방정부의 ② 정책적 외국인 유치 및 수용이라는 두 가지 측면에서 새로운 경험적, 정책적 시사점을 줄 수 있다.

우선, 제천 사례는 단일국가 내 지방정부가 주도한다는 점에서 연방제 국가 내 지방정부 위주 기존 연구의 경험적 지평을 확장하는 데 기여할 수 있다. 전통적인 지방정부의 이민자(외국인 또는 재외동포) 수용 정책 연구는 주로 미국과 캐나다 등 장기간의 이민자 수용 경험이 있으며 지방정부가 입법, 행정, 재정 부문에서 고도의 자치권을 행사하는 연방제 국가를 주요 사례로 수행되었으며, 그 연구의 초점 또한 국가(연방정부) 이민정책의 지방화(localization) 또는 지방정부의 지역 산업이나 인구구조에 특화된 이민정책 변용에 맞추어져 있었다(예, Leitner and Presto, 2011; Schmidtke, 2019; Blizzard and Johnston, 2020). 따라서 제천의 사례는 중앙정부에 종속되어 정책적·재정적으로 한정된 자율성을 지닌 지방정부가 이민정책의 주요 행위자로 전면에 나섰다는 점에서 기존 지방정부 이민정책과 외국인 및 재외동포 수용 연구를 단일국가의 경험적 맥락으로 확장할 기회를 제공한다.

다음으로, 제천 고려인 공동체의 형성은 지방정부의 능동적인 이민 인구 유치 활동 측면에서 기존의 연구에 정책적 시사점을 줄 수 있다. 기존의 지방정부 이민정책 연구는 특정 지역 내 자연적인 외국인 이민자 유입과 그로 인해 발생한 공동체에 대한 지방정부의 대응에 그 초점을 맞추고 있다. 이들 연구는 전쟁, 국경선 변화, 초국가적 통합, 자연적 이민 등 국가적 또는 초국가

---

[6] 본 연구에서 사용된 '모집된 공동체'의 개념은 연구자가 고안한 것으로, 제천의 사례를 기존 외국인 공동체의 곁에서 자연스럽게 형성되었거나 그 형성 과정에서 특정 민간단체가 주도적 역할을 담당한 한국 내 다른 지역의 사례와 구별하기 위함임.

적 현상, 즉 지방정부의 직접 통제가 불가능한 현상으로 유입된 외국인 이민자 집단에 대한 지방정부의 대응에 초점을 맞추어 왔다(예, Thränhardt, 1998; Garcia, 2017). 다만 2010년 이후 일부 이민 선진국에서 지방정부의 이민정책을 점진적 인구 감소와 경기 침체에 대한 대응책의 측면에서 분석하는 연구가 발표된 바 있다(예, Huang and Liu, 2018). 그러나 최근의 연구에서 지방정부의 수용적 이민정책의 배경으로 지목하는 여러 요인(문화적 다양성과 자유주의적 정치 성향 등)은 제천의 맥락에 바로 적용되기 어렵다. 따라서 제천 사례에 대한 탐구는 지방정부의 능동적 이민정책에 대한 기존 연구의 확장과 재평가로 이어질 수 있다.

한국 법무부는 제천시 고려인 이주 및 정착 지원사업의 근간이 된 지역특화형 비자 정책 발표 당시 유사한 해외 사례로 오스트레일리아 연방정부의 '숙련노동 지역 비자(Skilled Work Regional Visa)'[7]와 캐나다 연방정부의 '대서양 이주 프로그램(Atlantic Immigration Program)[8]'을 지목한 바 있다. 그러나 이들 사례는 철저히 일부 분야 고숙련 전문직 또는 자국에서 고등교육(대학교 학사학위 이상)을 이수한 이민자들을 대상으로 설계되었으며, 각 주(州) 정부에 비자 발급 추천 기준 수립 권한을 부여하는 등 한국의 지역 특화형 비자 그리고 이를 활용한 제천시의 모집 정책과 단순히 비교하기는 어렵다. 제천 고려인 공동체의 형성과 발전에 대한 면밀한 검토는 오히려 지방정부에 주어진 한정된 행정적, 재정적 역량과 이민정책 간 관계를 분석하는 데 시사점을 줄 수

---

7 일정 자격 요건의 외국 국적자를 대상 광역 대도시권(시드니, 멜버른) 제외 지정 지역(designated region) 거주 조건으로 최장 5년 동안 거주 및 취업을 허가하는 영주권 취득 연계 정책. https://immi.homeaffairs.gov.au/visas/getting-a-visa/visa-listing/skilled-work-regional-provisional-491/application#Overview (검색일: 2024. 9. 12.)

8 캐나다 연방 내 인구가 적은 대서양 연안 뉴브런즈윅(New Brunswick), 노바 스코샤(Nova Scotia), 프린스 에드워드 아일랜드(Prince Edward Island), 뉴펀들랜드와 래브라도어(Newfoundland and Labrador) 4개 주 거주를 조건으로 하는 고숙련 노동자 또는 캐나다 대학 졸업자 영주권 취득 정책. https://www.canada.ca/en/immigration-refugees-citizenship/services/immigrate-canada/atlantic-immigration.html (검색일: 2024. 9. 12.)

있다.

한국과 유사한 중앙집권국가로 더 오랫동안 지속적인 인구 감소를 겪고 있는 일본 사례에 대한 관찰은 제천 사례를 이해하는 데 도움을 줄 수 있다. 일본은 1995년 이후 경제활동인구 감소 및 2010년 이후 지속적인 총인구 감소가 사회 문제로 대두되자 여러 차례 이민법 개정을 통해 동남아시아 출신 등 외국인 노동자의 자국 내 체류와 취업을 간소화하였다. 가장 최근인 2018년 12월 일본 정부의 출입국관리 및 난민 인정법(입관법) 개정안은 특정 직종 한정 가족 동반과 체류 갱신이 가능한 비자 항목('특정 기능 2호')을 신설하는 등 (최서리 외, 2019; Chi, 2020) 한국의 지역 특화형 비자와 구조적으로 유사하다. 다만 일본의 입관법 개정안은 그 외국 국적 수혜자의 거주지역을 제한하지 않는데, 이에 따라 인구 감소를 겪는 일본 내 일부 지방정부가 이들을 유인하기 위한 다양한 지원책을 추진하는 것으로 알려졌다. 최근의 연구는 일본 내 쇠락하는 공업도시 또는 전통적인 농어촌의 입관법 개정안에 따라 입국하는 라틴아메리카(브라질, 페루) 출신 '닛케이(日系)', 즉 재외 일본인의 관내 이주·정착을 위한 일본어 교육과 지역 내 취업 가능 사업장(중소기업, 병원 등) 연계 취업 알선 프로그램 제공에 주목한다(Chi, 2020). 아직 소수의 관련 연구에 그치고 있지만, 일본 지방정부의 재외동포 유인 사례 관찰은 제천 사례의 일반화 가능성과 함께 이러한 '모집' 정책의 성공 요인에 대한 단서를 제공할 수 있다.

III. 제천시의 고려인 이주 및 정착 지원사업

1. 추진 배경

제천시의 고려인 이주 및 정착 지원사업 본격 추진에는 ① 지역 경제 침체 및 인구 감소라는 장기적 요인과 ② 신임 제천시장의 강력한 정책 추진 의지라는 단기적 요인이 함께 작용하였다고 볼 수 있다. 우선 장기적으로는 1980년대 이후 제천 지역 경제 침체와 이에 따른 지속적인 인구 유출을 본 사업 추진의 배경으로 지적할 수 있다. 제천은 과거 시멘트 및 석탄 산업 중심지이자 중부 내륙 3개 철도(충북선, 중앙선, 태백선)의 교차점으로서 번성하였다. 그러나 제천은 1980년대 이후 한국 정부의 석탄 산업 합리화 정책과 시멘트 산업의 점진적인 쇠퇴로 인해 장기적인 경기 침체를 겪었으며, 그 결과 1980년대 초 17만 명에 육박하던 제천시 인구는 지난 2024년 1월 129,994명을 기록해 사상 처음 13만 명 선이 붕괴하는 등 지난 40년 동안 순유출 4만 명 이상을 기록, 약 23.5%의 감소세를 보였다. 제천시 인구는 1995년 한국 정부의 도농통합 정책에 따라 소폭 증가하였으나 이내 다시 감소세로 돌아선 이후 2010년대 초반(2010-2012)을 제외하고는 30년 동안 지속적인 순유출을 겪고 있다(단비뉴스, 2022/04/05). 그 결과 소멸 위험 지수[9]에서 제천시는 2020년 0.457을 기록하며 처음 소멸 위험지역으로 분류되었으며, 2024년 3월에는 0.334로 상황이 악화일로에 있는 것으로 나타났다(단비뉴스, 2022/04/05; 충청투데이, 2024/06/30). 최근 실시된 한국 내 지역 간(cross-regional) 연구에서도 제천은 꾸준한 인구 감소에 따라 지역 내 총생산(GRDP: Gross Regional Domestic Product), 고용, 직업 안정성, 주거환경 등의 대부분의 사회경제적 지표가 동반 정체되거나 후퇴하는 '저성장 소도시' 또는 '정체형 소도시'로 분류되었다(임석회, 2019; 구양미, 2021).

　제천시의 장기적인 경기 침체와 인구 유출 대응책은 실질적인 성과를 거두지 못한 것으로 보인다. 일례로 제천 세명대학교 저널리즘 대학원에서 발간하는 제천·단양 지역 인터넷 언론 〈단비뉴스〉는 지난 2022년 특집 기사를 통해 제천시의 기존 청년 전입 및 일자리 지원 제도가 관내 대학(세명대학교, 대원대학교) 입학생에 대한 단기적 지원금 지급에 몰두한 나머지 근본적 정주 여건 개선에 실패하였다고 비판하였다(단비뉴스, 2022/04/05). 제천시청은 2022

---

[9]　해당 지역 만 20~39세 여성 인구수를 만 65세 이상 인구수로 나눈 0~1 사이의 값으로 1.5 이상이면 소멸 위험 매우 낮음, 1.0~1.5 미만은 보통, 0.5~1.0 미만은 주의, 0.2~0.5 미만은 높음(위험), 0.2 미만은 매우 높음(고위험)으로 분류.

년 이후 관내 관광지 재정비와 휴가 중 원격 업무가 가능한 '워케이션(workation)' 친화적 환경 조성을 통해 체류 및 생활 인구 등을 늘리는 전략을 추진하겠다고 밝혔지만(제천시, 2024), 그 성과는 불명확하다.

기존 정책의 효과가 부진하거나 불명확한 상황에서, 2022년 6월 1일 전국 지방선거 결과 선출된 민선 9기 김창규 제천시장의 강력한 정책 추진 의지를 본 고려인 지원사업의 단기적 추진 요인으로 평가할 수 있다. 여러 인터뷰를 통해 그는 제천시의 고려인 조례 제정 및 이주·정착 지원사업에 제천시장으로서 본인의 직무적인 배경 못지않게 35년 동안 러시아, 카자흐스탄, 키르기스스탄, 아제르바이잔, 조지아 등 구소련권에서 직업 외교관으로 근무한 개인적 배경이 작용하였음을 밝힌 바 있다. 특히 키르기스스탄 주재 한국 대사(2013~2015)와 카자흐스탄 주재 한국대사관 영사(1993)로 근무할 당시 주재국 내 고려인 사회 지원과 한국과 연계 업무에 종사하였던 그의 개인적 직무 경험이 본 지원사업 추진의 배경으로 지적된 바 있다(홍강희, 2023/08/10). 김창규 시장 또한 외교관 경력을 통해 체득한 본인의 중앙아시아 고려인 사회에 대한 높은 이해도를 본 지원사업 추진의 배경으로 주장하였다(*The New York Times*, 2024/08/06; 제천시장 인터뷰, 2024/04/06).

구소련 중앙아시아를 중심으로 한 그의 직업 외교관 경력은 김창규 시장이 2022년 7월 취임 이후 구소련 및 중앙아시아 지역을 활용한 지역 발전 전략을 추진하는 배경이 되었다고 볼 수 있다. 김창규 시장은 2022년 6월 당시 당선인 신분으로 응한 지역 언론 인터뷰를 통해 자신의 직업 외교관 경력을 활용한 외부 자본 유치를 지역경제 활성화 방안으로 내놓은 바 있다(단비뉴스, 2022/06/11). 그는 취임 후 다양한 언론 인터뷰를 통해 지역 내 산업단지와 농촌 지역 인력 부족의 대안으로 '외국인 인재' 유치에 적극 나서겠다고 밝혔으며, 이는 2022년 12월 제천시의 한국 법무부 주관 '지역 특화형 비자' 시범사업자 선정에도 반영되었다(충북뉴스, 2022/12/05). 김창규 시장은 취임 이후 실시한 지역 기업인 간담회에서 산업인력 부족에 대한 지속적인 민원을 접하고 그 해결책의 하나로 고려인 유치를 모색하였다고도 밝혔다(제천시장 인터뷰,

2024/04/06).

2. 진행 현황

제천시의 고려인 이주 및 정착 지원사업은 2022년 11월 제천시 대표단의 키르기스스탄 방문을 통한 현지 이주 희망 고려인 현황 파악을 계기로 시작되었다. 이후 제천시는 2023년 상반기 중 관련 조례 제정과 구체적인 사업 계획을 수립, 동년 9월부터 사업 참여(제천시 이주 및 정착) 희망자를 모집하였다. 그 결과 2024년 8월 기준 제천시에는 61세대 145명의 고려인 이주 가정이 거주하고 있으며, 제천시 재외동포 지원센터에 이주 및 지원 신청서를 제출한 인원을 합치면 그 총 숫자는 최대 133세대 347명에 이르는 것으로 추산된다(중앙일보, 2024/08/11).

제천시의 '고려인 등 재외동포 주민 지원에 관한 조례'는 제천시청 입법예고와 제천시의회의 의결을 거쳐 2023년 4월 7일 공식 제정 및 발효되었으며, 총 17조(별도 부칙 2조)로 지원 대상(고려인)의 법적 지위와 정의, 그 이주와 정착 지원에 대한 시 차원의 지원사업 범위, 그리고 관련 행정 및 재정적 지원에 대한 법적 근거를 명시하고 있다. 2024년 9월 기준 제천시를 포함한 기초자치단체 5개와 광역자치단체 8개 등 총 13개 지방자치단체가 관내 고려인 지원 관련 조례를 제정하였다(표 1 참조). 이 중 제천시의 고려인 지원 조례 제정은 전국 광역 및 기초 지방자치단체 중 열 번째이자 기초자치단체로는 경기도 김포시와 안산시에 이은 세 번째이다. 2024년 6월 언론 보도에 따르면 경기도 평택시가 시의회 차원에서 고려인 조례 제정을 적극 검토 중인 것으로 알려졌다(평택시민신문, 2024/06/26). 경상남도 김해시에서도 2024년 9월 현지 고려인 지원 민간 협의체 구성을 계기로 조례 제정을 촉구하는 목소리가 나오고 있다(경남도민일보, 2024/09/01). 한편 서울특별시 산하 정책연구원인 서울연구원은 2018년 발간 정책연구 보고서('이주 고려인의 서울 정착을 위한 대책')에서 특별시 차원의 고려인 지원 관련 조례 제정을 제언한 바 있으나(김병혁 외, 2018), 관련 후속 논의가 진행되지 않은 것으로 추측된다.

표 1 2024년 12월 한국 지방자치단체 고려인 지원 조례 제정·논의 현황

광역지자체	기초지자체	최초 제정일시	관리 부서	비고
광주광역시	-	2013.10.01	외국인주민과	2019.07.01 일부개정
경기도	김포시	2015.06.10	여성가족과	2020.09.29 일부개정
경기도	-	2016.02.24	외국인정책과	
경기도	안산시	2018.01.08	외국인주민행정과	2024.02.14 일부개정
인천광역시	-	2018.11.05	인구가족과	2023.11.09 일부개정
경상북도	-	2019.04.15	외국인공동체과	
경상남도	-	2020.05.14	가족지원과	
전라북도	-	2021.04.09	대외협력과	
충청남도	-	2021.08.17	여성가족정책관	
충청북도	제천시	2023.04.07	미래정책과	첫 비수도권 기초지자체
경기도	안성시	2023.06.30	가족여성과	
충청북도	-	2023.08.04	가족여성과	
경상북도	경주시	2024.03.12	저출생대책과	
경기도	평택시	미제정	-	2024.06~ 논의 진행 중
경상남도	김해시	미제정	-	2024.09~ 논의 진행 중

출처: 각종 정부 조례, 법령 및 판례 전문 검색포털 '법률우주(U-LEX 2.0)' https://www.ulex.co.kr; "2024년 제천시 고려인 동포 이주·정착 지원사업" 등 제천시 고려인 동포 이주·정착 지원사업 자료; 관련 중앙 및 지역 언론 보도를 취합해 필자가 작성.

　　2024년 12월까지 제정 완료된 13개 고려인 지원 관련 조례 중 제천시의 고려인 조례에는 다음과 같은 두 가지 함의가 있다. 우선 제천시 조례는 최초 제정일시 기준 비수도권 기초자치단체의 선발 주자이다. 제천시 이전 제정된 9개 조례는 비수도권 광역자치단체(광주광역시, 경상북도, 경상남도, 전라북도, 충청남도) 또는 수도권 광역 및 기초자치단체(경기도, 김포시, 안산시, 인천광역시) 주도로, 제천시 조례는 그 입법 추진 및 제정 당시 이미 비수도권(충청북도) 기초자치단체의 첫 사례로 화제를 모은 바 있다(한겨레신문, 2023/02/19). 이후 2023년 8월 제천시 상위 광역자치단체인 충청북도가, 그리고 2024년 3월 경상북도 경주시가 비수도권 기초자치단체 중 두 번째로 고려인 관련 조례를 제정하였다. 2023년 이후 제정된 신규 고려인 지원 조례 4건 중 3건(75%)을 기초자치단체가 주도하는 등 조례 제정의 주체가 점차 광역시·도에서 시로 옮겨가

는 추세가 관찰되는 현재 제천시의 사례는 향후 비수도권 기초자치단체의 정책 모델로 기능할 수 있다.

다음으로, 제천시의 조례는 '외국인 인구(노동자) 관리'에서 '취약계층 지원'으로 진화해 온 한국 내 지방자치단체 고려인 지원 정책의 역사에서 이를 미래 지방 성장 동력 및 발전 전략으로 전환을 시도한 첫 사례이다. 2020년 이전(2013-2019)의 지방자치단체 고려인 관련 조례는 주로 그 정책 담당과 관리 소재를 외국인 주민 관련 부서에 두어 관내 체류 외국인 인구로서 고려인 인구에 대한 법적, 행정적 관리에 그 중점을 두었다. 반면 2020년 이후(2020~2024) 조례는 고려인을 관내 사회적 취약계층으로 인식, 특히 (조)부모를 따라 입국한 고려인 미성년(청소년) 중도입국자녀와 상대적으로 노동 시장에서 소외되어 온 고려인 여성, 그리고 나아가서는 고려인 이주 가정(다문화가정)에 대한 교육, 육아 및 복지 정책에 그 중심을 둔 것으로 보인다. 그러나 제천시 조례는 고려인을 단순한 외국인이나 취약계층이 아닌 비수도권 인구 감소 지역의 미래 성장 전략의 한 행위자로 상정한다는 점에서 앞선 두 가지 정책 방향성과 확연한 차이를 보인다. 제천시청은 2023년 4월 이후 본 조례의 시행과 관리 업무 전반을 산하 문화복지국 내 여성가족과 또는 사회복지과(취약계층 복지 및 외국인·재외 동포 사무 일정 부분 담당)가 아닌 행정지원국 내 미래정책과에 분장하였다.[10] 미래정책과는 미래 전략사업 발굴, 공공기관 유치, 콘텐츠 산업 육성 등 제천시의 역점 지역 발전 사업을 담당하는 부서로, 이는 곧 제천시가 고려인 조례와 이에 따른 지원사업을 지역 발전 전략의 측면에서 접근하고 있음을 반영한다.[11]

제천시의 고려인 이주 및 정착 지원사업은 센터장 이하 총원 9명으로 구

---

10 제천시청 행정 조직도는 다음을 참조. https://www.jecheon.go.kr/www/contents.do?key=4813 (검색일: 2024. 9. 12.)

11 또한 제천시는 2024년 6월 발표한 '인구감소지역 대응 시행계획'에서 재외동포(고려인) 이주 및 정착 지원사업을 현재 인구감소 추세에 대응하기 위한 주요 전략의 하나로 적시하고 있음.

성된 시청 산하 '재외동포 지원센터(이하 지원센터)'[12]에서 총괄 담당하고 있다. 본 지원센터는 제천시 대원대학교에 위치하며, 중앙정부에서 교부되는 지방소멸대응기금 16억 원과 제천시 예산 4억 5,000만 원을 합한 20억 5,000만 원으로 운영되고 있다(제천시, 2024). 지원센터는 이주를 희망하는 고려인 모집으로부터 그 법적 사무(비자), 취업, 주거, 교육(장학) 등에 이르는 지원사업의 전 영역을 총괄 관리하고 있으며, 그 사업 집행에 있어서는 제천시가 조례에 따라 설립한 5년 임기의 '재외동포 정책 자문 위원회'에 심의를 의뢰하고 있다. 지원센터는 우선 모집 및 선발 단계에서 고려인 이주민들의 지역 특화형 비자(2형) 발급과 지역 적응 및 법무부 주관 사회통합프로그램 이수를 지원한다. 다음으로 지원센터는 모집된 고려인의 본격적인 이주 및 전입 단계에서 제천시 관내 기업들에 대한 취업 알선 및 창업 지원, 정착 지원금 제공 및 주거 알선·연계, 미성년 자녀에 대한 돌봄서비스 제공 및 각급학교 전학 지원, 그리고 기술교육 지원 등 취업, 주거, 교육(육아)의 3개 영역에 대한 행정 서비스를 집중적으로 제공하고 있다. 이와 관련하여 제천시 관계자는 현재 지원센터가 이주 희망 고려인들의 취업 알선 및 창업을 최우선 과제로 추진하고 있으며, 취업의 경우 일자리의 질과 연속성 측면에서 일용직보다는 정식 고용계약을 체결하는 상근직에 주력하고 있다고 밝혔다(제천시 공무원 인터뷰, 2024/04/06).[13] 또한 지원센터는 대원대학교 기숙사를 임대, 모집된 고려인들이 제천 시내에 주거 공간을 마련하기 전까지 최대 4개월 동안 단기 체류 숙소로 무상 제공하고 있다.

2023년 10월 이후 지원센터의 본격적인 가동과 고려인 이주 희망자 모집에 힘입어, 2024년 8월까지 약 10개월 동안 제천시로 이주한 거주 고려인

---

12 제천시 재외동포 지원센터의 구체적인 조직과 내용은 다음을 참조. http://jcokcenter.com/ (검색일: 2024. 9. 12.)

13 그러나 본 관계자는 일과 후 현금(일당)이 즉시 지급된다는 점 때문에 고려인들 사이에서는 건설 현장이나 농장 일용직을 선호하는 경향이 있으며, 상근직 일자리 알선에 어려움이 있다고 덧붙임.

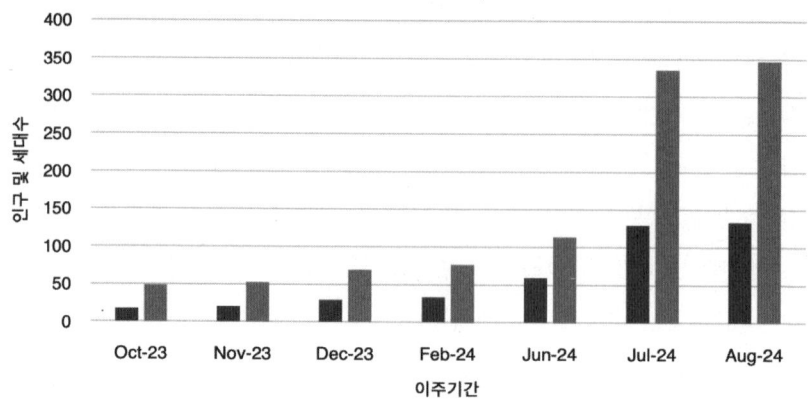

그림 1 2023년 10월 이후 제천시 이주 고려인 세대와 누적 인구수 변화
참조: 왼쪽과 오른쪽 막대그래프는 각각 해당 시점의 제천시 이주 고려인 세대수(호)와 인구수(명) 누적을 표시.
출처: 동아일보, 중앙일보, 뉴스1, 연합뉴스, 뉴시스, 중부매일신문, 제천단양뉴스 등 한국 내 전국 및 지역 일간지와 인터넷 매체 기사에 나온 수치를 필자가 종합 및 추산.

세대와 인구수는 꾸준히 증가하였다. 연구 수행 시점까지의 언론 보도 및 제천시 발표를 근거로 추산, 집계한 결과 2024년 8월까지 제천시로 이주를 완료하였거나 이주 예정인 고려인은 최대 133세대 347명으로 제천시청이 동년 연말까지 목표로 했던 300명을 이미 초과 달성한 상황이다. 특히 2024년 6월 이후 세대 수에 비해 인구수에서 큰 폭의 상승이 관찰된다. 현재 제천시청은 사업 개시 후 3개년(2023~2026) 동안 총 1,000명의 고려인 유치를 목표로 하고 있다(한겨레신문, 2024/02/20).

IV. 제천시 '모집된 공동체'의 형성과 특징

1. '모집된 공동체'의 형성

제천시로 이주 중이거나 정착한 고려인이 종사하는 주요 업종 및 그 비율에 대해 정확히 알려진 통계 자료는 연구 수행 시점에서 찾아볼 수 없다. 제천시장과 관련 공무원들의 인터뷰에 따르면 제천 내 고려인들은 주로 산업단지 내 중소기업 생산직, 사무직(통역) 또는 농촌 지역 일용직으로 근무하거나 소규모 사업장을 창업·운영하는 것으로 보인다(제천시장 인터뷰, 2024/04/06; 제천시 공무원 인터뷰, 2024/04/06). 2024년 상반기 동안 괄목할 만한 증가세를 보였지만, 최대 300여 명의 고려인 인구는 이미 공동체가 형성된 다른 지역의 고려인 인구에 비해 그 규모가 작은 편에 속한다(그림 2 참조). 일례로 2024년 8월 기준 제천시 고려인 인구 최대 추정치(347명)는 고려인 인구수로 전국 10위인 충청남도 천안시(1,943명)의 약 17.9%에 불과하다. 제천시 고려인 인구는 2024년 최신 법무부 출입국·외국인정책본부 자료('법무부 출입국·외국인정책본부 2024년 6월 말 기준 외국국적동포 거소 신고 현황') 기준 충청북도 내에서도 4~5위권으로 추산된다(표 2 참조). 따라서, 절대적 인구 규모로는 기존 주요 고려인 공동체와

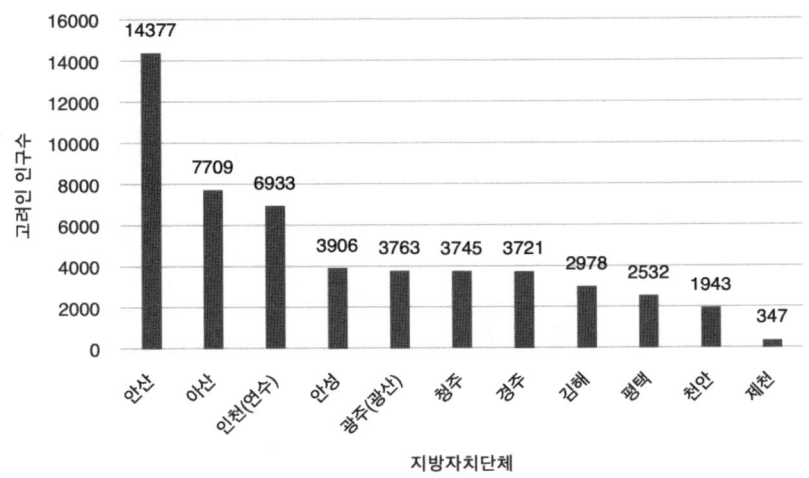

그림 2 한국 주요 지방자치단체 고려인 인구 비교
참조: 안산~천안은 순서대로 고려인 인구수 기준 2023년 6월 전국 1~10위 지방자치단체이며, 제천은 단순 비교를 위해 삽입함. 상위 10개 지방자치단체의 고려인 인구수는 2023년 6월 기준 각 해당 지방자치단체 실제 고려인 거소 신고 및 등록 인구이며, 제천의 인구수는 2024년 8월 기준 관내 이주를 완료했거나 예정인 최대 추정치.
출처: 법무부 출입국·외국인정책본부 자료를 이용한 제천시 '고려인 동포 이주·정착 지원사업 안내자료' 데이터에 2024년 8월 말 기준 제천시 관내 이주(예정) 고려인 인구수 추가.

표 2 2024년 6월 한국 충청북도 기초자치단체별 고려인 거소 신고 인구

순위	기초지자체	고려인 거소 신고 인구(명)
1	청주시	4,020(상당구 54, 청원구 99, 서원구 1,692, 흥덕구 2,175)
2	진천군	1,218
3	음성군	549
4	충주시	115
5	제천시	78(~347)
6	증평군	52
7	괴산군	5
8	보은군	4
9	영동군	2
-	단양군, 옥천군	0

참조: '법무부 출입국·외국인정책본부 2024년 6월 말 기준 외국국적동포 거소 신고 현황'에서 구소련 출신 13개국(러시아(한국계 러시아), 카자흐스탄, 우즈베키스탄, 키르기스스탄, 투르크메니스탄, 타지키스탄, 우크라이나, 벨라루스, 몰도바, 아제르바이잔, 조지아, 리투아니아, 라트비아) 해당 외국국적동포 거소 신고 현황을 추출해 해당 기초자치단체별 합산.
출처: '법무부 출입국·외국인정책본부 2024년 6월 말 기준 외국국적동포 거소 신고 현황'을 기반으로 필자 계산.

견주어 제천 내 고려인이 유의미한 공동체를 형성하기 어려운 조건에 놓여 있다고 볼 수 있다.

객관적 인구 규모의 열세는 자연스럽게 제천 고려인 공동체의 형성 과정에서 관(官)의 역할과 영향력을 부각한다. 실제로 제천 고려인들은 그 이주 또는 재정착 과정에서 제천시의 고려인 지원사업의 역할이 큰 도움이 되었다고 밝혔다. 이들은 특히 제천시의 고려인 지원사업이 무엇보다도 업종 변경(창업) 또는 취업에 도움이 되었다고 밝혔으며, 일자리를 고려인 이주 및 정착의 가장 중요한 요인으로 지목하였다(The New York Times, 2024/08/06; 제천시 고려인 인터뷰, 2024/04/06). 지원사업에 따라 2023년 11월경 인천광역시로부터 제천시로 이주한 30대 여성 고려인은 일자리와 주거를 지원한다는 측면에서 본 사업을 다른 고려인에게 추천할 의향이 있으며, 지역 특화형 비자에 따른 2년의 지역 내 의무 거주 기간 이후에도 제천시에 남기를 희망하였다. 인

터뷰에 응한 다른 고려인 두 명의 사례는 이들의 2023년 10월 이전 제천 거주 경험 때문에 지역 내 정착에 대한 지원사업의 효과를 증명하는 데 한계가 있지만, 최소한 지원사업이 창업을 통해 경제적으로 더 안정적인 삶을 누릴 기회를 주었다는 사실을 확인한다. 한편, 최근 미국 일간지 뉴욕타임스(The New York Times)에 소개된 카자흐스탄 출신 고려인 이주민('Ruslan Li')과 그 가족의 이야기는 제천시 지원사업이 한국에 특별한 연고가 없는 국외 고려인의 이주에도 효과적일 수 있다는 단편적인 사례를 제시한다(The New York Times, 2024/08/06).

그러나, 현지 조사 인터뷰는 제천시의 취업과 주거 중심 지원사업이 고려인의 이주와 정착을 넘어서는 지역 내 넓은 범위의 공동체와 자체적인 네트워크 형성을 촉진하지는 않는다는 고려인들의 반응을 확인하였다. 제천 지역 고려인들은 지원사업이 이주와 정착 이후 지역 내 새로운 인적 네트워크와 공동체 형성에는 영향을 미치지 않았다고 주장하였다. 이들은 제천시의 지원사업에 응모하는 고려인들은 대개 안정적인 취업의 기회를 갈망하므로 자신의 생업 이외의 공동체 연계에 부정적이라는 입장을 피력하고, 고려인 인구의 유입 및 확장과 별개로 기존의 소수 지인을 넘어서는 큰 범위의 공동체 또는 '마을'의 형성에 대해서는 회의적인 반응을 보였다(제천시 고려인 인터뷰, 2024/04/06). 오히려 일부 고려인은 제천에 거주하는 중앙아시아와 튀르키예 출신 외국인 노동자들과 빈번히 교류한다고 대답하였다. 실제로 현지 조사 당시 방문했던 고려인 운영 소매점에서는 무슬림 고객들을 위한 할랄(halal) 음식 및 식재료를 판매하며 중앙아시아 언어(타지크어)로 된 안내문도 찾아볼 수 있었다.

제천시 고려인 인구 유입과 공동체 형성에 필요한 재화(정착 지원금 등)와 서비스(법무 지원, 취업 연계, 주거 알선, 교육 지원) 일체를 제공하는 시청 측의 막대한 영향력이 오히려 지역 내 민간단체와 연계된 공동체 확장을 저해할 가능성 또한 제기된다. 실제로, 지원사업 담당 제천시 공무원들은 대체로 지원사업을 통해 이주한 고려인들과 민간단체(시민단체, 종교단체)의 연계를 경계하며

표 3 2024년 4월 제천 현지 조사 중 고려인 인터뷰 주요 내용

인터뷰 대상 (국적)	업종	제천 거주 기간 (2024.4 기준)	제천 이주·정착 요인, 지원사업 및 공동체 인식
30대 여성 (러시아)	소매업	약 5개월 (2023.11 이주)	- 지원사업을 통해 남편, 남동생과 함께 이주 - 제천 이주 전에는 인천광역시 거주 - 지원사업을 통해 창업 - 지인의 소셜미디어로 지원사업 정보 획득 - 의무 거주 기간(2년) 이후에도 제천 거주 희망 - 일자리 및 주거 지원 측면에서 지원사업을 다른 고려인에게 추천할 의향 있음 - 별도 공동체 연계 없음 - 이주 고려인들은 생업에 바빠 제천시 주도 공식 행사 이외의 개인적 교류 불가능
3~40대 여성 (CIS 지역)	소매업	약 4년	- 지원사업 실시 이전부터 제천 거주 - 제천 외에도 한국 다른 도시 거주 경험 - 제천에서는 원래 산업단지 내 중소기업 근무 - 지원사업의 도움을 받아 창업, 자영업이 산업단지 근무보다 소득 측면에서 나음 - 주변 고려인 중에는 다른 도시로 나갔다 제천으로 돌아오기도 함 - 고려인 공동체가 예전과 비교해 확장되는 느낌이 있으나 소수 지인 이외의 연계 기회 없음 - 중앙아시아 및 튀르키예 출신 외국인 노동자들을 상대로 더 많이 영업(전체 300~500명 추정)
50대 부부 (우즈베키스탄)	요식업	약 8년	- 지원사업 실시 이전부터 제천 거주 - 제천 외에도 한국 다른 도시 거주 경험 - 제천에서는 원래 산업단지 내 중소기업 근무 - 지원사업의 도움을 받아 창업, 자영업이 산업단지 근무보다 소득과 생활 측면에서 나음 - 고려인 공동체가 예전과 비교해 확장되는 느낌이 있으나 주변 지인 이외의 연계 기회 없음 - 중앙아시아 출신 외국인 노동자들과 주변 지역 한국인 상대 영업 - 제천은 한적하고 조밀한 시가지와 깨끗한 환경으로 다른 도시에 비해 거주하기에 편리

참조: 두 번째 인터뷰 대상 여성은 인터뷰 진행 당시 본인의 국적과 나이를 정확히 대답하지 않음. 따라서 인터뷰 대상의 외모와 제천 거주 기간을 포함한 한국 체류 경력을 근거로 나이대를 추산하였으며, 국적을 구소련 유라시아(중앙아시아와 코카서스) 지역을 뜻하는 독립국가연합(CIS: Commonwealth of Independent States) 지역으로 기재함.
출처: 필자의 제천 현지 조사(2024년 4월) 중 인터뷰

이들의 고려인들에 대한 접근이 반드시 선의를 동반하지는 않을 수 있다고 주장하였다(제천시 공무원 인터뷰, 2024/04/06).

덧붙여, 제천시청의 이주 및 정착 고려인들에 대한 주거 연계 및 지원 정

책은 제천 내 고려인 집단 거주지역의 형성에 부정적으로 작용할 가능성이 있다. 제천시 관계자들은 지원센터의 고려인 임시거처 제공, 주거 연계와 중개 수수료 지원 등을 집단 거주지역 형성의 대처 방안으로 인식하였는데(제천시 공무원 인터뷰, 2024/04/06), 이는 고려인의 장기적인 지역 정착 및 지역사회 동화(assimilation)를 조례 제정과 지원사업의 궁극적 목표라고 밝힌 김창규 시장의 견해와 상통한다(제천시장 인터뷰, 2024/04/06).

2. '모집된 공동체'의 특징: 그 한계와 가능성

지방자치단체의 적극적인 지원에 힘입은 제천 고려인 공동체의 형성과 그 특징은 기존에 잘 알려진 한국 내 다른 고려인 공동체들과 비교를 통해 명확히 드러난다. 본 연구는 공동체 인구수 및 해당 지방자치단체 인구 대비 비율, 공동체 결속력, 그리고 지역 연계의 세 가지 차원에서 제천과 광주, 안산을 비교한다.[14] 세 지역 고려인 공동체 사례는 각각 그 형성 주체와 과정에 따라 지방자치단체 주도형(제천), 민간 주도형(광주), 그리고 자연 발생형(안산)으로 구분할 수 있다.

상대적으로 큰 규모와 오랜 역사를 지닌 한국 내 지역 고려인 공동체로서 안산과 광주의 사례는 2010년대 이후 꾸준히 학문적 관찰과 분석의 대상이 되었다. 여러 연구와 언론 보도를 종합하면, 이 두 지역에서는 대략 2000년대 초반부터 본격적인 고려인 공동체의 형성이 관찰되었다. 광주에서는 2000년경 광산구 인근 하남공단의 일자리를 따라 소수의 고려인 가정이 정착하였으며, 이후 2002년 우즈베키스탄 출신 고려인 3세 신조야(Shin Zoya) 현 광주 〈고려인마을〉 대표 겸 고려인 종합지원센터 센터장이 광산구 월곡동 지역에서 당시 공단 외국인 노동자들에 법률적 조력을 제공하던 이천영 목사를 만나 본

---

14 공동체 내 결속력 및 상부상조 네트워크 형성과 지역 연계는 선행 연구에서 이민자 공동체 형성에 필수적인 단계로 여겨지고 있음. 예를 들어 Castle et al(2014) 제3장(Chapter 3) 내 'The Formation of Ethnic Minorities' 참고

격적으로 고려인 지원사업을 시작한 것이 공동체 형성과 확장의 전기가 되었다(광주일보, 2024/01/29; 선봉규, 2017; 선봉규, 2018). 안산에서는 2000년대 초반 단원구 선부동을 중심으로 인근 시화, 반월공단에서 일하는 고려인 가정과 이들을 대상으로 하는 상업시설(직업 소개소, 식료품점, 식당 등)이 처음 관찰되었다. 이후 2000년대 후반에서 2010년대 초반 사이에 고려인에게 교육, 돌봄서비스, 법률 자문 등을 제공하는 안산시 외국인 주민센터(현 외국인 주민 지원 본부)와 민간단체들이 생겨난 것으로 알려져 있다(The Hankyoreh, 2013/09/19; 곽동근 외, 2017; 임영상, 2023).

광주와 안산의 고려인 공동체는 이미 20년이 넘는 형성과 발전의 역사를 헤아리며, 그 규모 면에서도 제천과 상당한 차이를 보인다. 2023년 6월 기준 안산 고려인 공동체(14,377명)는 인구수 기준 한국 내 전국 1위이자 최신(2024년 8월) 안산시 전체 인구(624,005명)의 약 2.3%로 추산되며, 광주 고려인 공동체 규모(3,763명)는 전국 5위 규모로 같은 시점 광주광역시 전체 인구(1,412,063명)의 약 0.27%이지만 그 관할 기초자치단체(자치구)인 광산구 인구(393,135명)의 약 0.96% 수준이다. 반면 제천 고려인 공동체의 최대 추정치인 347명은 2024년 8월 기준 제천시 인구(129,157명)의 약 0.27% 수준이다. 그림 2에서 제시된 인구수 기준 상위 10개 고려인 공동체가 해당 기초자치단체 인구의 최소 0.4%에서 최대 2%를 구성하므로[15], 현재 제천 고려인 공동체의 규모는 장기적인 존속 및 발전을 위한 물리적 규모에 미달한다고 볼 수 있다. 이러한 측면에서 제천시청이 유치 목표로 설정한 고려인 인구 1,000명은 최신 제천시 인구의 약 0.77% 수준으로, 제천시의 장기적인 인구감소 추세와 맞물려 지원사업 종료(2026년) 시점에서는 그 비율이 1%에 근접할 것으로 예상되므로 어느 정도 타당한 수치로 평가할 수 있다.

15 　그림 2에 제시된 고려인 인구수 기준 1~10위 지방자치단체의 총인구 대비 고려인 인구 비율은 2023년 6월 현재 안산(2.3%), 아산(2.18%), 인천 연수(1.74%), 안성(2.02%), 광주 광산(0.96%), 청주(0.44%), 경주(1.52%), 김해(0.56%), 평택(0.43%), 천안(0.49%)과 같이 파악됨.

한편, 광주, 안산, 그리고 제천의 사례는 그 형성 유형이 이후 고려인 공동체의 결속력과 지역사회 연계 양상에 미치는 영향을 보여 준다. 신조야 대표와 이천영 목사의 지도력을 구심점으로 형성, 발전된 광주 고려인 공동체는 내부적으로 매우 높은 결속력을 보이고 있으며 이는 상대적으로 높지 않은 지역사회 연계로 이어지고 있다. 광주 고려인 공동체는 확고한 공간적 기반(광산구)을 중심으로 공동체 내에서 고려인의 이주와 정착에 필요한 거의 모든 서비스가 제공되는 자족적 구조를 갖추고 있다. 광주 고려인 공동체는 자체적인 돌봄서비스(어린이집과 청소년문화센터 등)[16], 교육(광주 새날학교), 방송국(라디오 GBS 고려방송), 그리고 민간 후원으로 운영하는 간이 의료시설(고려인 광주 진료소)을 갖추고 있으며, 월곡동 내에는 고려인 대상 법률사무소, 부동산중개업소와 직업 소개소를 쉽게 찾아볼 수 있다. 문화적으로도 광주 고려인 공동체는 '독립군의 후손'이라는 공유된 정체성을 바탕으로 2013년부터 '고려인의 날'을 기념하며 관련 교육 및 전시 시설(월곡 고려인 문화관)을 보유하고 있다. 신조야 대표는 2023년 2월 현지 조사 당시 인터뷰에서 전국 최초 '고려인마을'이라는 명칭에 높은 자부심을 드러내며, 다른 지역 고려인 공동체에서 광주의 경험을 배우기 위해 방문한다고 주장하였다(광주광역시 신조야 대표 인터뷰, 2023/02/20)[17]. 이천영 목사 또한 광주 고려인 공동체가 "타지로 나갔던 사람도 다시 돌아오게 하는" 경제적이고 문화적으로 완결된 공동체임을 강조하였다(광주광역시 이천영 목사 인터뷰, 2023/02/20). 따라서 광주 고려인 공동체에서는 러시아어가 가장 일상적으로 사용되며, '언어'는 대학교 진학과 취업 등의 이유로 월곡동을 떠났던 젊은 고려인들의 귀향을 촉진하는 요인으로 볼 수 있

---

16 물론 이들 돌봄서비스 및 교육시설이 광산구에 거주하는 고려인 모두의 자녀를 수용하는 것은 아니지만, 이 지역으로 이주해 들어오는 고려인들에게는 초기 정착 과정에서 큰 도움이 될 수 있음.

17 이와 같은 광주 고려인 공동체의 자족적인 성격은 2022년 러시아의 우크라이나 전면 침공 이후 고려인지원센터 주도로 약 900명 우크라이나 출신 전쟁 난민(고려인과 그 가족)을 수용하는 계기가 되기도 함(고가영, 2023).

다(광주광역시 이천영 목사 인터뷰, 2023/02/20).

광주 사례는 그 자족적이고 결속적인 성격에 비해 지역사회 연계 면에서 아직 높다고 평가하기 어려운 부분이 있다. 광주광역시가 2013년 한국 지방자치단체 최초로 고려인 지원 조례를 제정하였으나, 광주 고려인 공동체와 광산구청 간 관계는 2020년 본격적으로 시작된 도시재생사업을 계기로 전환점을 맞은 것으로 보인다. 광주광역시는 2020년 한국 국토교통부가 주관하는 '도시재생 뉴딜' 사업자로 선정, 3개년(2020~2023) 간 총사업비 200억 원이 투입되는 도시재생사업을 추진하게 되면서 본격적으로 '광주 〈고려인마을〉'을 지역 홍보와 국제화의 첨병으로 활용하게 되었다(조선일보, 2020/05/23). 관할 광산구청은 2020년 이후 다양한 고려인 관련 문화제를 후원하고 도시재생사업 관련 협의회를 구성하는 등 고려인 공동체와 접촉면을 넓히고 있다(예, 시사매거진, 2020/05/21; 전남인터넷신문, 2024/07/31). 이와 함께 고려인 공동체는 고려인 중앙아시아 강제 이주 80주년이었던 2017년을 기점으로 여러 기념 행사를 통해 광산구 선주민(한국인)과 협력관계를 강화해 나가는 것으로 보인다(남도일보, 2022/08/24). 그러나 신조야-이천영 2인의 주도로 2002년 광주 고려인 공동체가 출범한 이후 2010년대 중반까지 약 15년간 고려인과 월곡동 주민 또는 광산구청 간의 관계를 추적, 분석하는 실증적 연구의 부족함으로 인해 양자 관계에 대한 통시적인 접근과 평가에는 어려움이 있다.[18] 또한 안산 등과 달리 고려인과 긴밀히 연계된 지역 민간단체가 연구 수행 시점에서 거의 존재하지 않는 점도 광주 고려인 공동체의 지역사회 연계 정도에 대한 의문점을 남긴다.

특정한 구심점 없이 고려인 집중 거주에 따라 자연스럽게 발전한 안산의 고려인 공동체는 광주와 비교하여 더 낮은 단계의 결속력과 더 높은 수준의 지역사회 연계성을 보인다고 평가할 수 있다. 안산의 사례는 선부동 이웃 원

---

[18] 광주 〈고려인마을〉과 광산구 선주민 간 양자 관계를 통시적으로 다루는 고가영(2024) 등 최근의 연구 또한 2013년 이전의 관계는 거의 언급하지 않음.

곡동에 1990년대 중반부터 거주한 동남아시아 출신 중심 외국인 노동자 공동체가 2000년대 초반 이후 한국 노동 시장에 본격 유입된 고려인 공동체로 확장된 양상을 띠고 있다(선봉규, 2018). 즉 외국인 노동자들을 위한 상업시설과 시가지가 이미 존재하였다는 점에서 안산 단원구는 자연발생적인 고려인 공동체 형성에 유리한 조건을 갖추고 있었으며, 상당히 자족적인 성격을 가진다고 평가할 수 있다. 또한 안산 고려인 공동체는 확고한 공간적 기반(단원구)과 경제적 요인(일자리 및 기반 시설)의 영향으로 형성되었다는 점에서는 광주 고려인 공동체와 유사하다고 볼 수 있다. 이에 더해, 안산 고려인 공동체 또한 고려인 자율방범대와 같은 자생적인 조직을 갖추고 있으며 지난 2014년 고려인 이주 역사 150주년 기념행사를 개최하는 등 집단적인 정체성을 적극 공유하는 것으로 보인다. 다만 안산의 고려인들이 '독립군의 후손'과 같이 광주 고려인들이 공유하는 강한 수준의 문화적 정체성을 가진다고 평가할 근거는 부족하며, 중국과 동남아시아, 중앙아시아, 중동, 아프리카 약 20개국에서 온 외국인 노동자들이 섞여 거주하는 단원구의 환경이 영향을 미쳤을 가능성도 있다(안산시 〈너머〉 대표 인터뷰, 2023/07/20).

안산 고려인 공동체의 지역사회 연계 정도는 광주에 비해 상당히 높다고 볼 수 있다. 안산시는 시청 산하 현 외국인 주민 지원본부의 전신인 '외국인 근로자 종합복지 건강지원센터'를 2003년 설립하였으며, 2007년과 2009년 각각 '안산시 거주 외국인 지원 조례'와 '안산시 외국인 주민 인권 증진에 관한 조례'를 제정하는 등 고려인을 포함한 관내 외국인 공동체와 적극적인 연계를 추구하였다(안산시 외국인 주민 지원본부, 2024).[19] 안산시는 광주광역시는 물론 다른 인접 지방자치단체(경기도, 김포시)보다 늦은 2018년 1월에서야 고려인 지원 조례를 제정하였지만, 이에 앞서 국비와 도비, 그리고 시비 등 총 11억 원의 예산으로 2016년 10월 고려인문화센터를 개관해 고려인 역사 문화 전시, 고려인 아동·청소년의 방과 후 교육, 그리고 지역 기반 민간단체와 고

---

[19] https://www.ansan.go.kr/global/main/main.do (검색일: 2024. 9. 19.)

려인 공동체 사이의 협력을 추구하고 있다(선봉규, 2018). 이와 같은 안산시의 고려인과 지역사회 연계 노력은 2018년 전국 고려인 네트워크의 출범과 전국 고려인 협회의 결성으로 이어졌다(연합뉴스, 2018/09/02).

한국인(선주민) 주도의 민간단체가 안산 고려인들의 삶과 밀접하게 연결되어 있다는 점은 안산 고려인 공동체의 지역사회 연계를 평가하는 데 중요한 시사점을 제시한다. 안산에서는 2011년에 고려인 한글 야간학교로 시작해 고려인 대상 법무 상담, 돌봄서비스, 한글 교육 및 장학 사업 등을 전개하는 사단법인 〈너머〉와 2015년 6월 설립된 러시아연방 교육부 인가 고려인 교육시설 '노아네 러시아 학교' 등 다양한 민간단체들이 존재하고 있다(곽동근 외, 2017; 선봉규, 2018; 임영상, 2023). 그러나 광주와 달리 안산에서는 특정 민간단체가 전 영역에 걸쳐 고려인 공동체의 구심점으로 기능한다고 보기는 어렵다.

민간 주도형의 광주 그리고 자연 발생형의 안산과 비교하여, 지방자치단체 주도형 제천의 사례는 가장 낮은 수준의 결속력과 지역사회 연계 양상을 나타낸다고 평가할 수 있다. 제천 고려인 공동체는 지방정부(제천시)를 구심점으로 발전해 지역 내 자생적인 특정 공간적 기반이 존재하지 않는다. 현재 이주·정착한 고려인들은 제천시 국가산업단지가 있는 서북부 봉양읍 또는 교통과 상권이 가장 발달한 시내 청전동[20] 일대에 흩어져 거주하는 것으로 보이나 이에 대한 정확한 자료는 연구 수행 시점에서 존재하지 않는다. 앞서 언급하였던 바와 같이 본 지원사업의 목표를 고려인들의 지역사회 동화에 두는 제천시청의 인식을 토대로, 지원사업이 제천 내 고려인 집중 거주 공간의 형성에 적어도 긍정적 영향을 주지 않으리라는 추론이 가능하다. 또한 고려인들의 제천 이주에 일자리와 주거 등 순수한 경제적 요인이 크게 작용하고 있으며(제천시 고려인 인터뷰, 2024/04/06; 제천시 공무원 인터뷰, 2024/04/06), 성공적으로 (재)정착한 고려인들의 자체적인 조직이나 공동체 연계가 부족하므로 이들 사이의

---

[20] 앞선 3-1 부분에서 인터뷰의 대상이 되었던 제천 고려인 소매점과 식당은 모두 청전동에 위치함.

결속력과 집단적 정체성은 매우 느슨할 수 있다.

지역사회 연계 정도에 있어, 지방자치단체의 후원에 힘입은 고려인 공동체의 형성은 자연스럽게 관에 대한 공동체의 의존도를 높이고 있다. 소수의 고려인이 2023년 이전에도 제천에 거주하였지만, 언론 보도와 제천시의 간헐적인 발표를 종합한다면 현재 제천시 고려인 인구의 대부분은 일자리, 주거, 교육 등을 종합적으로 지원해 주는 지원사업의 토대 위에서 지역 내 삶을 영위하는 것으로 보인다. 따라서 제천 고려인 공동체는 아직 자족적인 자체 네트워크 또는 조직을 이루지 못한 채 지방자치단체의 막대한 지원에 힘입은 수적 팽창 단계에 있다고 볼 수 있다. 또한 이주 고려인과 지역 민간단체 연계에 대한 제천시청 관련 공무원들의 조심스러운 입장은 연구 수행 시점 기준 제천 고려인 공동체의 지역사회 연계 및 소통에 대한 부정적인 전망으로 이어진다. 다만 제천 내 고려인들과 동일 언어(러시아어)를 사용하는 중앙아시아 출신 외국인 노동자들과 일부 교류가 확인되며, 집단거주 공간의 부재가 오히려 고려인들과 지역민들 간 소통과 연계의 필요성을 높일 가능성도 있다. 이와 더불어, 공동체 형성 초기 한국인 선주민들과 고려인 간 긴장 관계가 형성되었던 안산, 광주의 사례와 달리 제천 지역 주민의 과반수가 시청 지원사업을 통한 고려인들의 이주와 정착에 호의적인 태도를 보인다는 제천시 정책 연구 용역 결과와 일부 언론 보도는 향후 고려인들의 제천 지역사회 연계에 긍정적인 신호를 보내고 있다(손영훈 외, 2023: 107-109; *The New York Times*, 2024/08/06).[21]

정리하자면, 지방자치단체 주도형 제천 고려인 공동체는 그 물리적 인구 규모는 물론 해당 지방자치단체 인구 대비 규모에서도 안산과 광주를 비롯한 기존의 '성공적'인 공동체에 미치지 못하고 있다. 또한 제천의 고려인들은 지방정부의 막대한 지원에 힘입은 이주민으로 자체적인 공동체 연계 및 결속력이 낮은 상태로 남아 있다. 시내에서부터 공단 지역에 넓게 분포하는 이들의

---

[21] 하지만 제천 지역에서도 이주 고려인에 대한 주거 임대를 거절하는 등 갈등 양상이 없는 것은 아님(*The New York Times*, 2024/08/06).

주거 양상이 지역사회 연계를 촉진할 가능성도 있으나, 연구 수행 시점에서 제천 고려인들과 밀접히 연계된 민간단체 또는 지역 시민 사회의 모습은 찾아볼 수 없다. 따라서 제천의 사례는 특정 구심점에 의존하는 고립적 공동체의 높지 않은 지역사회 연계를 반영한다는 점에서 광주의 사례와 유사하지만, 공동체의 결집력이나 집단 정체성의 발전에 있어 매우 낮은 수준을 유지한다는 차이점을 보인다(표 4 참조).

표 4 안산, 광주, 제천 고려인 공동체 사례 비교

사례 지자체 (형성 유형)	공동체 규모 (인구수 및 비율)	결속력	지역사회 연계
안산 (자연 발생형)	전국 1위 (14,377, 2.3%)	중간-높음 - 특정 민간단체나 지자체 구심점 없음 - 일자리와 인적 네트워크에 따라 자연 발생 - 집단 거주지역(단원구) - 경제적 이주 - 집단적 정체성 존재	높음 - 지자체(안산시)와 장기간 우호·협력 관계 - 자족적 공동체 - 비슷한 공간 내 동일 언어(러시아어) 사용 집단 및 다른 외국인 노동자 집단과 지속적 교류 - 지역사회와 지속적 교류(학교, 민간단체)
광주 (민간 주도형)	전국 5위 (3,763, 0.96%)	높음 - 특정 민간단체 구심점 존재 - 민간단체 주도 공동체가 인적 네트워크를 통해 확장 - 집단 거주지역(광산구) - 경제적, 문화적 이주 - 강한 집단적 문화 정체성('독립군 후손')	중간-높음 - 2017년 이후 관할 지자체(광산구)와 협력 증가 - 자족적 공동체 - 동일 언어(러시아어) 사용 집단과 주로 교류 - 2017년 이후 지역 선주민(한국인)과 교류 증가
제천 (지자체 주도형)	전국 36위권 (~347, 0.27%)	낮음 - 지방정부 구심점 존재 - 민간단체 존재감 미약 - 집단 거주지역 없음 - 경제적 이주 - 집단적 정체성 불명확	낮음-중간 - 지자체에 의해 관리됨 - 관 의존적 공동체 - 동일 언어(러시아어) 사용 집단과 주로 교류 - 지역 선주민(한국인)과 교류 정도 불명확하나 호의적 여론 존재

참조: 대한민국 법무부 발간 '출입국·외국인정책본부 2024년 6월 외국국적동포 거소신고 현황'에 따르면, 2024년 6월 기준 제천의 347명보다 많은 고려인 인구수를 보유한 기초자치단체가 전국적으로 최소 35개 존재함(서울특별시 1, 부산광역시 1, 인천광역시 4, 대구광역시 1, 광주광역시 1, 경기도 14, 충청북도 3, 충청남도 4, 경상북도 1, 경상남도 5).
출처: 광주광역시, 안산시, 제천시 현지 조사 인터뷰 자료; 제천시 '2024년 제천시 고려인 동포 이주·정착 지원사업' 자료; 대한민국 법무부, '법무부 출입국·외국인정책본부 2024년 6월 말 기준 외국국적동포 거소 신고 현황'; 선봉규(2017); 선봉규(2018); 곽동근 외(2017); 임영상(2023); 손영훈 외(2023); 고가영(2023).

V. 맺음말

본 연구는 충청북도 제천시의 '모집된 공동체' 사례, 즉 지방자치단체(지방정부) 주도형 고려인 공동체의 형성, 현황과 그 특징을 논하였다. 제천시가 2023년부터 본격 추진 중인 고려인 이주 및 정착 지원사업의 배경으로 장기적인 인구 감소 및 경기 침체를 겪고 있는 제천시의 구조적 문제와 더불어 이를 '외부 인재 유치'를 통해 해결하려는 김창규 제천시장의 강력한 정책 추진 의지를 지적할 수 있다. 2023년 4월 관련 조례 제정을 계기로 본격화된 제천시의 고려인 공동체 '모집'은 2024년 9월에 300명이 넘는 고려인의 제천 이주와 정착으로 이어진 것으로 보도되었다. 본 연구는 뒤이어 자연 발생형의 경기도 안산, 그리고 민간 주도형의 광주광역시와 비교해 관 주도형 제천 고려인 공동체에서 그 자체적 구심점 없는 낮은 내부적 결속력과 제한적 수준의 지역사회 연계를 관찰하였다.

제천시 고려인 공동체의 모집 사례는 한국 최초로 시도되는 관 주도 이민자 공동체 형성의 정책 모델로서, 지원사업의 진행 양상에 따라 지방정부 이민정책 연구에 다음과 같은 경험적, 정책적 시사점을 줄 것으로 기대된다. 우선, 제천의 '모집된 공동체'는 미국, 캐나다, 오스트레일리아 등 장기간에 걸쳐 이민자를 수용해 온 연방제 국가가 주요 사례였던 기존의 지방정부 이민정책 및 외국인 수용 연구의 경험적 지평을 비교적 짧은 이민자 수용 역사의 단일국가로 확장하는 데 기여할 수 있다. 또한, 제천 고려인 공동체의 형성은 지방정부의 능동적 이민 인구 유치의 측면에서 자연적인 외국인 인구 유입에 대한 대응을 탐구하는 전통적인 이민정책 연구의 성과를 확장하거나 재평가하는 기회를 제공할 수 있다.

하지만 본 연구는 그 사례의 성격상 언론 보도자료와 제한적으로 공개된 공문서에 의존할 수밖에 없으며, 따라서 다음의 한계점을 노출한다. 우선, 본 연구의 현지 조사는 인터뷰 대상의 한국 거주 경력과 현재 직업 측면에서 제천 고려인 공동체 전체에 대한 대표성이 확보되지 않았다. 또한, 제천시의 지원사업에 따라 지역 내로 이주하였다가 수도권 등 다른 지역으로 재이주하는 현상 등 연구 수행 시점에 관찰할 수 없었던 고려인 공동체 변화의 가능성이 있다. 마지막으로, 본 연구에서 시도한 3개 고려인 공동체 간 비교에서 결속력이나 지역 연계를 측정할 객관적 지표(고려인의 출신 지역 분포, 직업 분포 등)의 부재가 그 비교의 엄밀성을 저해할 가능성이 있다. 이러한 본 연구의 한계점은 관련 자료 및 데이터의 추가 발굴과 제천 사례에 대한 장기간의 관찰과 그 후속 연구의 필요성을 강조한다.

참고문헌

고가영. 2023. "우크라이나 전쟁 난민 유입과 광주 '고려인마을' 공동체의 확장." 『Homo Migrans』 28: 7-50.

고가영. 2024. "설립자가 있는 광주 〈고려인마을〉 공동체의 발전 단계별 특성과 한계." 『역사문화연구』 92: 318-332.

경기도 안산시 외국인 주민 지원본부. https://www.ansan.go.kr/global/main/main.do (검색일: 2024. 9. 19).

곽동근·임영상. 2017. "고려인동포의 '귀환'과 도시재생 -안산 고려인마을을 중심으로-." 『역사문화연구』 64: 175-212.

구양미. 2021. "인구 변화와 도시 쇠퇴의 지역 불균형: 저출산과 지방소멸 문제에 대한 시사점." 『국토지리학회지』 55(3): 301-320.

권경안. 2020. "광주 〈고려인마을〉, 확 바뀐다." 『조선일보』 (5월 23일). https://www.chosun.com/site/data/html_dir/2020/05/23/2020052300365.html (검색일: 2024. 9. 18).

권정상. 2024. "제천시 고려인 유치 첫발…17가구 48명 이주." 『연합뉴스』 (10월 24일). https://www.yna.co.kr/view/AKR20231024145500064 (검색일: 2024. 9. 18).

김명식. 2022. "[광주 〈고려인마을〉 우크라이나 난민보고서](6)선주민-이주민 상생." 『남도일보』 (8월 24일). https://www.namdonews.com/news/articleView.html?idxno/=692924 (검색일: 2024. 9. 18).

김병혁·김우경·남궁원·강성주·박민역·조미영. 2018. 『이주 고려인의 서울 정착을 위한 대책』. 서울: 서울연구원.

김승룡. 2024. "광주지방보훈청, 광산구청, (사)고려인마을 공동주관 봉오동전투 재현 독립문화제 개최 예정." 『전남인터넷신문』 (7월 31일). http://www.jnnews.co.kr/news/view.php?idx=381839 (검색일: 2024. 9. 18).

김태옥. 2023. "청주시 거주 러시아어권 이주민 현황과 과제." 『러시아학』 27: 135-171.

대한민국 법무부. 2022. "보도자료-법무부, 지자체 수요 기반의 '지역특화형 비자' 시범 실시." (7월 25일).

대한민국 법무부. 2024. "출입국·외국인정책본부 2024년 6월 외국국적동포 거소신고 현황." (7월 19일).

대한민국 법무부. 2024. "출입국·외국인정책본부 2024년 7월 출입국외국인정책 통계월보." (8월 20일).

대한민국 행정안전부 주민등록 인구·세대 현황. https://jumin.mois.go.kr/index.jsp (검색일: 2024. 9. 19).

박성동·강훈·현경아. 2022. "최우선 목표는 경제 활성화…전임자 업적 존중." 『단비뉴스』 (6월 11일). http://www.danbinews.com/news/articleView.html?idxno=20646&page=5&total=526 (검색일: 2024. 9. 15).

박신규·이채문. 2021. "귀환이주자로서 고려인의 지역사회 생활실태 분석 및 지원방안 - 경주시 성건동 거주 고려인을 중심으로 -." 『디아스포라연구』 15(2): 47-88.

법률우주. https://www.ulex.co.kr/ (검색일: 2024. 9. 19).

서대승. 2022. "고려인 이민자의 사회경제적 분화에 따른 한국사회 편입 방식의 차이에 관한 연구." 『다문화사회연구』 15(3): 119-154.

서병철. 2024. "제천 이주 고려인 동포 가게, 안정적으로 정착." 제천단양뉴스 (1월 18일). https://www.jdnews.kr/news/articleView.html?idxno=7995 (검색일: 2024. 9. 18).

선봉규. 2017. "한국에서 외국인 집거지의 형성과 공간적 특성에 관한 연구: 광주광역시 고려인마을을 중심으로." 『한국동북아논총』 83: 193-214.

선봉규. 2018. "한국 귀환 고려인 네트워크 특성에 관한 연구." 전남대학교 세계한상문화연구단 영호남 춘계 공동학술대회: 이주와 다문화 교육. 광주, 6월.

소진섭. 2022. "제천시, 지역특화형비자 시범사업 선정…"외국인 정착 지원"." 충북뉴스 (12월 5일). https://www.cbnews.kr/news/articleView.html?idxno=2155518 (검색일: 2024. 9. 15).

손능수·박민정·안지민. 2022. 『경상북도 고려인 실태조사 및 지원정책 연구』. 구미: 경북행복재단.

손영훈·황영삼·방일권·김상철·윤시내·손원진. 2023. "고려인 동포 제천시 이주 및 정착을 위한 중앙아시아, 러시아 및 국내 거주 고려인 생활실태 조사." 서

울: 한국외국어대학교 중앙아시아연구소.

송상교. 2020. "광주 광산구, '똑똑한' 월곡동 고려인마을 기대하세요." 『시사매거진』 (5월 21일). https://www.sisamagazine.co.kr/news/articleView.html?idxno=320595 (검색일: 2024. 9. 18).

양수진·강수진·오정은·Nikitina Yulia. 2020. 『인천광역시 고려인 주민 실태조사 및 지역사회 정착 지원방안: 고려인 밀집 지역을 중심으로』. 인천: 인천여성가족재단.

오윤주. 2023. "제천시 '고려인·재외동포 지원 조례' 제정 추진⋯충북선 처음." 『한겨레』 (2월 19일). https://www.hani.co.kr/arti/area/chungcheong/1080302.html (검색일: 2024. 9. 14).

오윤주. 2023. "고려인 76명 제천 이주⋯올해 고려인 300명 유치 목표." 『한겨레』 (2월 20일). https://www.hani.co.kr/arti/area/chungcheong/1129135.html (검색일: 2024. 9. 18).

이대현. 2024. "'고려인 동포 적극 유치' 제천시, 한국어 교육센터 건립 추진." 『뉴스1』 (6월 18일). https://www.news1.kr/local/sejong-chungbuk/5450711 (검색일: 2024. 9. 18).

이병찬. 2024. "'제천시의 고려인 이주 정착사업' 뉴욕타임즈서 소개." 『뉴시스』 (8월 7일). https://www.newsis.com/view/NISX20240807_0002841808 (검색일: 2024. 9. 18).

이보람. 2024. "마을 곳곳에 녹아있는 고려인의 역사와 문화 그리고 삶." 『광주일보』 (1월 29일). http://kwangju.co.kr/article.php?aid=1706521800763804006 (검색일: 2024. 9. 18).

이수경. 2024. "김해지역 고려인 지원 협의체 네트워크 구축 '한걸음'." 『경남도민일보』 (9월 1일). https://www.idomin.com/news/articleView.html?idxno=919552 (검색일: 2024. 9. 20).

이용민. 2024. "저출생·초고령화 심화⋯ 소멸위험지역 진입한 충북." 『충청투데이』 (6월 30일). https://www.cctoday.co.kr/news/articleView.html?idxno=2197534 (검색일: 2024. 9. 15).

임석회. 2016. "지방소도시의 인구감소 및 성장과 쇠퇴의 특성." 『대한지리학회지』 54(3): 365-386.

임영상. 2023. 『한국에서 고려인마을을 찾다』. 성남: 북코리아.

임영상·정막래. 2016. "한국 속의 러시아-고려인마을을 중심으로-." 『동서인문학』 52: 275-295.

오수진. 2018. "9일 안산서 전국고려인협회 출범기념 '2018 고려아리랑'" 『연합뉴스』 (9월 2일). https://www.yna.co.kr/view/AKR20180831132100371 (검색일: 2024. 9. 18).

장기우. 2024. ""고려인을 제천 시민으로" 인구증가 효과 쏠쏠." 『동아일보』 (4월 22일). https://www.donga.com/news/Society/article/all/20240421/124584372/1 (검색일: 2024. 9. 13).

장안리·박미화. 2022. "고려인 가족단위 이주자들 중심의 지원정책 연구: 함박마을을 중심으로." 『다문화사회연구』 15(2): 63-108.

정봉길. 2024. "제천 이주 해외동포 142명 중 실제 외국서 온 고려인 7명." 『중부매일신문』 (4월 17일). http://www.jbnews.com/news/articleView.html?idxno=1432988 (검색일: 2024. 9. 13).

충청북도 제천시. 2024. "2024년도 인구감소지역 대응 시행계획."

충청북도 제천시 재외동포지원센터. http://jcokcenter.com/ (검색일: 2024. 9. 12).

충청북도 제천시 재외동포지원센터. 2024. "제천시 고려인 동포 이주정착 지원사업 안내."

충청북도 제천시청. https://www.jecheon.go.kr/www/index.do (검색일: 2024. 9. 12).

최서리·이창원·신예진. 2019. 『일본의 취업이민제도 최근 변화와 정책적 함의』. 서울: 이민정책연구원.

최종권. 2024. ""한민족 정체성 강하다"…제천, 고려인 1000명 이주 실험." 『중앙일보』 (8월 11일). https://www.joongang.co.kr/article/25269837 (검색일: 2024. 9. 14).

최태현. 2022. "소멸위험 도시, 제천을 떠나는 20대 청년의 비밀." 『단비뉴스』 (4월 5일). http://www.danbinews.com/news/articleView.html?idxno=14438 (검색일: 2024. 9. 15).

한종수. 2024. "고려인 주민의 지역 정착 위한 조례 제정 추진." 『평택시민신문』 (6월 20일). https://www.pttimes.com/news/articleView.html?idxno=72540 (검색일: 2024. 9. 15).

홍강희. 2023. "외교관 출신 김창규 제천시장의 승부수."『충청리뷰』(8월 10일). https://www.ccreview.co.kr/news/articleView.html?idxno=315843 (검색일: 2024. 9. 15).

Australian Government. Department of Home Affairs, Skilled Work Regional Visa. https://immi.homeaffairs.gov.au/visas/getting-a-visa/visa-listing/skilled-work-regional-provisional-491/application#Overview (검색일: 2024. 9. 12).

Bilzzard, Brittany and Jocelyn M. Johnston. 2020. "State Policy Control and Local Deviation: The Case of Immigration." *State and Local Government Review* 52: 309-320.

Castles, Stephen, Hein de Hass, and Mark J. Miller. 2014. *The Age of Migration: International Population Movements in the Modern World (Fifth Edition)*. New York: Palgrave and Macmillan.

Chi, Naomi. 2020. "Japan's New Wave of Immigration?: Focusing on the Strategies of Local Governments in Japan." *Annals. Public Policy Studies* (年報 公共政策学) 14: 43-57.

Garcia, Angela S. 2017. "Labour Market Limbo: The Uneven Integration of Co-Ethnic Argentine Immigrants in Spain." *International Migration* 55(1): 175-188.

Huang, Xi and Cathy Yang Liu. 2018. "Welcoming Cities: Immigration Policy at the Local Government Level." *Urban Affairs Review* 54: 3-32.

Kim, Victoria. 2024. "To Save His Shrinking City, a Mayor Turns to Koreans Uprooted by Stalin." *The New York Times* (August 6). https://www.nytimes.com/2024/08/06/world/asia/korea-soviet-jecheon-population.html (검색일: 2024. 9. 18).

Leitner, Helga and Valerie Presto. 2012. "Going Local: Canadian and American Immigration Policy in the New Century." in Carlos Teixeira, Wei Li, and Audrey Kobayashi eds. *Immigrant Geographies of North Amer-*

ican Cities. Oxford, UK: Oxford University Press.

Schmidtke, Chris. 2019. "The Local Governance of Immigration." *disP – The Planning Review* 55(3): 31-42.

The Government of Canada. Atlantic Immigration Program. https://www.canada.ca/en/immigration-refugees-citizenship/services/immigrate-canada/atlantic-immigration.html (검색일: 2024. 9. 12).

Thränhardt, Dietrich. 1998. "Between State and Market: Local Governments and Immigration." *German Politics and Society* 16(4): 68-86.

Um, Ji-won. 2013. "[Special reportage– part I] After many years, ethnic Koreans from central Asia make their way home." *The Hankyoreh*. (September 19). https://english.hani.co.kr/arti/english_edition/e.international/603916 (검색일: 2024. 9. 18).

신조야 대표 인터뷰. 광주광역시 고려인마을 고려인지원센터 (2023. 2. 20).
이천영 목사 인터뷰. 광주광역시 고려인마을 GBS 고려방송, 새날학교 (2023. 2. 20).
사단법인 〈너머〉 대표 인터뷰. 경기도 안산시 단원구 사무실 (2023. 7. 20).
김창규 제천시장 인터뷰. 충청북도 제천시 제천시청 (2024. 4. 5).
제천시 공무원 인터뷰. 충청북도 제천시 제천시청, 재외동포지원센터 (2024. 4. 5).

제9장

고려인 국내 이주 문제에 대한 정책적 접근:
제천 고려인 커뮤니티 사례를 중심으로

윤민우

I. 머리말

국경을 넘나드는 인간의 이주(migration)는 오늘날 전세계적인 하나의 일상이 되고 있다. 특히 이 같은 이주는 후진국에서 선진국으로 또는 못사는 국가에서 잘사는 국가로 움직이는 하나의 특정한 방향성을 두드러지게 보여준다. 이 때문에 오늘날 글로벌 중심부에 해당하는 미국, 캐나다, 서유럽, 오스트레일리아 등에서는 해외로부터 자국으로 들어오는 유입 이민 또는 난민[1]과 관련된 여러 정치적, 안보적, 사회적, 문화적, 경제적 문제들로 상당한 어려움을 겪고 있다.

특히 이민이 만들어내는 거주 이동성(residential mobility)은 이민 수용국에 이점(benefit)과 도전(challenges)을 동시에 안겨준다. 이 같은 이중적 성격

---

[1] 난민들 역시 큰 틀에서 보면 이민에 포함될 수 있기 때문에 이 논문의 이하에서는 이민에 포함되는 의미로 사용한다.

때문에 이민 수용국에서는 무작정 이민을 받아들이기도 또 반대로 전적으로 배척하기도 곤란한 딜레마에 직면하게 된다. 이 같은 이점과 도전을 잘 균형 있게 조정하여 해당 수용국의 이익을 극대화하려고 여러 정책적 아이디어들과 방안들이 고안되고 추진되어져 왔으나 여전히 그와 같은 합리적 최적대안을 찾는 노력들은 전세계 대부분의 이민 수용국들에서 여전히 현재 진행형이다.

해외로부터의 이민이 이민 수용국들에게 주는 특별한 이점 가운데 가장 두드러지는 것은 쇠퇴하거나 정체된 경제, 사회, 그리고 인구에 활력을 불어 넣어 준다는 점이다. 대부분의 이민 수용국들은 인구의 고령화와 출산율 저하가 만들어 내는 노동가능 인구의 부족, 그리고 이로 인한 경제적, 사회적 활력의 감퇴와 인구감소라는 중·장기적인 경제적, 안보적, 정치적 위기에 직면하고 있다. 내국인들의 출산율을 증진시키려는 값비싼 정책 노력들이 다양하게 시도되고 있지만 그 정책 효과는 국가별로 다소 차이가 있기는 하지만 대체로 매우 제한적이다. 결국 대규모 해외 이민의 유입을 통한 인구감소 억제와 경제적·사회적 활력의 증대가 가장 실효적인 대안이다. 실제 미국 경제의 활력과 지속적 증가, 미국 인구의 증대 등은 활발한 해외로부터의 인구 유입에 따른 결과이다. 반면 미국과 대비되는 일본의 경제적 쇠퇴와 인구감소와 고령화, 지방의 소멸 등과 같은 위기는 해외로부터 유입되는 이민이 매우 제한적이라는 것과 연관이 크다.

하지만 이민과 연관된 거주 이동성은 다른 한편으로 상당한 도전요인이 된다. 거주 이동성은 특히 국민국가(nation-state)가 갖고 있는 집합 정체성(collective efficacy)을 떨어뜨리며 국가안보와 국내치안의 위협이 된다. 이는 직접적인 해외 적대 국가로부터의 안보위협, 극단주의 유포, 초국가범죄의 확산, 사회적 갈등의 증대, 범죄의 확산, 취약계층의 증대 등과 같은 새로운 문제들의 직접적인 원인이 된다. 대표적으로 미국, 캐나다, 오스트레일리아 등의 차이니즈 이민 커뮤니티는 중국의 영향력 공작(influence operations)의 전위대이자 전진기지로 활용되었다. 북미와 서유럽의 이슬람 이민 공동체를 중심으로 확산된 이슬람 극단주의는 안보 위협이 되었으며, 이로 인한 국내 반이민-

극우극단주의와 이슬람 극단주의 사이의 상호 증식작용은 또 다른 2차적인 안보위협으로 진화했다(윤민우·김은영, 2020: 173-191). 그 밖에도 이민자 공동체가 만들어 내는 초국경 범죄나, 이민 공동체를 둘러싼 여러 사회적, 정치적 갈등, 그리고 이민자들이 국내에 새로운 취약계층이 되면서 만들어지는 여러 교육, 복지, 의료, 주택 등의 다양한 사회문제들은 국민국가의 정치적, 사회적, 경제적 안정성에 상당한 위협요인들이 된다.

이 같은 이민이 가지는 긍정적 이점과 부정적 도전요인들이라는 이중성으로 인해 세계 대부분의 이민 수용국가들은 다양한 각국들의 입장과 이해관계에 따라 해외로부터의 이민을 받아들이면서도 동시에 견제하고 관리·통제하는 복합적 정책접근을 취하고 있다. 즉 해외로부터 인구 유입이 자국에 미치는 경제적, 사회적 이점은 극대화하면서 반대로 그에 따르는 안보적 위협과 집합 정체성에 대한 불안 요인들을 관리하고 억제하는 방식으로 이주 문제에 대응하고 있다.

한국 역시 글로벌 선진국의 하나로 주요한 이민 수용국에 포함될 수 있다. 따라서 대체로, 미국, 영국, 독일, 프랑스 등과 같은 해외 이민들이 이주해 들어오는 주요 목적지(destination) 국가 가운데 하나에 해당한다. 한국의 높은 임금, 교육수준 그리고 생활수준 등이 이들 경제적 사회적으로 낙후된 국가들의 사람들이 한국으로 향하는 주요 유인요인이 된다. 취업, 유학, 체류, 거주, 관광 등의 다양한 목적으로 이들 국가의 사람들이 한국으로 들어오게 된다. 실제로 최근 조선일보 보도에 따르면, 2023년에 OECD 38개 회원국 가운데 한국은 이민자 증가율이 두 번째로 높은 2위를 차지했다(이가영, 2024). 한편 한국의 인구감소와 고령화, 그리고 이로 인한 노동력 부족 등은 이 같은 해외 이주자들의 유입을 한국 정부와 사회가 적극적으로 고려하게 하는 주요한 내재적 요인이 된다. 대다수 한국의 대학(특히 지방대학)들은 학령인구의 감소로 인해 외국인 학생들로 채워지고 있으며, 한국의 농, 어업, 건설업, 제조업 등 각종 산업부문은 인구의 고령화와 인구감소 등으로 외국인 노동자들로 빈자리를 메우고 있다. 특히 이 같은 상황은 서울, 수도권 보다는 지방의 중소도시들과 농, 어촌 지역에서 더욱 심각한 실정이다. 이는 지방의 인구소멸과 지방재정의 악화, 지방 교육시스템의 붕괴, 지방 경제의 쇠퇴 등 여러 파생되는 문제들로 이어진다. 이 같은 지방의 몰락은 지방에 위치한 교회에까지 부정적으로 영향을 미칠 정도로 심각하며, 전방위적이다.[2]

하지만 다른 선진국들과 마찬가지로 한국 역시도 해외로부터의 이주민의 유입에 따른 안보위협과 외국인 범죄의 증대, 정치사회적 갈등, 반외국인 정서의 확산, 외국인 취약계층의 증대로 인한 사회적 비용의 증대, 이주자 공동체의 슬럼화로 인한 사회문제의 심화 등과 같은 각종 부정적 문제로부터 자유로울 수 없다.[3] 이 때문에 한국은 해외 이주민들을 받아들이고 적극 활용해야하면서도 동시에 그로부터 파생되는 여러 부정적 문제들에 대한 해법들을 찾아가야 하는 이중적 어려움에 직면한다. 따라서 이 같은 이주민의 국내 유입 문제가 갖는 복합적인 성격을 잘 반영하여 한국의 국익과 미래 번영에 도움이 되면서도 이주민의 증대로 인한 여러 문제들을 최소화하는 가장 최적의 정책적 대안을 찾는 노력들을 지속적으로 모색해나가야 할 것이다.

이 글은 이 같은 문제인식에 따라 작성되었다. 따라서 이 글은 국내에 유입되는 해외로부터의 이주민의 한 사례로 고려인들을 식별하고 이들이 특히 한국의 지방도시에 유입되고 정착되어지는 과정을 살펴봄으로서 이들을 한국의 국익과 미래 번영에 활용하는 방향으로 유도하면서도 이에 파생되는 범죄나 치안의 불안, 국가안보적 위협 등의 부정적 문제들을 최소화하는 가장 바람직한 정책 대안을 제안하기 위한 목적으로 작성되었다. 이 같은 목적을 위해 한국의 지방 중소도시 가운데 하나인 "제천"시를 사례(case)로 특정하고 해당 도시로 유입된 고려인들이 어떻게 이주 공동체를 만들고 발전해나가는지를 질적사례연구(qualitative case study)를 통해 살펴보았다. 또한 이들 고려인들의 이주 공동체 형성과 사회적 통합과정에서 제천시가 수행한 정책사례들

---

[2] 참여관찰.
[3] 외국인 밀집 지역 근무 경찰관들과의 인터뷰.

을 살펴보고 그와 같은 내용들의 장, 단점을 살펴봄으로서 정책 대안을 제안하고자 시도하였다.

II. 국경 간 이주에 대한 일반이해

일부 학자들과 NGO, 시민단체, 또는 활동가들(activists)이 국제 이주의 문제를 인권과 인도주의(humanitarianism) 등과 같은 국제적 가치나 규범의 문제로 인식함에도 불구하고 국경 간 이주의 문제는 국가 행위자에게는 엄연히 현실적인 인적자원(human resources)의 관리 문제라는 성격이 더 크다. 한 국가의 생존과 번영은 그 국가에 투입되는 자원(resources)의 지속적이고 안정적인 공급에 달려있다. 이는 모든 생명체가 생육과 번성을 위해 지속적으로 외부로부터 에너지가 공급되어야 하는 것과 같다. 국가의 자원은 크게 자연자원(natural resources)과 인적자원(human resources)으로 나뉜다. 자연자원이 국내에서 충분히 충당되지 않을 경우 국가는 해외로부터의 자연자원의 수입에 의존하게 된다. 인적자원 역시 국내에서 동원하는 것이 한계에 직면할 경우 국가는 해외로부터의 인적자원의 유입에 눈을 돌리게 된다. 해외로부터의 고급두뇌의 유입, 중급 전문 인력의 수급, 그리고 하층의 노동인력의 유인 등의 다양한 유형의 해외 인적자원의 동원화를 통해 여러 산업분야의 생산 역량과 고도의 학문 및 과학기술수준, 그리고 성장 잠재력 등을 유지하고자 한다.

　　국가는 다양한 이유로 국내로부터의 인적자원의 동원화의 한계에 부딪히게 되고 이에 대한 해결책의 일환으로 해외로부터의 인적자원의 유입에 관심을 갖게 된다. 국내 인적자원의 고갈은 다양한 이유로부터 비롯된다. 예를 들면, 출산율 감소, 인구감소, 고령화, 지방의 소멸, 특정 직업 또는 직군에 대한 기피현상, 그리고 고등교육 시스템의 쇠퇴 등과 같은 것들이 지적될 수 있다. 대체로 이 같은 문제들은 서로 긴밀히 연계되어 있다. 일단 이 같은 다양한 요인들이 서로 상호작용하여 복합적 인구감소의 위기가 현실화될 경우 이를 단편적인 캠페인이나 정책 등으로 되돌리기는 쉽지 않다. 인구감소는 경제적, 정치적, 사회문화적, 심리적 요인들과 같은 다양한 요인들이 서로 복합적으로 작용하여 만들어내는 통합적 결과물이기 때문이다.

국내에서의 인적자원의 동원이 한계에 부딪힐 경우에 대체로 국가행위자들이 취하는 해외로부터 인적자원을 유입하는 전략 또는 접근방법은 세 가지로 나누어 살펴볼 수 있다. 첫째, 독일의 "사회통합적 다문화주의" 모델이다. 이는 해외로부터의 이주노동자의 유입을 통해 다인종사회로 진입하는 경로를 따르게 된다. 독일은 적극적으로 이민들 받아들이기 보다는 자국의 노동력이 한계에 달한 시점에 해외로부터 그 같은 단편적인 노동력 부족의 문제를 해소하기 위해 외국인 노동자(Guest Worker)들을 받아들인 사례이다. 비록 1973년에 방문노동자 정책을 포기했지만 이처럼 이전에 유입된 외국인 노동자들이 가족을 독일로 초청하는 형식으로 소수 인종 집단이 지속적으로 증가하여 다문화사회로 진입하였다. 1990년대 이후에는 동유럽으로부터 그리고 2010년대 이후에는 중동, 북아프리카 등지의 이슬람권 난민들과 이주민들의 유입이 급증하여 상당수의 비독일계 외국인 이주민들이 독일인구의 일정 부분을 차지하게 되었다(임형백, 2023).

둘째, 미국, 캐나다, 오스트레일리아 등지에서 취하는 "다원적 다문화주의" 모델이 있다. 이들은 신대륙에 건설된 신생국가로 애초에 이민자들에 의한 국가로 출발했다. 따라서 이민에 의한 다인종사회를 기반으로 구성되고 발전해 온 특성을 공유한다. 이들 국가들은 부족한 노동력을 메우기 위해 전 세계로부터 다양한 인종의 영구이민을 확대했다. 특히 이들 국가들은 20세기 중반 이전까지만 해도 유럽으로부터의 백인 이민들에 대해 더 우대하는 정책과 태도를 취했으나 1960-70년대 이후부터는 백인계 이민을 넘어 전세계로부터 다양한 인종과 국적 배경의 이민들을 받아들여 왔다. 하지만 9.11테러 이후에는 이슬람권 이민들의 유입에 대해 정책적으로 제한을 두었으며, 최근 들어서는 중국의 영향력 공작에 대한 경계심이 급증하여 중국계 이민과 유학생, 노동자에 대한 안보적 차원의 경계를 강화하고 있다. 그럼에도 이들은 독일이 독일의 전통과 역사, 문화를 강조한 것과는 달리 다양한 문화권으로부터 온 이민자들의 각자의 전통과 역사, 문화를 존중하고 이들의 공존을 인정하는 다원주의적 접근을 취한다는 점에서 앞선 독일 모델과는 차이가 있다(임형백, 2023).

셋째, 영국, 프랑스 등이 취하는 "사회통합적 다문화주의" 모델이 있다. 이들 국가의 사회통합적 다문화주의는 독일 등의 모델과는 다소 차이가 있다. 독일은 게르만 민족과 역사, 문화를 기반으로 하는 통합주의를 지향하며 이를 기반으로 해외의 독일계 디아스포라들의 본국 귀환을 추진하고 여기에 더해 노동력 부족을 메우기 위해 유치한 외국인 노동자들과 그 가족들 및 2, 3세대를 통합하려는 전략을 취했다. 반면 영국과 프랑스는 과거 아시아, 아프리카 등지에서 광범위한 식민지를 운영했던 기반으로 인해 2차 대전 이후 포스트식민주의 상황에서 이들 구 식민지 국가들의 출신들이 영국 및 프랑스 등으로 유입된 사례이다. 때문에 프랑스 이민자의 대부분은 무슬림이며 이민자의 22%가 과거 프랑스의 식민지였던 알제리 출신들이었다. 영국 역시 과거 식민지였던 영연방 출신들이 영국으로 이민해 들어온 역사적 배경을 갖고 있다. 이로 인해 현재 영국 인구의 7.85%가 인종적 소수 집단이다(임형백, 2023).

하지만 이처럼 해외 선진국들이 각기 서로 다른 배경과 모델로 다인종사회로 진입한 사실에도 불구하고 21세기 들어서는 대체로 각국들이 처한 이해관계로 인해 유사한 이민정책을 취하는 방향으로 수렴되는 경향이 나타난다. 여러 선진국들은 지속적인 혁신과 경제적 성장 동력의 확보를 위해 고급두뇌의 지속적인 공급과 중급 및 하급 노동력의 안정적인 수급, 출산율 저하와 인구감소에 대한 대안으로 해외로부터의 이민을 받아들이는 것과 동시에 해외로부터의 투자를 적극적으로 유치하는 것 등을 정책적 대안으로 모색한다. 예를 들면 영국의 고급인재를 적극적으로 유치하는 고도잠재력비자(high potential visa)와 스케일업(scale-up) 등이 이에 해당할 수 있다. 고도잠재력비자의 경우 2022년 5월 실제 정책으로 도입되었으며, 글로벌 상위권 대학(3개 글로벌 대학평가 기관 중 2곳 이상에서 최근 5년간 50위권에 해당하는 대학)의 졸업생의 경우 고용계약이나 취업제한이 없어도 영국에 들어와서 체류하면서 구직활동을 할 수 있도록 하는 것을 의미한다. 이는 우수인재 유치정책이다. 스케일업 비자의 경우 최근 5년간 평균 수익 혹은 고용율의 성장이 20%를 상회하고 10명 이상의 고용인을 가진 회사의 경우, 본인들이 원하는 고도기술을 가진 인재를 채용함에 있어서 패스트트랙을 사용할 수 있도록 하는 제도이다(장익현, 2023: 39-40). 일본의 경우에도 인구감소와 출산율 저하 등에 직면하여 고급 및 단순 인력 모두를 대상으로 지속적인 유입확대 정책을 추진하고 있다. 고급인재에 대해서는 고도전문직 체류자격을 신설하면서 가족동반허용, 영주권 취득연한 단축이 이루어졌고, 단순 인력에 대해서도 기능실습 3호 체류자격 신설, 특구 제도를 통한 인력유입의 확대를 도모했다. 2018년에는 특정기능 체류자격이 신설되면서 중간 정도의 전문성을 가진 외국인 노동자(특정기능 1호)가 전문성의 제고를 인정받을 경우(특정기능 2호) 가족과 함께 일본에 영주 또는 장기체류할 수 있게 되었다(하정봉, 2023: 23-24). 이 같은 경향은 독일의 우수 외국인 유치제도인 블루카드(EU Blue Card) 시스템과 매 6개월마다 노동시장을 분석하고 장려 직업군 목록(일명 화이트리스트)을 정하여 특정분야 전문 인력 이주를 장려하는 등의 독일의 노력에서도 나타난다(남부현·박민희, 2023: 438, 444).

이 같은 해외 선진국들의 다양한 이민 정책들로부터 공통적으로 두드러지는 최근의 방향성 또는 특성들을 도출해보면 다음과 같다. 첫째, 이민 또는 해외 이주민의 문제를 인적자원의 확보의 문제로 보고 있다는 점이다. 따라서 각국은 자신들의 입장과 처한 환경에 따라 다르게 접근하지만 거의 모든 국가들이 예외 없이 고급, 고학력 인재와 전문가들, 그리고 상당한 정도의 자금을 자국에 투자할 수 있는 부유한 외국인들의 유입을 적극적으로 추진하고 있다. 예를 들면 교육과 문화수준이 높고, 양질의 노동력을 갖춘 우크라이나 난민의 경우 유럽 각국들이 이들을 인적자원으로 보고 확보, 유치하기 위해 서로 경쟁적이었던 사례에서 이 같은 경향을 확인할 수 있다.

둘째, 각국이 처하고 있는 출산율 저하와 인구감소의 문제에 대응하기 위해 해외인구의 이주를 대안으로 적극적으로 모색하면서도 각국에 가장 잘

사회적으로 통합되어 질 수 있고 안보적, 정치사회적, 사회안전적 문제를 야기할 개연성이 비교적 낮은 이주민들을 선별적으로 받아들인다는 점이다. 이 같은 선별적 수용은 주로 일본과 같이 인구감소의 문제가 심각한 국가에서 하급 및 중급 노동력을 수용하는데 있어 나타난다. 직접적인 방식으로 선별적 유입을 정책과 법률로 채택하지는 않지만 비자 및 영주권 제도, 취업제도, 해외 출신 지역 및 국가별 비율조정, 언어나 사회문화적 통합과정 등에 은근히 포함되는 방식으로 이 같은 정책목표를 투영하고 있다.

셋째, 국가적 안보위협이 되는 국가나 지역의 해외 이주민들은 오히려 적극적으로 규제하는 "선별적 이민정책"의 방식으로 전환하고 있다. 즉 국가가 정책적으로 개입하여 필터링 과정을 통해 어떤 이주민들은 수용하고 어떤 이주민들은 배제하는 국가 안보적, 정치적, 사회경제적, 문화적, 치안적 이익의 관점에서 접근하고 있다. 미국, 캐나다, 오스트레일리아 등지에서 최근 중국의 영향력 공작과 선거개입 등과 관련해서 중국인 유학생과 체류자, 방문자들에 대한 규제와 제한을 시행한 것, 유럽 지역에서 이슬람 극단주의의 위협으로 인해 무슬림 출신 이주민에 대해 여러 규제와 제한을 시행한 것들이 대표적이다. 이처럼 국가안보의 사안에 대해서는 특정 지역이나 출신의 이주민들에 대한 규제와 제한이 실행되어 진다.

넷째, 언어와 문화가 이민의 패턴과 정책 및 사회통합의 성공여부 등에 있어서 가장 중요한 변수로 작용한다. 따라서 비교적 전세계적으로 보편적인 영어권 국가나 과거 많은 식민지를 거느렸던 프랑스나 러시아 이외의 선진국들, 예를 들면 독일, 일본, 한국 등은 특히 이 언어와 문화의 요인이 매우 결정적인 이민정책의 승패를 결정하는 요인이 된다. 각 국들은 이민자들을 자국의 언어와 문화에 강하게 통합시키는 정책을 지향한다.

마지막으로, 이민 정책의 성공을 위해 이주민들의 인생경로(life-course)와 가족 등 친밀한 사회관계(intimate social relationship)를 함께 고려하는 통합적 이민정책을 실행한다. 이 같은 통합 이민정책을 통해 이들을 자국의 사회경제적 성장과 발전에 지속적으로 이바지하는 인적자원으로 활용한다. 동시에 이주자들이 자국 내에서 사회경제적 부담이 되는 빈곤취약계층이나 일탈·범죄·잉여계층으로 전락하여 오히려 자국 내 사회적 문제나 경제적 부담이 되는 것을 예방하려고 노력한다.

III. 국내 고려인 이주문제 현황

국내 고려인 이주문제는 국내 외국인 이민정책과 재외동포정책, 그리고 탈북민에 대한 정책 등 전반적인 해외로부터 유입되는 이주민 또는 이민자 정책의 틀에서 이해할 필요가 있다. 하지만 그간 국내 이주정책의 근본적인 한계는 이 같은 해외로부터의 이주 문제를 인적자원의 확보라는 국가 전략적, 합리적, 통합적 시각으로 접근한 것이 아니라 각각의 이주대상에 대해 국가 중, 장기적 인적자원 확보라는 전략적 기본틀이 부재한 상태에서, 종종 정서와 감정, 또는 당위적 시각에 의해, 파편적·개별적으로 추진되어 왔다는 데에 있다. 특히 외국인 이민정책 따로, 탈북자에 대한 정책 따로, 그리고 재외동포에 대한 정책 따로 각각의 독특한 특성과 이해관계, 동기, 필요에 따라 추진되어 온 측면이 크다. 이는 기본적으로 국가의 인적자원 확보를 위한 해외로부터의 노동력 유입이라는 본질적 특성을 외국인 이주자, 재외동포, 탈북민 집단들이 모두 공유함에도 불구하고 각기 개별적으로 이민정책이 작동됨으로서 비용낭비와 비효율성을 초래하고 정책의 전반적인 효과성에 주요한 한계와 문제점을 노출한 것으로 보인다.

고려인을 포함한 재외동포의 국내 유입은 특히 인적자원 확보라는 국가 전략적 기본틀이 부재한 상태에서 막연한 민족감정에 의해 동기화된 정서와 감성, 그리고 소명의식을 포함한 당위적 시각에 의해 좌우된 측면이 크다. 미국과 서유럽, 일본 등의 재외동포와 중국 및 러시아 등 구소련 지역의 재외동포의 특성이 뚜렷이 구분됨에도 불구하고 이들을 어떻게 유치하여 국가 경쟁력에 도움이 될 수 있는 인적자원으로 활용할 것인지에 대한 전략적 모색이 부재한 상황에서 모든 재외동포에 대한 보편적 시각과 접근으로 정책이 추진되어졌다. 이 과정에서 국가가 필요로 하는 고급두뇌의 유치와 중, 하급 노동력의 국내 필요 분야에 대한 유치, 각 국가별 대상인구의 사회문화적, 언어적 차이로 인해 발생하는 국내 사회통합에 대한 차별적 접근의 문제, 그리고 특히 조선족으로부터 발생하는 중국 영향력 공작의 문제와 같은 안보적 위해에 대한 다면적이고 복합적인 고려는 거의 없었다. 각국에 오래 동안 거주해 와 현지화된 재외동포들은 해당 출신국가의 정체성과 언어, 사회문화적 특성들을 각기 다르게 갖고 있다. 이 때문에 각 출신국가별 재외동포들의 국내 적응에 있어서의 기회와 도전 요소들이 서로 다르다. 그럼에도 불구하고 이 같은 본질적 차이에 대한 면밀한 고려 없이 한민족의 문화와 특성, 정체성을 공유한 동질적 집단으로 재외동포 일반을 간주하였기 때문에 이 같은 오인식(misperception)은 전반적인 재외동포 이민정책의 한계와 문제점으로 이어졌다. 오랜 동안의 시행착오와 연구 조사 끝에 확인할 수 있는 사실은 출신 국가가 다른 재외동포들 사이의 동질성보다는 같은 국가 출신의 재외동포와 그 국가의 국민들 사이의 동질성이 더 크다는 사실이다. 이 같은 현실적 고려가 그간 재외동포 정책에서는 간과되어 왔다.

　　이 같은 맥락에서 러시아를 포함한 구소련 출신의 고려인의 경우 조선족이나 미국이나 일본, 유럽 등의 한국계 교민들보다는 언어적, 사회문화적, 정체성 측면에서 러시아를 포함한 구소련권 출신의 외국인 이민자들과의 동질성이 더욱 크다. 이 같은 사실은 재외동포와 외국인 대상 이민정책으로 구분하는 현행 이민정책이 과연 타당한가에 대한 의문을 제기한다. 물론, 광주 고려인 마을 등의 사례에서 확인할 수 있는 바와 같이 이들이 "홍범도 장군" 등의 항일독립영웅들을 중심으로 자신들의 항일독립운동의 역사적 사실들을 부각시키면서 고려인들의 특별한 민족적 정체성을 강조하고 이를 지렛대로 한국민들과의 연대와 동질성을 마켓팅하는 전략을 취하고 있다. 이 과정에서 그들은 자신들의 특별한 정체성과 자부심, 지위를 획득하려고 노력한다. 여기에 국내의 미디어와 민족주의에 각성된 활동가들, 시민단체들, 학계, 그리고 정부 등이 적극적으로 호응하면서 고려인들이 항일운동의 후예들이며, 강한 한민족 정체성으로 하나의 실체가 있는 공동체를 이루고 있고, 이들에 대해 한국인들은 부채의식이 있으며, 이 때문에 이들을 되돌아 온 한국인의 일원으로 적극적으로 수용하고 통합해야 한다는 "메인내러티브"가 만들어져 작동하고 있다. 하지만 역사적 사실들에 대한 논쟁과는 별도로 이들이 실제로 갖고 있는 자기정체성이 한국인들의 생각이나, 고려인들이 한국 내에서 보여 지고 싶은 자기정체성(self-identity), 또는 국내 활동가들과 정책당국, 미디어 등이 인위적으로 가공해 낸 열정적 민족주의의 "메인내러티브" 등과 반드시 같은 것인지는 의문이다.

한국인들은 고려인이나 조선족 등과 같은 해외동포들을 혈연, 역사 등으로 연계된 대상들로 한국인들과 자연스럽게 같은 연대의식과 정체성을 가지고 있다고 희망한다. 이는 객관적인 현실을 반영한 것이라기보다는 한국인들의 바람이나 믿음, 인식 등이 투영되어 만들어진 허상일 수 있다. 이 때문에 현실적으로 고려인과 조선족들에 대해 외국인 이주자로 차별하면서도 이들이 동포애와 강한 민족적 연대의식을 한국인과 공유할 것이라고 막연히 믿는 비현실적인 이중적인 태도를 취한다. 이는 다분히 자기중심적인 한국인의 인식이 투영된 결과이다(임형백, 2023: 192-193). 이 같은 전제로 인해 조선족뿐만 아니라 전반적인 고려인에 대한 이민정책의 문제점들이 드러나고 있고, 이는 종종 이민정책의 실패로 이어진다. 결과적으로 고려인은 한국사회에 효과적으로 통합되지 못하고 이로 인해 이들의 인적자원이 국가발전에 효과적으로 동원화되지도 못하고 있다. 반면에 이들은 외국인 이주자로서 슬럼화 된 집단공동체를 형성하고 있으며, 국내의 자원과 서비스를 소모하는 국가의 부담(liability)이 되는 취약계층화 되고 있다.

광주와 제천 등지에서 만난 고려인들은 정체성과 관련된 다른 예기들을 들려주었다. 이들과의 인터뷰 내용에 따르면, 다수의 고학력 고려인들은 러시아와 카자흐스탄, 우크라이나 등 현지에서 정치적, 사회적, 경제적으로 더 잘 통합되어 있으며, 해당 국가의 주류사회의 엘리트로 편입되는 경향이 높았다. 이들은 한국과의 정체성의 연대나 한국으로의 이주를 고려할 이유가 특별히 없는 것으로 파악되었다. 이들은 높은 교육수준과 전문지식을 갖추고 러시아어와 영어 등 다수의 외국어에 능통하여 오히려 한국 보다는 미국이나 독일 등 더 기회가 많은 선진국들로 유학이나 이민 들을 고려하는 것으로 알려졌다. 이 때문에 고려인 가운데 고급인재확보와 관련해서 한국이 미국이나 영국, 독일 등 다른 선진국들과의 경쟁에서 한민족 정체성과 같은 역사적, 문화적, 혈연적 요인들로 인해 더 매력적이거나 경쟁우위에 있지 않은 것으로 파악되었다.

　이 같은 경향은 광주 및 제천 등 국내 고려인 집단거주지에서 운용중인 여러 고려인 2, 3세 학교에 다니는 고려인 학생들에서도 유사하게 나타났다. 이들 학생들 가운데 다수는 언어나 문화적 친밀감, 경제적 기회 등으로 중, 고등학교는 비록 국내에서 다니고 있지만 모스크바 등지의 러시아 내 대학 진학을 준비하는 것으로 나타났다. 경우에 따라서는 미국 등 영어권 선진국들로의 대학 진학을 생각하는 경우도 있었다. 이들은 언어적 문제와 이로 인한 국내 교육경쟁에서의 학업성취의 장벽, 고려인에 대한 차별 등으로 한국에서의 교육을 통한 고소득 전문직 진출이 제한적인 것을 알고 언어적, 문화적으로 친밀하고 국내보다는 기회가 더 열려 있는 러시아 내 대학으로의 진학이나, 더 나아가 미국이나 유럽 등으로 더 열린 기회와 가능성을 찾아 재이주를 생각하고 있었다. 이는 복합적인 문제여서 단순한 이들에 대한 차별철폐나 단편적 기회제공 정책만으로는 해결이 어려워 보였다. 현실적으로 이들 고려인 학생들의 국내 유명 대학 진학률은 극히 낮았으며, 대학 졸업 이후에도 취업이나 대학원 진학 등 더 높은 고소득 전문직을 갖기 위한 경력 개발이 현실적으로 매우 어려워 보였다. 이 같은 상황 때문에 오히려 학업성취도가 떨어지고 사회경제적 성취의 동기가 크지 않은 고려인 2, 3세들이 적절한 고등교육이나 대학교육을 마친 이후에 고려인 집중 거주 지역으로 다시 회귀하여 단순 노동이나 자영업 등에 종사하는 경향이 더 크게 나타났다.

　광주 및 제천 등지에서 만났던 고려인들과의 인터뷰 내용에 따르면, 이들 고려인들 다수는 구소련 국가들에 있을 때부터 강한 한국인 정체성과 문화적 결속을 유지했다기 보다는 한국인 활동가들, 시민단체 또는 종교단체들, 미디어들의 역사적, 문화적, 민족적 각성의 효과로 뒤늦게 그 같은 사실을 학습하였다. 즉 이들은 현지 국가들에서 또는 국내에 입국한 이후에 그 같은 고려인 정체성과 역사문화적 전통, 민족적 연대의식을 강조하는 것이 자신들의 사회적 지위(social status)와 자존감(self-esteem), 사회경제적 혜택(socioeconomic benefits)에 이익이 된다는 사실을 각성한 이후에 그와 같은 항일독립항쟁의 후손이자 한민족으로서의 정체성을 강화시켰다. 따라서 이들이 택한 "고려인 정체성"은 인위적으로 각성된 결과이자 선택적 생존전략의 측면이 있다. 러시아를 포함한 구소련 국가들 현지에서 자신들의 "고려인 정체성"에 대한 강조는 현지 진출한 한국 기업들에 대한 취업 접근성을 높이고 현지 국가들에서 높아진 한국과 한국민의 위상으로 인해 오랫동안 소수민족(minority)으로 차별받았던 자신들의 현지인에 대한 사회적 지위와 정체성을 높인다. 또한 이들이 한국으로 이주한 이후에도 "고려인 정체성"은 다른 외국인 이민자들에 비해 상대적으로 한국의 정부와 시민단체, 종교단체의 여러 지원, 복지, 의료, 교육 서비스들에 대한 접근성과 혜택을 높인다. 즉 "고려인 정체성"이 이들에게는 새로운 국가에서 생존하는 하나의 "자원"으로 기능한다. 더불어 "고려인" 정체성은 이들의 자존감과 사회적 지위와 같은 무형의 심리적 만족을 부여하는 "자원"으로도 활용된다. 이들은 "고려인 정체성"을 받아들임으로서 단순한 해외 이민자 집단에서 "항일민족독립운동가의 후손들" 또는 "고난과 시련 속에서도 민족적 정체성을 유지한 영웅적 동포들"로 사회적 지위와 자존감이 상승된다. 이 같은 이들의 생존 전략은 광주 고려인 마을에서 "홍범도 장군"을 중심으로 한 고려인 역사문화센터에 대한 강한 애착에서 구체화 된다.

흥미로운 점은 이들 속칭 "고려인들"이 러시아나 카자흐스탄, 우즈베키스탄 등 구소련권 국가들로부터 한국에 들어온 외국인 노동자들이나 유학생들, 또는 이주민들에 비해 특별히 한국어나 한국 역사 또는 한국 문화에 대한 이해와, 친밀도, 역량, 그리고 통합의지가 눈에 띄게 더 강하지도 않다는 사실이다. 최근 들어 특히 K-POP과 한류의 영향과 한국의 경제, 과학기술 등의 인지도 상승으로 한국에서 공부하거나, 취업하거나, 창업하거나, 정착하려는 수요가 상당히 높다. 특히 이 같은 경향은 러시아, 카자흐스탄, 우즈베키스탄 등을 포함한 구소련권 국가들의 국민들 사이에서 매우 높다. 이들은 고려인들에 비해 오히려 상대적으로 한국어를 더 잘 구사하고 한국사회에 통합되려는 의지가 더 강하다는 사실이 자주 관찰된다.[4] 중요한 사실은 "고려인들"과 구소련권 출신 "외국인"들을 서로 비교할 때 한국어 구사능력, 학업 및 전문지식 능력, 근로의욕, 한국에 대한 친밀감과 통합의지 등 여러 측면에서 "고려인들"이 특별히 더 비교우위에 있지 않다는 점이다. 따라서 고급인재의 확보와 중, 하급 노동력의 확보, 지방소멸에 대한 대응 등 여러 측면에서 굳이 구소련권 출신 외국인들을 배제하고 고려인들에 과잉집중할 필요는 없어 보인다. 다수의 사례들에서 한국의 유명대학에서 대학이나 대학원 석사과정을 이수하는 구소련권 출신 외국인 학생들이 한국에서의 박사과정과 그 이후 취업 및 창업 등 기회측면에서의 어두운 전망 때문에 미국 등으로 진학 및 취업을 선택하는 경우들이 관찰되었다.[5] 이들을 대상으로 국내 대학 또는 정부에서 자금을 지원하여 초청하고 공부시켜 국내 유명대학에서 학부 및 석사과정을 이수하게 한 뒤 미국의 대학원 박사과정이나 기업으로 보냄으로서 한국의 재원으로 인력을 양성하여 외국에 고급인재로 보내는 아이러니한 상황을 만들어 내고 있다. 이들 구소련권 출신 외국인들은 영어, 러시아어, 한국어 등 다수의 언어에 능통하고 국제적 감각을 갖춤은 물론 고도의 전문지식과 과학기술을 갖추고 있는 우수한 인력들인 경우가 많다. 이들에 비해 "고려인 학생들"이 특별히 비교우위에 있는지는 의문이다.

과도한 민족주의 감정에 의해 동기화된 왜곡된 "재외동포"에 편중된 이민정책을 정상화하여, 고려인들뿐만 아니라 러시아 등 구소련권 국가 출신 외국인들 전반에 대한 면밀한 이민정책이 요구된다. 특히 최근 국내 외국인 이

---

[4] 러시아, 카자흐스탄, 우크라이나, 키르기스스탄 유학생들과의 인터뷰.

[5] Ibid.

주자들이 중국(조선족 포함), 베트남, 필리핀 등 지나치게 특정 몇몇 국가에 과도하게 편중된 상황을 개선할 필요가 있다. 이 같은 이민자의 특정 국가 특히 중국과 같은 적성국가에 편중되는 현상은 이민정책 및 국내 사회경제적 구조의 왜곡을 가져올 뿐만 아니라 국가안보적으로도 중대한 위해요소가 된다. 특히 한국의 "과도하고 비현실적인 민족주의 열정"에 동기화된 이민정책은 지난 20-30년 동안 중국인(조선족 포함) 등에 과도하고 편중된 왜곡된 이민정책의 결과로 이어져 온 측면이 없지 않다. 이는 국가의 해외로부터의 안정적인 인적자원의 수급과 건전한 사회경제적 균형발전을 해치고 투입 대비 산출의 이민정책의 비효율성을 만들어 내며, 이민자 공동체의 슬럼화 현상과, 치안불안, 범죄의 증가, 해외 특정 국가(즉 중국)로부터의 영향력 공작의 위협 등 여러 문제들로 이어졌다. 이민자 공동체의 문제는 단편적인 한국인의 외국인(재외동포 포함)에 대한 인식부족, 차별, 재원부족 등의 결과로 해석되어져서도 그로 인해 소통확대와 관심증대, 지원확대와 같은 파편화된 캠페인 형태의 정책대응으로 해결될 것으로 기대되어져서도 안 된다. 이는 보다 정밀하고 통합적인 차원에서 해외로부터의 인적자원을 어떻게 안정적으로 수습할 것인지 그리고 이들을 어떻게 총체적으로 국가의 역량강화에 활용하는 방식으로 한국인으로 통합할 것인지를 염두에 두고 추진되어져야 한다.

이 같은 맥락에서 "고려인"은 주요한 자산(asset)일 수 있다. 고려인을 조선족 등을 포함한 재외동포의 일부로만 인식할 것이 아니라 구소련권 국가들로부터 우수 인재들과 필요 노동력들을 수급하는 주요한 인계철선 또는 연결고리로 활용하는 것이 더 바람직해 보인다. 국내에 중국인 이주민들이 폭발적으로 증가하고 압도적 다수를 차지하게 된 배경에는 지리적 거리의 가까움도 작용했지만 언어적, 문화적 차이를 좁히는 연결고리로서 조선족들이 기능한 측면이 크다. 하지만 주요한 한국의 적대국가인 중국으로부터의 이민자들이 국내에서 압도적 다수를 차지하는 현 상황은 정치적, 경제적, 안보적, 사회문화적으로 한국과 한국민에 상당한 위협이 된다. 이 때문에 국내 체류 이민자들의 국적, 출신 비율을 조정할 필요가 있으며 이는 중국 출신자들의 비율을 대폭 줄이고 다른 국가들로부터의 이주민들의 비율을 중, 장기적으로 대폭 늘려갈 필요로 이어진다. 이 같은 맥락에서 "고려인"들은 주요한 전략자산이 될 수 있다. 조선족과 유사하게 고려인들로부터 구소련권 국가들로부터의 우수인재들과 양질의 중, 하급 노동력을 유치하는 언어적, 문화적, 정서적 미들맨(middle-man)의 역할을 기대할 수 있을 것으로 보인다. 이 같은 가능성은 지난 러시아-우크라이나 전쟁 초기에 다수의 우크라이나 난민들이 한국행을 결심하게 되었던 배경과도 관련이 있다. 한국행을 선택한 우크라이나 난민들은 우크라이나 현지에서 어떤 식으로든 고려인 또는 현지 한국인들과 인연이 있었던 사람들이었다. 글로벌 이민의 역동성(dynamics)에서 가족관계, 친분 등과 같은 개인적 인연이 주요한 연결고리가 되는 것은 일반적인 현상이다.

다만 이처럼 고려인들을 구소련권 출신 외국인 이민자들을 유입하는 촉매제로 활용하는 과정에서 고려인들의 출신 국가에 대한 면밀한 고려가 있어야 한다. 고려인은 하나의 균일한 "공동체"가 아니다. 이들은 러시아, 우크라이나, 카자흐스탄, 우즈베키스탄 등 각 출신 국가와 지역별로 다양한 정체성과 문화를 가진다. 예를 들면 우즈베키스탄 출신 고려인은 러시아 출신 고려인들과는 다른 차별성을 가진다. 언어와 문화, 생활양식, 정체성 등에서 같지만 또 다른 모습들이 종종 관찰된다. 때문에 이들 출신별로 나눠지는 고려인들 사이에서도 집단 간 긴장이 형성될 수 있다. 따라서 출신 국가별 차이가 이들 고려인들에 대한 접근에서 고려되어야 한다. 대체로 인터뷰 과정에서 만났던 고려인들은 자신을 한민족(또는 한국인)이자 고려인, 그리고 자신들의 출신 국가(러시아, 카자흐스탄, 우크라이나, 우즈베키스탄 등) 국민이라는 3중의 정체성을 가지면서도 동시에 끊임없이 국경을 넘나들며 이동하는 이주민으로서의 무국적 정체성을 동시에 가지는 복합정체성을 보여주었다.[6]

---

6 고려인들과의 인터뷰.

IV. 제천 고려인 마을 사례 연구

제천은 인구 13만의 지방 소도시로 최근 인구감소세가 뚜렷이 나타나는 지역이다. 이에 도시 경쟁력이 약화될 수 있는 위험이 크다. 단순한 내국인의 출산율 증대나 지역으로의 인구유입을 통해서 이 같은 문제가 해소될 가능성은 거의 없다. 출산율 저하와 인구감소가 서울 및 수도권 일부 지역을 제외한 전국 대부분의 지역에서 광범위하게 진행되고 있는 현상이어서 특별히 다른 지방자치단체에 비해 비교우위에 있지 않은 제천으로서는 다른 대안의 모색이 필수적이다. 이에 고려인과 같은 재외동포나 외국인 이주민의 유치가 필요한 상황이며, 제천시는 특히 고려인의 역내 이주를 통해 문제를 해결하려는 전략을 선택한 것으로 보인다(손영훈 외, 2023).

2023년 6월 말 현재 국내 거주 고려인은 108,987명이다. 이 규모는 전 세계에 분포된 고려인의 약 20%를 상회하는 수치이다. 그 밖에도 거소등록자가 아닌 고려인들이 있을 수 있으나 이는 정확한 수치에 반영하기 어렵다. 이 같은 국내 체류 고려인들의 증가로 러시아나 우즈베키스탄 등 국가에 실질적으로 주거하는 고려인들의 규모도 변화가 있다. 예를 들면 카자흐스탄의 경우 과거 10만 명 선에서 2023년 현재 8만 명으로 2만 명 가량 감소한 것으로 보이며 이 줄어든 2만 명은 국내로 유입된 것으로 파악된다. 러시아의 경우 18만 명에서 4만 명이 감소한 14만 명, 우즈베키스탄의 경우 17만 명 선에서 4만 명이 줄어든 13만 명 정도가 현지 국가에 체류하는 것으로 보인다(손영훈 외, 2023).

이 같은 고려인 비율은 국내 거주 재외동포들 가운데 조선족에 이어 두 번째로 많다. 2023년 현재 국내에 거주하는 전체 외국인 대비 약 40%가 재외동포이며 그 수는 약 80만 명에 이른다. 이 가운데 조선족이 약 78% 정도를 차지하며, 고려인이 그 다음으로 높은 비율인 13% 정도를 차지한다(손영훈 외, 2023). 이는 국내 체류 외국인 251만 명 가운데 중국인들이 거의 과반에 달하는 약 98만 명에 달하는 것과 같은 흐름이다(박혜리, 2024). 이처럼 국내 체류 외국인(재외동포 포함)의 출신 국가가 특정 국가에 지나치게 편중되어 있는 현상은 안보적, 정치적, 경제적, 사회문화적 이유로 바람직하지 않다. 이 점에서 중국인과 조선족 등의 비율을 낮출 수 있는 구소련권 출신 외국인들과 고려인들의 체류 비율을 높여 나가는 제천의 고려인 마을 사례는 좋은 파일럿(pilot) 프로그램의 성격을 가진다.

제천시 고려인 동포 이주정착 지원 사업은 제천시의 인구감소문제에 대한 해소와 현 제천시장의 개인적 경험과 신념이 함께 상호작용한 측면이 크다. 제천시는 저출생과 인구감소의 여파로 '지역소멸위기'에 직면한 지방자치단체 가운데 하나이다. 최근 제천시 인구는 10년간 유지해온 13만 명대가 붕괴될 위기에 놓인 상태이며, 이에 대한 정책대응으로 고려인 이주프로젝트를 추진했다. 제천시는 2023년 10월부터 고려인 이주를 개시하여 현재까지 47가구 11명이 이주해 취업 등 정착을 완료했으며, 48가구 123명도 제천시 지원을 받아 취업을 알선 중이다(김영우, 2024). 제천시가 인구소멸위기에 대한 대응으로 다른 지방자치단체들이 중국(조선족 포함)이나 동남아 등의 이민을 정책대안으로 선택하는 것과는 달리 제천시가 고려인의 이주를 정책대안으로 선택한 주된 동력은 현 제천시장의 개인적 경험과 인식, 가치관인 것으로 보여진다.[7] 그는 자신이 고려인 이주 프로젝트를 시작하게 된 계기에 대해 다음과 같이 밝혔다.

> "평생을 고려인들과 함께한 부분이 제일 큰 동기이다. 외교관 경력 35년 동안 고려인들과 함께하였으며, 이로 인해 대고려인 외교 또는 고려인을 위한 외교에 큰 관심을 가졌다. 당시 (구소련권 국가에) 영사로 갔을 때, 고려인 사회를 살려야 하는 책무가 있었다. 그래서 고려인 협회부터 시작해서 고

---

[7] 김창규 제천시장은 외무공무원으로 35년간 근무하였으며, 카자흐스탄, 러시아, 벨라루스, 키르기스스탄, 아제르바이잔 등 주로 구소련권 국가들에서 대사, 공사 등을 지내는 등 외교관 경력을 보냈다.

려인 TV, 라디오, 신문, 조선극단(고려극단), 각 지역별 고려인 협회를 가니까 정부에서 매달 나오는 보조금이 4,000달러였다. 그걸 (자신이) 일할 당시 16,000달러로 확대했다. 또, 삼성이랑 이런 곳에 부탁을 해서, 고려인들한테는 돈을 잘 지원했다. 그래서 고려인 기관들을 살렸다. 그러면서 계속 인연이 이어졌고, 그게 자랑스러웠다. (제천시의) 기업들의 문제는 산업인력이 부족한 것이었다. 그러다가 고려인을 데리고 오면 그 문제를 풀 수 있겠다는 결론에 이르렀다."

제천시 고려인 동포 이주정착 지원 사업의 주요 강점 가운데 하나는 이주민의 인생경로(life-course)를 따라, 교육, 취업, 가족 등 다면적인 측면들을 함께 고려한 패키지(package) 프로그램을 지향하고 있다는 점이다. 제천시의 경우도 초기에는 다른 지방자치단체의 사례들과 마찬가지로 고려인들에 대한 직업알선에 치중하는 전략상의 시행착오를 경험했다. 이는 이민정책의 공급자인 정책당국의 시각에서 접근한 것으로 수요자에 해당하는 이민자들(즉 고려인들)이 원하는 게 무엇인지 현실성 있게 인식하지 못한 결과였다. 하지만 지방자치단체장의 리더십을 동력으로 제천시 당국이 빠르게 정책의 한계를 인지하고 고려인들을 이주정착시키는데 필요한 다면적인 사안들을 함께 연계하고 고려하는 종합적 패키지 프로그램을 지향하는 것으로 전환하여 2024년 4월 현재 상당한 체계를 갖추게 되었다. 사실상 이민자들이 새로운 환경에 정착하는 데는 안정적인 일자리뿐만 아니라 정착교육, 언어 및 문화교육, 자녀들에 대한 돌봄학교, 교육지원, 의료지원, 주거문제해결, 커뮤니티 생태계 조성, 기타 각종 심리 및 생활지원 상담 등 다양한 삶의 필요들 또는 측면들이 동시에 지원되어야 한다. 이는 이주민을 지원하는데 소요되는 소모성 지출이 아니라 새로운 인적자원을 개발하고 활용하기 위한 투자의 개념으로 접근해야 한다. 제천시의 고려인 이주정책은 초기의 시행착오를 딛고 다면적인 측면을 함께 고려하는 프로그램으로 발전하였다. 몇몇 고려인들과의 질적 인터뷰 내용에 따르면, 이 같은 제천시의 프로그램에 상당히 만족하고 있는 것으로 나타났으며, 다른 지방자치단체의 이주민 공동체 등에서 나타나는 범죄, 일탈 등의 각종 사회문제가 제천시에서는 아직 나타나지 않고 있는 것으로 파악되었다.[8]

제천시의 고려인 이주지원 프로그램의 지원 대상은 합법적으로 체류하는 국내외 고려인 동포 및 그 가족이다. 제천시는 대상자 식별에 있어 비자를 활용한다. C-3-8, H-2, F-4, F-5, F-1까지 동포들이 받을 수 있는 비자이다. 여기에 러시아, 중앙아시아 등 구소련권 국가들의 국적자까지 더해서 식별한다. 여기에 많지는 않지만 고려인이면서 한국인과 결혼한 동포들까지 지원 대상에 포함한다. 제천시는 고려인 등 재외동포 주민지원에 관한 조례를 2024년 4월 제정하였으며, 제천시에서 종합계획과 재정지원을 담당하고, 제천시 재외동포지원센터라는 위탁기관을 두고 고려인들의 체류, 취업, 주거, 의료 등 실무적인 지원을 하고 있다. 현재 해당 지원센터는 지역 소재 대원대학교 기숙사 안에 위치하고 있다.[9]

제천시의 고려인 종합지원시스템은 다음과 같은 단계로 구성되어 있다. 1단계는 모집홍보 및 접수 단계이다. 이 단계에서는 공고문을 올리고, 대한 고려인협회나 고려인 커뮤니티에 연계를 해서 온·오프라인으로 같이 홍보를 한다. 해외협력관을 통해 해외 현지에서의 홍보도 병행하고 있다. 2단계는 신청서 접수 단계이다. 신청서 작성에 있어 시청이 도움을 주고 있다. 언어문제 해결을 위해 신청자가 러시아어로 적고 시청에서 번역을 해주거나 시청에서 대신 작성하고 신청자에게 러시아어로 설명하는 등의 방식으로 지원한다. 3단계는 지원대상의 선발이다. 예산과 체류시설 등에 한계가 있기 때문에 지원대상자의 선발에 있어 우선순위를 지정한다. 이때 기준은 한국어 능력, 기술자격보유여부, 비자종류, 가족 동반 수, 연령 등이다. 이 같은 과정을 거쳐 대상자가 선발되게 되면, 취업연계, 비자변경, 단기체류 지원, 주거연계, 정착지

---

[8] 제천시 관계자 인터뷰 (2024. 4. 5).

[9] Ibid.

원금(인센티브) 제공, 거소등록 및 등록변경을 통한 제천 시민으로의 전입신고, 교육프로그램 지원, 미취학 자녀 지원, 취학자녀 장학금 및 복지지원, 취학자녀 지원, 방과 후, 방학 중 돌봄 등 다양한 지원을 제공한다. 이밖에도 관련하여 법무부 비자특례(취업특례 및 영주특례), 의료지원, 출입국 민원대행 서비스, 통역 및 고충상담 등 다양한 지원을 수행하고 있다.[10]

고려인의 제천 이주에 있어 현재 가장 어려운 도전이 되는 과제는 고려인 이주민 자녀들에 관련된 미취학 자녀 돌봄과 취학 자녀의 교육문제이다. 이는 광주, 안산, 인천 등 국내 다른 지역에 살고 있는 고려인 가정들에서도 공통적으로 나타나는 문제들이다. 어린이집이나 유치원과 같은 미취학 자녀 보육시설의 경우 한국인 아이들과 고려인 아이들을 함께 돌보아야 하는데 아이들의 언어가 서로 달라 보육기관에 상당한 부담이 되고 있다. 또한 한국인 부모들이 고려인 아이들이 보육시설에 함께 수용될 경우에 나타날 수 있는 돌봄 및 아동 교육의 질 저하에 대해 우려한다. 이에 대한 대안으로 고려인 자녀들만을 수용한 별도의 보육시설을 둘 경우 고려인 2, 3세들의 취약계층화와 소외가 구조화된 만성적 문제가 될 수 있다. 또한 정부의 재정지원을 두고 보육시설과 고려인 부모들의 입장도 상충한다. 보육시설에서는 재정지원을 기관에 직접 달라는 입장이며, 고려인 부모들은 현금으로 직접 지원받는 것을 더 선호한다. 이 같은 다양한 이해당사자들의 갈등과 인식의 차이, 그리고 다양한 이해관계들을 반영하고 조율하는데 어려움이 있다.[11]

한편 취학 자녀의 경우 한국 사회에 성공적으로 적응하고 통합되기 위해서 필수적인 학업성취와 진로에 있어서 상당한 문제가 나타난다. 이들의 경우 러시아어가 자신들의 모국어이기 때문에 외국어로 배워야 하는 한국어 습득에 어려움이 크다. 이는 이들의 학업성취도의 저하와 대학 및 대학원 등 진로와 경력설계에 심각한 문제를 야기한다. 대부분의 취학 고려인 자녀들의 경우

---

10 Ibid.

11 제천시 관계자, 제천 거주 고려인들 인터뷰. 제천시 (2024. 4. 5).

이 때문에 러시아어가 통하는 고려인 자녀들끼리 또래 집단을 형성하고 제도권 학교와 진로로부터 이탈하고 잉여화되는 현상이 나타난다. 이 같은 문제들 때문에 고려인 자녀들 가운데 학업능력이 우수한 학생들은 아예 러시아 대학으로 진학을 준비하는 경우가 빈번히 관찰된다. 그렇다고 이들을 위해 별도의 과정을 제도권 초, 중, 고등학교에 설치할 수도 없고 만약에 별도의 방과 후 프로그램을 운영하더라도 그 효과는 미미하다. 학교 밖 지원센터 등에서 이들을 위한 한국어와 다른 과목들에 대한 방과 후 학습지원이 이루어지고 있기는 하지만 한국의 치열한 입시경쟁을 뚫고 진학과 진로설계를 하기에는 매우 미흡한 실정이다. 이 때문에 고려인 자녀들의 경우 (대부분의 외국인 이주자 자녀들과 마찬가지로) 제도권 교육 밖에서 취약계층으로 전락하거나 아니면 러시아 등지의 해외 대학으로 진학하여 다시 역이민하는 두뇌유출의 현상이 나타난다.[12] 두 경우 모두 한국의 인적자원 확보를 통한 국가경쟁력 제고에 부정적인 영향을 미칠 수 있어 이에 대한 종합적이고, 중, 장기적인 대책이 필요해 보인다. 현재 제천시에서는 취학 자녀에 대한 장학금을 지원하고 있기는 하다. 초, 중, 고의 경우 연간 50만 원, 대학교의 경우 연간 100만 원을 지원하고 있으나 고려인 자녀들의 진학과 진로 설계를 위한 안정적인 재정지원의 수준에는 턱없이 부족하다.[13] 따라서 적은 금액을 다수에 일괄적으로 배분하기 보다는 학업 성적이 우수하고 대학 및 대학원 등에서 학업을 마친 후 향후 제천시에서 스타트업과 같은 창업을 통해 일자리를 창출할 수 있는 우수 인재들을 선별하여 선별적으로 장기간 안정적으로 충분한 장학금을 지원하는 것이 비용-효과 대비 더 효율적일 것으로 판단된다. 이에 대한 고민이 필요할 것으로 본다.

　　제천시의 고려인 이주 사업에서 또 하나 살펴볼 주요한 사안은 이주대상 고려인의 모집과 관련된 문제이다. 제천시의 고려인 모집은 제천이라는 지방자치단체의 입장에서는 인구소멸에 대응하기 위한 합리적인 전략이 될 수 있

---

[12] 고려인 학교 관계자 인터뷰 (2023. 7. 20).

[13] 제천시 관계자 인터뷰. 제천시 (2024. 4. 5).

으나 한국이라는 국가전체적인 측면에 미치는 효과 역시 합리적이고 긍정적인가는 따져볼 여지가 있다. 국내 체류 중인 고려인 대상 모집과 해외 거주 고려인 대상 모집 모두에서 각각 다음과 같은 문제제기가 있을 수 있다.

먼저 국내 체류 중인 고려인들을 두고 같은 인구소멸이라는 위기에 직면한 서로 다른 지방자치단체들이 출혈경쟁을 하는 것이 국가 전체적으로 과연 바람직한가에 대한 의문이다. 인구소멸은 특정 지자체의 문제가 아니라 거의 대다수의 지자체들이 겪는 국가전반적인 위기이다. 따라서 안산, 인천, 광주, 청주 등 이미 고려인들이 국내에 들어와 많이 살고 있는 지역들에서 제천이 재정을 투입하여 고려인들을 국내에서 재이주시키는 것이 국가 전체적인 인적자원관리의 측면에서 타당한가 하는 것이다. 자칫 이 같은 현상이 과열될 경우 국내 거주 고려인이라는 제한된 인적자원을 두고 국내 지자체들 간에 "제살 깎아먹기" 경쟁이 벌어질 수도 있다. 이와 똑같은 경우는 아니지만 인도네시아 등 외국인 근로자들에 대한 지원금을 두고 외국인 근로자들을 지원하는 시민단체 및 종교단체들이 서로 동일한 대상을 두고 "사람 빼내오기" 같은 제살 깎아먹기 경쟁을 벌이는 관행도 관찰된 바 있다(윤민우, 2017: 173-206). 유사하게 고려인 등을 두고 지자체간에 과열 경쟁이 발생하지 않으리라는 보장도 없다. 따라서 이 문제에 대해 지자체들과 고려인들이 참여하는 이해당사자 협의회가 만들어지고 이를 중앙정부가 모니터링하고 조율하는 범국가적 시스템의 구축과 운용이 필요할 것으로 보인다.

다음으로 우즈베키스탄, 키르기스스탄, 카자흐스탄과 같은 구소련권 국가 현지에서의 고려인 대상 리크루팅과 관련된 문제이다. 제천시는 러시아 및 중앙아시아 등지의 지역 동포 커뮤니티에서 이주민들을 접촉하고 이들의 제천시로의 이주를 유도하는 정책을 시행하고 있다. 현지 고려인 단체나 협력관 등과 접촉하고 이들의 협조를 받아 한국어 능력이 있는 고려인들을 제천시로 받아들이는 방식으로 운용되고 있다. 이를 위해 현재 우즈베키스탄은 타쉬켄트 부천대학교의 남빅토르 총장, 키르기스스탄의 경우 현지 한국대학교의 백태현 부총장, 그리고 카자흐스탄은 세계언어대학 소속 교수 등이 협력관으로 지정되어 활동하고 있다. 현지 협력관 지정은 제천시가 자체적으로 하고 있다.[14] 하지만 이 경우 현지 한국 대사관이나 관할 행정기관들, 그리고 현지 국가의 정부와 잠재적인 갈등요소가 있다. 예를 들면 현지 한국 대사관이나 외교부, 법무부 등과의 협조나 조율 없이 제천시가 독자적으로 추진하기 때문에 한국의 현지에서의 외교활동과 경제적, 사회문화적 영향력 확장 등과 같은 다른 국가전략목표와 충돌할 수 있다. 현지 고려인들은 한국의 해외 외교적 정치적 영향력 확장과 경제 및 사회문화 진출의 중요한 인계철선이 될 수 있는데 이들 고려인들이 한국으로 이주하게 되면서 현지에서의 고려인 커뮤니티의 영향력이 줄어들게 되면 이는 국가 전략적으로 오히려 부정적인 결과로 이어질 수 있다. 조선족의 경우와 고려인의 사례를 같은 선상에 두고 접근할 수 없다. 또한 베트남 등 다른 외국인들이 한국에 들어오게 되면 한국에서 돈을 벌어 본국으로 송금하거나 일정시간이 지난 뒤 본국으로 되돌아가 본국 경제에 다시 기여하는 것과는 달리 고려인의 경우는 아예 한국으로 이주하는 경우가 많다. 이 때문에 현지 정부는 한국의 자국 노동력 빼내가기에 대해 부정적 시선을 가질 수 있으며 이 때문에 한국과 현지 정부와의 외교적 마찰이 야기될 여지도 있다. 따라서 이 같은 다면적인 이슈들을 균형 있게 파악하여 해외로부터의 인적자원 확보를 추진해야 할 것이다. 이런 맥락에서 제천시의 고려인 이주프로그램을 파일럿 프로그램으로 삼아 여러 지자체들이 참여하면서 외교부와 법무부, 그리고 대통령실 등의 중앙정부 컨트롤타워가 조율하는 범국가적 해외 리크루팅 시스템으로 발전을 모색할 필요가 있다.

한편 해당 제천시 프로그램의 주요한 한계점 가운데 하나로 정책의 "과도한 민족주의적 지향성"을 지적할 필요가 있다. 제천시 당국은 고려인을 넘어 러시아인이나 중앙아시아인들과 같은 구소련권 국가 출신의 외국인들을 유치할 생각도 있는지 물어보는 질문에 대한 답변에서 "그 부분은 (지역 주민의)

---

[14] 제천시 관계자와의 인터뷰 및 키르기스스탄 현지 대학 관계자와의 인터뷰. 제천시, 비슈케크 (2024. 2. 13, 2024. 4. 5).

정서적 공감대를 얻기가 쉽지 않을 것 같으며, 동포는 동포이고 우리들이 갚아야 될 빚이 있는 사람들이라는 정서적 합의가 깔려 있기 때문에 지역 사회의 반발 없이 사업을 할 수 있는데, 그게 중앙아시아 현지인 내지는 외국인이라고 하면 다른 문제가 될 것 같으며, 제도적으로도 검토하기 어려운 상황"이라고 답변했다. 하지만 이는 객관적 현실을 반영 한다기 보다는 다분히 제천시 당국의 민족주의적 열망에 기반을 둔 편견(bias)으로 이해될 여지가 있다. 인터뷰를 수행한 제천 시장 역시 "우리 고려인들을 모시고 와서", "우리는 19세기 당시 강제 이주했던 사람들을 도와주어야 함", "고려인들도 한국인하고 똑같이 대우해서...우리 사회에 동화가 되어야", "고려인의 이익을 내(제천시장)가 대변할 생각" 등 상당한 개인적 열망과 믿음, 주관적 가치관이 강하게 들어간 주장을 되풀이 했다.[15]

현실적으로 제천 시민들이 제천시 당국과 달리 고려인의 이주에 그다지 높은 열망과 지지를 보내고 있는 것 같아 보이지는 않는다. 이는 시 당국에서도 일부 시민들이 고려인 이주에 대한 우려를 표명했다고 밝힌 바 있다. 또한 제천 시민에 대한 고려인 이주 정책에 대한 설문조사결과에서도 설문조사에 응답할 정도의 고려인 이주 문제에 대한 적극성을 가진 20대 이상의 시민들 1,411명 가운데 압도적 다수인 76.7%가 국내 거주 동포에 대한 관심이 조금 있거나 전혀 없는 편이라고 응답했다. 특히 동포에 대한 관심이 전혀 없는 비율이 26.2%로 동포애 대한 관심이 높은 비율 23.3%에 비해 더 컸다. 이는 제천시민의 국내 거주 외국인 노동자에 대한 관심도와 비교할 때 거의 차이가 없는 수치이다. 해당 설문에 대한 응답에서도 76.7%가 외국인 노동자에 대한 관심이 전혀 없거나 조금 있는 편이라고 답변하여 국내 거주 동포에 대한 관심도와 같았고 외국인 노동자에 대한 관심이 전혀 없다는 응답이 27.7%로 관심이 많은 편이다의 23.3%에 비해 더 높았다. 국내 거주 동포와 외국인 노동자에 대한 응답결과들을 비교할 때 둘 사이에 차이는 거의 없는 것으로 나타

---

15 제천시 관계자와의 인터뷰. 제천시 (2024. 4. 5).

났다. 고려인이 제천시로 이주해 올 경우에 대한 응답자 생각에서도 "적극 환영한다"는 응답은 25.2%에 불과했고 나머지 압도적 다수가 "환영하지는 않지만 존중한다", "그저 그렇다", "잘 모르겠다", "적극 반대한다" 등이었다. 특히 "적극 반대한다"도 22.7%에 달해 "적극 환영한다"는 응답과 거의 차이가 없었다. 이 같은 설문조사와 결과는 제천시 당국의 답변과는 차이가 있는 것으로 보인다(손영훈 외, 2023).

V. 정책적 접근 대안

이 같은 현실을 고려하면 제천시 당국의 고려인에 국한된 이주 정책의 실효성에 대해 따져볼 여지가 있다. 한국인들의 외국인 이주민들에 대한 반감(또는 지지) 정도가 거의 유사한 상황에서 고려인과 같은 재외동포에만 국한해서 외국인 이민정책을 수행하는 것이 비용-효과 대비 합리적 인적자원의 수급정책인지 살펴보아야 한다. 독일의 경우 구소련권 국가들로부터 1990년대 이후 독일계 귀환 이민자들(Aussiedler)을 받아들였으나 이들이 독일 사회에 미친 경제적 영향력은 미미했다. 독일이 필요로 하는 노동력을 충당하기에 이들의 수는 미미했으며, 독일 사회로의 통합과정에서도 독일어 구사 능력이 취약한 구소련권 귀환 이민자들과 외국인 이민자들 사이에 두드러지는 비교우위도 나타나지 않았다. 이는 고려인의 경우도 마찬가지로 볼 수 있다(손영훈 외, 2023). 전혀 다른 러시아 언어와 문화권에서 오랫동안 살아온 고려인들이 한국 사회에 통합되는 과정에서 한국을 동경하거나 한국에 대한 매력도가 높아 한국으로 이주한 외국인들보다 특별히 비교우위에 있다고 볼 근거가 크지 않다. 많은 경우 인터뷰를 했던 고려인들은(특히 젊은 세대의 경우) 언어적, 문화적 요인들 때문에 한국 보다는 러시아 또는 다른 자신의 출신 국가에 대한 정체성을 더 강하게 느끼고 있었다. 때문에 이들이 주장하는 고려인 정체성과 한국과의 강한 연대가 실제로 그런지 아니면 한국에 입국하는 과정 또는 입국한 이후에 선택한 합리적 생존 전략인지 여부를 면밀히 따져보아야 한다. 연구를 통해 도달한 잠재적 결론은 고려인들이 러시아나 다른 구소련권 국가들 출신의 외국인들에 비해 한국에 통합되는데 특별히 더 적극적이지도 유리한 조건에 있지도 않다는 점이다.

결론적으로 제천시 고려인 이주 프로그램에 대한 사례연구를 통해 제안할 수 있는 정책적 접근은 국가 지도부가 컨트롤타워가 되어 국가미래성장동력의 확보를 위한 인적자원의 안정적 수급 측면에서 외국인 이주민과 재외동포 이주 정책을 함께 통합적으로 운용해야 한다는 점이다. 현재까지는 각 지자체, 시민사회단체, 종교단체, 활동가들이 자신들의 주관적 편견과 열망, 관심사에 따라 선택적으로 그리고 파편적으로 해외로부터의 이주민 정책에 관여한 측면이 크다. 이는 특정 국가(중국) 출신 비율이 과다하게 반영되어 중대한 국가안보 및 정치, 경제, 치안, 사회문화적 문제를 야기하거나 사회통합의 부재로 고립된 이민자 공동체가 만들어져 각종 사회문제로 이어지거나 고려인과 같은 특정 그룹에 국한되어 이민정책의 비효율성을 야기하거나 하는 등의 문제로 이어졌다. 따라서 중앙정부와 지방자치단체, 그리고 이해당사자들이 모두 참여하는 국가전반적인 외국인 및 재외동포를 함께 묶는 외국인 이민정책이 수립되고 운용될 필요가 있다.

덧붙여 고려인은 주요한 매개체로서의 효용가치가 크다. 고려인을 단지 해외동포의 일부 그룹으로 보다는 해외동포의 일부이자 동시에 러시아를 포함한 구소련권 국가 출신 외국인들의 한 그룹으로 보고 이들을 매개체로 다른 구소련권 출신 외국인들의 국내 이주를 추동하는 하나의 동력원으로 활용할 필요가 있다. 고려인들의 언어적, 문화적 정체성이 구소련권 출신 외국인들과 더 강하게 공유되는 측면이 있음으로 외국인 이민정책의 확장성을 이끌어내어 비용대비 효과를 극대화할 수 있다. 출산율 위기와 인구감소로 국력의 심각한 쇠퇴가 장기적으로 예견되는 상황에서 기존의 고립적이고 배타적인 민족주의에 근거한 한국인 정체성을 넘어 다양한 외국 국적자들을 한국인으로 수용하고 이들의 인적자원으로서의 활용을 극대화함으로서 국력의 안정적이고 지속적인 발전을 담보해 낼 수 있어야 한다. 특히 이 과정에서 제천시의 사례처럼 외국인 이주자들의 취업, 교육, 진로 설계, 보육, 의료, 가족 등 인생경로를 따라 다면적으로 이민정책을 설계함으로써 고급인재들을 유치, 육성할 뿐만 아니라 중, 하급 노동력을 안정적으로 확보함으로써 국가 전반 및 지방 발전을 추동할 수 있을 것이다. 이제 한국은 배타적인 민족주의를 넘어 더 개방적인 한국과 한국민을 만들어냄으로써 지속적인 성장과 발전으로 나아갈지 아니면 배타적인 혈연적, 역사적 민족주의에 매몰되어 국가역량의 수축과 쇠퇴를 감내할지 선택의 기로에 있는 것처럼 보인다.

참고문헌

김영우. 2024. "6개월간 동포 234명 정착…'지역소멸위기'제천, 고려인 이주 프로젝트." 『조선일보』 (6월 8일).

남부현·박민희. 2023. "해외의 이민정책 사례: 독일." 남부현 외 공저. 『이민정책론』 경기, 파주: 법문사.

박혜리. 2024. "국내 외국인 251만명…다문화사회 진입 눈앞." 『코리아넷뉴스』 국제문화홍보정책실. (1월 17일).

손영훈 외. 2023. "고려인 동포 제천시 이주 및 정착을 위한 중앙아시아, 러시아 및 국내 거주 고려인 생활실태 조사." 『한국외국어대학교 중앙아시아연구소 연구보고서』 12월.

윤민우. 2017. "인도네시아 이슬람 극단주의 실태 연구." 『한국경호경비학회지』 50: 173-206.

윤민우·김은영. 2020. "유럽지역의 최근 극우극단주의 동향과 사회정치적 요인들." 『한국치안행정논집』 17(2): 173-191.

이가영. 2024. "한국에서 살래요 OECD 이민증가율 2위, 그 이유는." 『조선일보』 (11월 17일).

임형백. 2023. "세계화와 국제이주." 남부현 외 공저. 『이민정책론』 경기, 파주: 법문사.

임형백. 2023. "이민정책의 방향." 남부현 외 공저. 『이민정책론』 경기, 파주: 법문사.

장익현. 2023. "영국의 이민·다문화정책에 대한 연구: 정책추진체계를 중심으로." 『한국이민정책학보』 6(1): 39-40.

하정봉. 2023. "일본 이민정책의 형성배경과 특징: 2012년 이후 변화를 중심으로." 『한국이민정책학보』 6(1): 23-24.

제10장

관(官)과 민(民)의 결합:
제천시 고려인 커뮤니티 네트워크의 특성[1]

정민기

I. 머리말

본 글의 목표는 제천시 고려인 커뮤니티의 네트워크를 파악하고 그 특성을 살펴보는 것에 있다. 제천시의 고려인 이주 지원사업은 안산이나 광주처럼 민(民)이 주도하는 민간 주도형 이주 방식과 달리, 지방자치단체가 직접 기획하고 추진하는 관(官) 중심의 이주라는 점에서 흥미로운 사례다. 즉, 흔히 볼 수 있는 민 중심의 이주가 아니라는 점에서 주목할 만하다. 2000년 이후 꾸준히 인구감소를 경험하고 있는 제천시는 인구소멸 위기에 대응하기 위하여 다양한 정책을 펼치고 있는데, 그 중 대표적인 정책이 고려인 이주 정책이다. 제천시는 2026년까지 총 1,000명의 고려인 이주·정착을 목표로 다양한 사업을 적극적으로 펼치고 있다(대전일보, 2024/05/22).

본격적인 사업 시작에 앞서, 제천시는 사업의 법적 근거 마련을 위하여

---

1 이 글은 『역사문화연구』 93(2025)에 게재된 논문을 본서의 편집 취지에 맞도록 수정·보완한 것입니다.

관리책임부서인 제천시청 미래전략팀을 중심으로 2023년 4월 '제천시 고려인 등 재외동포 주민 지원에 관한 조례'를 제정하여 시행하였다(제천시청 미래전략팀, 2023/04/07). 이후 제천시는 제천경찰서·제천교육청·세명대학교·대원대학교·제천서울병원·제천상공회의소 등 지역 기관 및 단체 8곳와 '고려인 등 재외동포 이주 정착 지원사업 업무협약'을 체결하여 △협력 사업 발굴 △정책 자문·제안 △단기 체류 시설 제공, 정착 프로그램 운영 △취업 연계·보건의료 지원 △고려인 주민 협업 사업 등을 함께 추진하기로 하였다(한겨레, 2023/06/12). 이 외에도 김창규 제천시장은 우즈베키스탄·카자흐스탄·키르기스스탄 등 중앙아시아 3국 등을 방문하여 현지 고려인단체와 고려인 유치 협약을 체결하는 등 고려인 유치를 위한 적극적인 의지를 보여주었다.

위와 같은 적극적인 정책 추진의 결과 2024년까지 209가구 542명의 고려인이 이주를 완료하였다. 아울러, 118가구 319명의 제천시 정착을 진행하고 있다. 이들 중 상당수는 한국에 온 뒤 경기 안산, 광주, 인천, 경북 경주 등에서 생활하다 제천으로 이주한 것으로 나타났다(동아일보, 2025/02/04). 제천시는 시내로 이주한 고려인들이 관내 공장, 리조트, 도서관 등에 취업할 수 있게 알선하고 있으며, 실제로 이주를 완료한 고려인들은 제천시 내 29곳 기업에 상당수 취업하였다. 그 외에도 제천 인근의 단양 등에서도 고려인 고용에 대해 긍정적인 태도를 보이는 모습도 나타나고 있다(조선일보, 2024/06/08).

제천시는 국내외 고려인의 시내(市內) 이주라는 목표를 달성하기 위해 여러 기관 및 단체와의 네트워크를 구축하고 적극적으로 활용하는 모습을 보였다. 예를 들어, 2023년 7월 제천시는 카자흐스탄·우즈베키스탄·키르기스스탄 등 중앙아시아 3개국 고려인협회와 업무협약을 체결하기도 하였다(중앙매일, 2023/07/26). 또한 제천시는 고려인들의 시내 이주 이후에도 이들과의 사회적 관계를 지속적으로 유지하기 위한 네트워크 구축에도 힘써왔다. 가령, 제천시는 2023년 10월에는 재외동포 지원센터를 비롯한 이주민들과의 소통을 위한 네트워크 창구를 개소하기도 했다.

이러한 제천시의 적극적인 노력과 함께 형성된 고려인 밀집 거주지 네트워크의 특성은 이주민들이 자발적으로 형성한 지역 네트워크와는 다른 특성을 지닐 수 있음을 암시한다. 본 글은 제천시 고려인 커뮤니티의 네트워크는 시가 중심이 되는 '관'과 이주민이 중심이 되는 '민'의 네트워크가 결합된 형태를 띠고 있다고 파악한다. 이를 바탕으로, 본 글은 제천시 고려인 커뮤니티에 형성되어 있는 네트워크의 특성을 자세히 살펴보고자 한다.

1990년대 이후 본격적으로 시작된 고려인들의 한국의 이주 이후, 이들을 주제로 하는 많은 연구가 이루어졌다. 특히 본 글의 주제와 직접적인 관련이 있는 재한(在韓) 고려인 커뮤니티와 관련해서도 이들이 정착하고 있는 각 도시에 초점을 맞춘 연구부터(박신규·이채문, 2021; 고가영, 2024), 이보다 포괄적인 범위인 한국 고려인 커뮤니티의 특성 전반을 분석하고 있는 다양한 연구(선봉규, 2018; 임영상, 2023)가 존재한다. 더 나아가 국외의 수준에서 조선족, 고려인 등의 한인 디아스포라들 간 상호작용이 빚어내는 동학을 심층적으로 탐구하는 연구도 존재한다(고가영, 2016). 이러한 연구들은 국내외에 거주하는 고려인들의 생활을 다면적으로 이해하는 데에 있어서 큰 도움을 준다는 점에서 의의가 있다. 한편, 비교적 최근에 고려인들의 본격적인 이주가 시작된 제천시와 관련된 연구는 충분히 존재하지 않는 상황이다. 따라서, 본 글은 제천시 고려인 커뮤니티의 사례를 다룸으로써 기존 고려인 연구의 지평을 확장하고자 한다.

본 글은 다음과 같은 순서로 진행된다. Ⅱ장에서는 제천시 고려인 커뮤니티 네트워크를 살펴보기에 앞서 제천시 고려인 커뮤니티의 형성 과정을 살펴볼 것이다. 또한, 이러한 커뮤니티를 중심으로 형성되어 있는 고려인 네트워크를 분석하기 위한 틀을 제시할 것이다. 그리고 이후 Ⅲ장에서는 이전 장에서 제시된 분석틀을 바탕으로 제천시 고려인 커뮤니티에 형성되어 있는 관 중심의 네트워크와 민 중심의 네트워크를 파악해볼 것이다. 그리고 Ⅳ장에서는 이러한 네트워크의 특성을 상세히 살펴보고자 한다. 끝으로 Ⅴ장에서는 본 글을 요약하고 함의를 도출할 것이다.

II. 제천시 고려인 커뮤니티의 형성과 운영

1. 제천시 고려인 커뮤니티의 형성 배경

제천시가 고려인 이주 사업을 적극적으로 추진한 가장 결정적인 이유로는 지속적인 인구감소를 들 수 있다. 1995년 제천시가 도농복합시(都農複合市)로 통합된 이후 2000년, 시의 인구는 14만 명을 웃돌았으나 2007년까지 급격히 감소하였다. 이후 제천시의 인구는 13만 6천 명 안팎을 오갔으나 2017년부터 다시 감소세로 전환되었고 2024년 1월 인구 13만 명이 붕괴되었다(단비뉴스, 2021/05/12; 동아일보, 2024/01/30). 이러한 13만 인구의 붕괴는 출생·사망의 자연 증감과 대학생들의 주소 이전 것으로 보이지만, 그림 1에서 볼 수 있듯 제천시의 인구감소는 2000년 이후 꾸준히 지속되고 있는 현상이라고 할 수 있다.

한편, 인구감소와 함께 시작되는 고령화 문제에도 직면하게 되는 지방의 중소도시들은 기반 시설의 유지와 관리에 있어서 재정적 부담을 느끼게 된다. 또한, 인구감소는 공가 및 빈 점포 증가, 대중교통의 운행감소, 교육시설의 통폐합, 중심 상업지의 쇠퇴 등 역시 주민들의 주거 안정에 어려움을 주는 요인들을 만들어낼 수 있다. 결국 이는 주민 생활의 질 저하, 산업활동 위축, 교통 및 토지이용의 효율성 저하 등 전반적인 도시의 사회·경제 구조의 악화로 이어진다는 점에서 지방의 중소도시들은 이러한 문제를 극복해 나가고자 노력

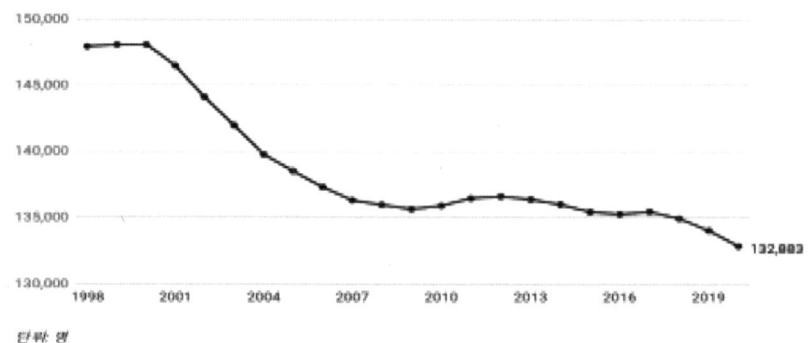

단위: 명
그림 1 제천시 인구 변화(1998-2019)

한다(안정근 외, 2015).

　위와 같은 인구감소 문제를 해결할 수 있는 다양한 방안이 존재하는데, 그들 중 하나는 새로운 거주민의 유입을 이끄는 것이다. 이에 제천시는 한국인에 긍정적인 이미지를 가진 고려인들을 시내로 이주시키고자 하였으며, 이를 통해 인구 증가의 효과를 끌어내고자 하였다. 김창규 제천시장 역시 "한민족 정체성이 강한 고려인이 제천에 정착하면 인구감소와 기업체 구인난 해결에 도움이 될 것"이고 "제천의 도전이 지방 소멸 문턱에서 함께 분투하고 있는 지방자치단체에 의미 있는 디딤돌이 되기를 바란다"고 언급하며, 고려인의 유치가 인구감소 문제에 대한 직접적인 대응책 중 일부임을 밝히기도 하였다(중앙일보, 2024/08/13).

　제천시는 이와 같은 고려인 이주 정책을 통해 노동가능인구를 적극적으로 유치하고자 노력하고 있다. 2022년을 기준으로 했을 때, 제천시 내에서 실질 노동 가능 인구는 약 5만 4천여 명인데, 이는 2017년과 비교했을 때 10% 이상 급감한 수치라고 할 수 있다. 이에 제천시는 이주를 희망하는 고려인을 대상으로 한국어 교육을 제공할 뿐 아니라 공공기관이나 병원·마트·문화시설·유적지 등을 돌며 한국 생활에 적응하는 프로그램을 제공하여 이들의 중장기적인 제천 거주와 시내에서의 취업을 유도하였다. 실제로 제천으로 이주한 고려인 중 20대에서 40대의 비율이 59%, 초·중·고, 미취학 자녀 비율은 27%라는 점은 이들이 향후 제천시에 있어서 귀중한 인적 자산이 될 수 있음을 암시한다. 제천시 미래정책과 권세영 주무관은 이주 신청자 중 상당수가 자녀를 동반하고 있어, 취업 이후 지역에 정착할 가능성이 높다고 밝혔다. 이에 시 차원에서는 미취학 자녀 보육료 30만 원, 초·중·고 자녀 장학금 50만 원 지원을 비롯해 의료비 20% 할인, 취업 알선, 거주지 정보 제공 등 다양한 지원 정책을 시행하고 있다(중앙일보, 2024/08/13). 한편, 위와 같은 제천시의 정책은 제천시가 지역사회의 인구감소 대응과 지역경제 활력 제고 및 외국인 등의 정착을 위해 법무부가 진행하는 정책인 '지역 특화형 비자 사업'에 선정됨에 따라 더욱 탄력을 받을 가능성이 커졌다.

2. 커뮤니티의 운영

앞서 살펴보았듯, 제천시의 고려인 커뮤니티의 형성은 제천시의 주도로 이뤄질 수 있었다. 뉴욕 타임즈는 이러한 것을 '제천 이니셔티브(The Jecheon initiative)'로 명명하기도 하였다 (*The New York Times*, 2024/08/06).

제천시는 2023년 10월 시내의 대원대학교 기숙사 1동을 제천시 재외동포지원센터로 리모델링하여 이주 고려인들을 위한 단기 체류 시설로 활용하고 있는데, 본 센터는 커뮤니티 운영에 중요한 역할을 하고 있다. 구체적으로 재외동포지원센터는, 고려인 동포들의 지역 조기 정착 교육프로그램 운영 등 이주 희망자 모집에서 체류관리를 통한 안정적 정착까지 고려인 동포 지원정책을 통합 운영·관리함으로써 제천시 고려인 종합지원 업무를 수행하고 있다. 제천시로의 이주를 결정한 고려인들은 이곳에서 최장 4개월까지 머무르며 지역 사회 적응을 위한 다양한 교육을 받을 수 있다.

이러한 재외동포지원센터는 **그림 2**와 같은 구조를 띠고 있다. 우선, 재외동포지원센터는 제천시 행정지원단 아래에서 국내외의 기구와의 협력을 통해서 고려인과 관련된 다양한 행정적인 업무를 총괄 운영한다. 본 센터는 사무 공간, 휴게시설, 식당, 컴퓨터실 등 공동시설과 102명 입실 규모의 단기 체류 시설로 구성되어 있으며 고려인들의 안정적인 이주와 거주에 필요한 단기 체류, 정착교육, 취업지원, 정규교육, 상생의료지원 등을 제공한다(충청일보, 2023/10/24).

구체적으로 **그림 3**에서 확인할 수 있듯, 본 센터는 단기체류 시설의 기능뿐 아니라 주거연계, 정착지원금 지급, 지역적응교육 등 제천으로 이주한 고려인들이 필요로 하는 것들을 제공해 주는 역할을 한다. 이러한 지원들이 마무리되면 고려인 이주민들은 사회로 나가 경제활동을 본격적으로 시작하게 된다. 이들이 만약 제천시에서 4년 이상 거주하면 영주권 취득 자격이 부여되며, 법무부의 사회 통합 프로그램 3단계 이상 이수와 소득 요건 등을 충족시키면 영주권을 최종적으로 얻을 수 있게 된다.

그 외에도 제천시는 등록외국인을 포함해 주민으로 등록된 '모든 시민'이

그림 2 제천시 재외동포지원센터 구조

그림 3 2024년 제천시 재외동포지원센터 종합지원 시스템

재난사고 때 시민안전보험을 신청할 수 있도록 지원하고 있다. 따라서 제천시 고려인 커뮤니티의 일원이 된다면, 사고지역과 상관없이 △폭발화재 붕괴 사망 및 후유 장해, △농기계 사망 및 후유 장해, △가스 상해 위험 후유 장해, △대중교통 이용 중 사망 및 후유 장해 등을 비롯한 16가지의 보장 범위 내에서

최대 2,500만 원까지 보험금을 지급받을 수 있다(제천단양투데이, 2022/02/10). 이러한 시민안전보험은 제천시에 거주하고 취업을 목표로 하는 고려인들에 있어서 사회적 안전망이 되어준다는 점에서 중요하다고 할 수 있다.

다만, 모든 고려인이 제천시 고려인 커뮤니티의 구성원이 될 수 있는 것은 아니다. 우선 본 사업에 참여하고자 하는 고려인은 공고일 기준 단기 방문(C-3-8), 방문취업(H-2), 거주(F-4), 영주(F-5), 결혼(F-6) 비자를 소지하고 있어야 하며 제천시에 2년 이상 실거주해야 한다. 고려인들은 실거주를 위해 법무부로부터 '지역 특화형' 비자를 발급받아야 하는데, 이 비자는 인구 감소 지역 이주민에게 발급해 주는 비자이다. 이 비자를 발급받은 고려인들은 특별한 법적 문제 등을 일으키지 않으면 5년 단위로 비자를 갱신해 가며 취업, 창업 등 다양한 경제활동을 할 수 있게 된다(연합뉴스, 2022/12/05).

3. 분석틀: 시내-시외-국외의 수준(level)

지금까지 본 글은 제천시 고려인 커뮤니티의 형성과 지원 양상을 검토하였다. 이어서, 본 글은 제천시 고려인 커뮤니티의 네트워크가 시내-시외-국외 수준에서 어떻게 구성되며 어떤 특성을 갖는지를 분석하기 위한 틀을 제시하고자 한다. 우선, 본 글은 네트워크를 사람들 간의 관계뿐만 아니라 사람과 제도들 간 관계, 나아가 제도 자체들 간의 관계망으로 정의하고자 한다(최병두, 2017: 10). 이주민들 간의 사회적 네트워크는 이들이 정착 및 재정착을 목표로 하는 지역에서 이들의 사회적 관계 패턴에 영향을 준다는 점에서 중요한 역할을 한다. 만약 네트워크가 부재한다면 이주민들은 정착 과정에서 어려움을 겪을 수밖에 없다(이은채·하진기, 2020: 149; McMichael·Manderson, 2004: 88). 따라서, 이주민들의 증가는 다양한 네트워크의 형성과 발전을 수반한다. 이와 같은 이유로 이주 사업을 추진하는 관은 이주민들을 위해 다양한 네트워크를 제공할 필요가 있다.

한편, 관은 이주 정책을 추진하는 과정에서 관련 정책을 성공적이고 안정적으로 실행하기 위한 제도적 기반을 마련하고, 이를 뒷받침할 수 있는 기관 간 협력과 네트워크를 구축해야 한다. 새로운 사업을 발굴하고 추진하는 데에는 사업의 실행 가능성, 관련 법적 절차와 잠재적 문제점, 이해관계자의 동의, 그리고 사업 자체의 타당성 등 다각적인 측면에서 면밀한 검토가 요구된다. 따라서, 이미 유사한 사업을 수행한 선행 사례를 벤치마킹하고, 이러한 정보와 경험을 공유·확산할 수 있는 기관 간 네트워크를 형성·활용하는 과정은 성공적인 정책 수행을 위한 핵심 요소로 평가될 수 있다.

이어서, 민 중심의 네트워크는 이주를 희망하는 이들에게 새로운 정보를 제공하고, 이미 이주를 마친 사람들에게는 안정적인 도시 정착과 사회적 통합을 지원하는 핵심적인 역할을 수행한다. 비록 중앙정부 차원에서 정교하게 설계되고 이행된 정책이라 하더라도, 일반 시민들이 개별적으로 이러한 정보를 습득하고 낯선 환경에 원활히 적응하여 일상생활을 유지하기에는 명백한 한계가 존재한다. 이러한 난관을 극복하기 위해 이주자들은 주변 가족, 친구, 그리고 다른 이민자들과 비공식적 네트워크를 형성하고 이로부터 정보를 얻는다(이은채·하진기, 2020: 106-107). 이들 네트워크는 주로 SNS, 혈연·지연 관계, 특정 장소를 중심으로 연결되며, 관 주도 네트워크의 공식적이고 제도적인 성격과는 구별된다. 이처럼, 민간 중심의 네트워크는 개인 간 유연하고 비공식적인 연계를 토대로 상호 간에 자원과 정보를 공유하는 장을 마련하고, 이를 통해 이주민들의 원활한 사회 적응과 정착을 지원하는 유용한 사회적 자본으로 작동한다는 특징을 가진다

본 글은 **그림 4**에서 제시한 바와 같이, 고려인 커뮤니티를 둘러싼 네트워크를 '관'과 '민'의 차원으로 구분한 뒤, 이를 다시 시내, 시외, 국외로 나누어 제천시 고려인 커뮤니티 네트워크를 체계적으로 분석하고자 한다. 먼저 시내 네트워크는 제천시 내부에서 형성된, 관과 민이 중심이 되는 고려인 커뮤니티의 관계망을 의미한다. 이 네트워크는 지역 사회 내의 다양한 사회·경제·문화적 관계를 포괄하며, 고려인 커뮤니티의 안정적 정착과 적응을 돕는 제도적 장치 및 각종 지원 체계를 포함한다. 이어지는 시외 네트워크는 제천시를 넘

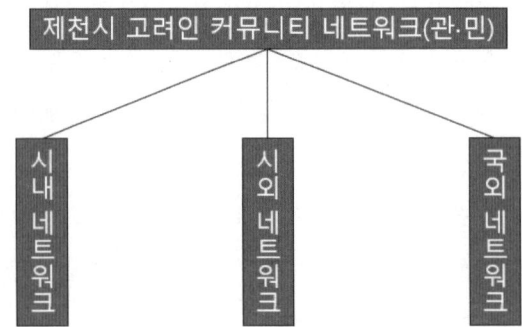

그림 4 제천시 고려인 커뮤니티의 네트워크 분석틀

어 국내 타지역과 맺는 관계망으로서, 제천시 고려인 커뮤니티와 다른 지역의 고려인 커뮤니티, 혹은 제천시 외부 기관·단체와의 연계를 통해 형성된다. 이를 통해 제천시 고려인들은 다른 지역과 교류하고 협력하는 과정을 거치며, 추가적인 기회나 지원을 활용할 수 있다. 마지막으로 국외 네트워크는 제천시 고려인 커뮤니티가 국외에 위치한 고려인 커뮤니티나 관련 기관·단체와 맺는 국제적 관계망을 의미한다. 이러한 국외 네트워크는 국제적 수준의 지원, 교류, 정보 교환을 가능하게 하여 제천시 고려인 커뮤니티의 발전과 적응을 한층 더 폭넓게 지원한다.

III. 제천시 고려인 커뮤니티 네트워크

1. 시내 네트워크

1) 관 중심

제천시는 시내의 다양한 기관과 네트워크를 통해 이주한 고려인들이 안정적으로 도시 정착을 이루도록 지원하고 있다. 앞서 잠시 살펴본 바와 같이, 제천시는 제천경찰서·제천교육청·세명대학교·대원대학교·제천서울병원·제천상공회의소 등 지역 기관 및 단체 8곳과 '고려인 등 재외동포 이주 정착 지원

사업 업무협약'을 체결하여 다양한 사업을 함께 추진해 나가고 있다.

가령, 주거 문제와 관련하여 제천시로 이주하는 고려인들이 처음 거주하게 되는 재외동포지원센터가 대원대학교의 기숙사를 이용하고 있다는 점은, 제천시와 대원대학교 간의 협력 네트워크가 실질적으로 작동하고 있음을 드러낸다. 제천시는 단기체류를 넘어 제천시에 장기적으로 거주하는 고려인들의 주거 문제를 다루기 위해 지난 2023년 7월 주택 소유주를 상대로 장기 임대 의향 사전 신청을 받기도 하였다(경향신문, 2023/07/09).

이어서, 취업 문제와 관련하여 제천시는 2024년 4월 24일 제천단양상공회의소에서 제천 바이오밸리 입주기업회 참여기업 50개사를 대상으로 고려인 이주정착을 위한 찾아가는 사업설명회를 개최하며, 지역기업의 고려인 동포 채용을 적극 독려하기도 하였다. 이날 설명회에서는 구체적으로 고려인 이주정착 지원사업을 중심으로 하는 재외동포지원센터 소개와 종합지원시스템 등에 관한 설명, 우수 동포 발굴 및 취업연계 등에 대한 안내가 중점적으로 다뤄졌다(충청일보, 2024/04/25).

그 이외에도 제천시는 다양한 시내 기관과 네트워크를 구축하며 다양한 사업을 실행하고 있다. 예를 들어 제천문화재단과 제천시 재외동포지원센터는 2024년 6월 재외동포 지역 문화 예술 활성화와 진흥을 위한 업무협약을 체결하였고, 이를 바탕으로 고려인 대상 체험·창작 워크숍을 7월 27일부터 10월 5일까지 매주 토요일에 운영하고 있다. 이러한 워크숍은 이주·정착 이주민이 다양한 문화에 대한 학습을 통해 지역 전시 문화를 이해할 수 있는 기반을 마련하는 데에 도움을 준다는 점에서 의미가 있다(*KSP News*, 2024/07/28).

한편, 제천시는 선주민과 이주 고려인들이 함께 상호작용할 수 있는 장(場)을 만들기 위해 시내의 종합자원봉사센터와의 네트워크도 구축하였고, 이를 바탕으로 지난 2024년 5월 27일 고려인 6가정과 제천시민 6가정이 참여한 '고려인 동포와 하나 되는 가족 봉사단'을 꾸리기도 하였다. 이 봉사단은 제천시 재외동포지원센터에서 공식 출범했으며, 종합자원봉사센터는 오는 11월까지 단체 활동에 2,000만 원을 지원할 예정이다. 본 예산은 제천시와 종합자원

표 1 관 중심 시내 네트워크

종류	사례
주거 및 정착	대원대학교/세명대학교 제천시 주택 소유주
취업	시내 기업
생활	제천문화재단 제천종합자원봉사센터

봉사센터가 지난 2024년 4월 지방 소멸 인구 대응을 위한 한국중앙자원봉사센터의 '지역 활력 스케일업 프로젝트 공모 사업'에 선정됨에 따라 확보될 수 있었다(뉴스1, 2024/05/27). 제천시와 종합자원봉사센터는 이러한 사업을 통해 제천시로 이주한 고려인들이 자연스럽게 지역 사회로 녹아들게 하는 것을 목표로 세우고 있다.

이처럼 제천시는 다양한 분야의 기관과의 네트워크를 구축하여 제천시로 이주하는 고려인들의 주거, 취업, 정착, 생활 등 여러 문제를 다루고자 노력하고 있다. 이러한 다각적인 협력과 지원은 제천시가 이주 고려인들이 지역 사회에 안정적으로 정착하고, 선주민과 조화롭게 어울리며 살아갈 수 있도록 돕는 중요한 기반이 되고 있다.

2) 민 중심

현재 제천시로의 고려인 이주가 본격적으로 시작된 지 일 년이 조금 넘었고, 관을 중심으로 이와 관련된 다양한 사업이 실행되다 보니 이주민이 중심이 되는 본격적인 네트워크의 형성은 상대적으로 더딘 편이다. 지난 2024년 8월 26일 제천시 고려인 이주 사업 담당자와 진행한 서면 인터뷰 내용에 따르면, 제천시로 이주한 고려인들 사이에 자체적으로 조직된 동포 단체나 연합 등의 조직적인 네트워크는 형성되어 있지 않다(제천시청 미래정책과 권세영 주무관 인터뷰, 2024/08/26). 그러나 이들은 주로 텔레그램을 통해 정보를 공유하고 있으며, 일상적인 사항이나 제천 또는 한국에 대해 궁금한 사항들은 SNS를 통해 공유하고 정보를 습득하고 있고, 이 외에 개인 또는 가족 단위의 소모임을 통해 지

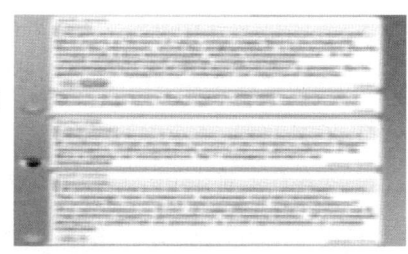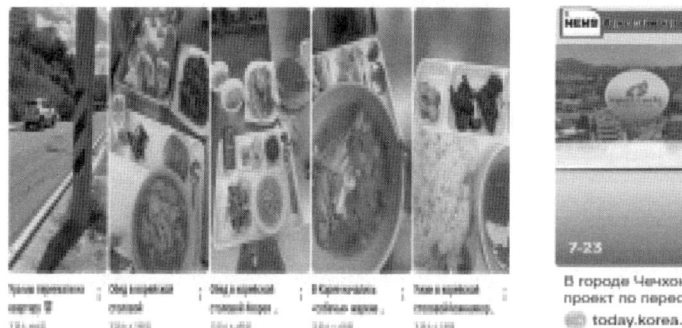

그림 5 민 중심 시내 네트워크: 텔레그램 채널(上左)/질의응답(上右)/유튜브 채널(下左)/틱톡(下右)

역에 적응해 나가고 있다.

실제로 그림 7에서 확인할 수 있듯, 텔레그램, 유튜브, 틱톡 등은 제천시의 거주하는 고려인들이 여러 정보를 얻는 주요 창구라고 할 수 있다. 우선 텔레그램과 관련하여 현재 '고려인을 위한 제천시(Чечхон-город для корё сарам)'라는 채널이 운영되고 있으며 이에 참여하는 인원은 약 1,650명 정도이다. 본 채널에 올라오는 주요 정보는 제천시에서 제공하는 것이지만, 이와 관련되어 진행되는 질의응답은 제천시 관계자뿐 아니라, 이에 관심을 가진 고려인들을 주요 참여자들을 중심으로 이루어지고 있다.

그 외에도 제천시로 이주를 완료한 이주민이 개설한 유튜브 채널도 존재한다. '디나라 코니스바이(Динара Конысбай)' 채널은 제천시로의 이주를 고민하는 사람들과 막 이주한 사람들이 참고할 수 있는 제천시 재외동포지원센터와 그 이후의 생활과 관련된 여러 영상을 자세히 남기고 있다. 틱톡은 제천으로 이주를 고민하는 많은 사람들이 정보를 얻는 주요 경로 중 하나로 자리 잡고 있다. 앞서 언급된 채널을 개설한 이주민에 따르면, 제천시의 프로그램에 참여한 다른 사람들 중 일부는 틱톡을 통해 정보를 접하게 되었다고 한다(다나라 자닐하시노바 인터뷰, 2024/09/12).

그 외에도 제천시 이주민 중 창업을 한 점포도 네트워크의 장이 되고 있다. 제천시에는 현재 식료품점 및 식당 등 3개소가 존재한다. 이 3개소는 모두 청전동에 소재하고 있으며 1호는 "나타" 식료품점, 2호는 같은 동에 위치한 "홈베이커리", 3호는 양꼬치 등 중앙아시아 현지 음식과 주류 판매를 하는 "마리아"이다. 이들 점포들은 제천으로의 이주를 고민하는 고려인에게 참고 사례가 되고 있으며, 이미 정착한 주민에게는 타지에서의 적응을 돕는 소위 '사랑방'이 되고 있다(KBS, 2024/01/23). 김창규 시장 역시 창업 점포 중 하나에 방문하여, 창업 점포가 이주민들의 안정적인 정착에 도움을 주고 소통 공간으로 활용될 수 있기를 바란다고 언급한 바 있다.

2. 시외 네트워크

1) 관 중심

제천시는 고려인 이주 정책을 위해 시외 네트워크를 구축하고 활용하고 있다. 이 중 대한고려인협회(Ассоциация Корё-сарам в Республике Корея)는 제천시가 형성하고 있는 다양한 시외 네트워크에서 중요한 위치를 차지하고 있다. 고려인의 제천시 이주 사업의 본격적인 추진이 이뤄지기 직전인 2023년 6월, 제천시는 대한고려인협회와 고려인 주민의 안정적 정착 지원을 위한 업무협약을 했다. 이 협약에 따라 제천시와 대한고려인협회는 중앙아시아와 국내에 거주하는 고려인 동포가 제천으로 이주해 정착하도록 장려해 나가기로 협의하였다.

구체적으로 대한고려인협회는 제천시와 고려인 지원사업 홍보, 고려인 인재 유치 및 발굴 추천, 정책 자문 및 제안, 고려인 주민 행사 개최 등 여러 분야에서의 다각적 협력을 약속하였다(연합뉴스, 2023/06/16). **그림 5**에서 확인할 수 있듯, 대한고려인협회는 SNS를 통해 제천시의 사업을 홍보하기도 하고 있

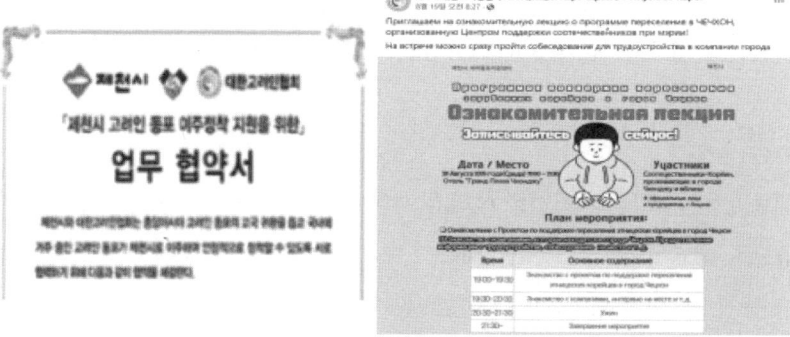

그림 6 관 중심 시외 네트워크: 제천시–대한고려인협회 업무협약서(좌) 및 대한고려인협회 SNS(우)

는데, 가령 2024년 8월 28일에 제천시에서 개최된 고려인 대상 사업설명회에 관한 게시글을 올리기도 하였다. 이뿐 아니라, 지난 2024년 7월 제천시와 대한고려인협회는 공동으로 서울, 인천, 목포, 울산 등 전국 각지의 고려인 청소년 60명이 참여하는 '고려인 청소년 여름 캠프'를 진행하기도 하였다(뉴시스, 2024/08/07).

한편, 제천시는 이러한 단체 이외에도 중앙행정기관과의 원만한 협력관계를 유지하며 고려인 이주 사업을 안정적으로 유지하고자 한다. 제천시는 공문과 방문 협의를 통해 중앙행정기관과의 소통을 이어 나가고 있는데, 재외동포청과 법무부 등은 제천시의 주요 소통 대상이다. 제천시의 사업이 안정적으로 추진되기 위해서는 중앙행정기관의 지원이 필수적이다. 이를 보여주는 사례로, 제천시는 고려인들이 시내 재외동포지원센터에서 조기 적응 및 사회통합 프로그램을 이수할 경우, 이를 공식적으로 인정해 주도록 법무부와 협의하였다. 그 이외에도 재외동포청 역시 제천시의 주요 협력 대상 중 하나인데, 주로 제천시 사업에 대한 홍보와 예산 관계 등을 위주로 협력하고 있다. 김창규 제천시장 역시 지난 2024년 6월 17일 재외동포청을 방문하여 이기철 재외동포청장과의 면담을 통해 제천시의 사업에 관해 논의하기도 하였으며, 이들의 한국어 교육과 자녀 돌봄을 위한 거점형 한국어 교육센터 건립과 관련해 지원을 건의하기도 하였다(충청투데이, 2024/06/19). 이처럼 제천시는 고려인 이주 및 정착 사업의 안정적인 추진을 위해 대한고려인협회와의 협력과 중앙행정 기관과의 네트워크를 활용하여 사업을 추진하고 있다.

2) 민 중심

대한고려인협회는 제천시뿐 아니라 제천으로 이주한 고려인들에게 있어서도 중요한 네트워크라고 할 수 있다. 그 이유는 고려인들이 다수 거주하는 지역을 중심으로 설립되어 있는 대한고려인협회 지부(또는 분회)를 중심으로 고려인들이 서로 연결되고 사회적 교류를 증진할 수 있기 때문이다. 대한고려인협회와 이주민들 사이의 연결은 다양한 수단을 통해서 이뤄지고 있는데, 텔레그램, 왓츠앱(What's app), 인스타그램 등 다양한 채널이 존재한다. 이는 지역사회에 분포한 고려인이 물리적 거리와 관계없이 지속적인 상호작용을 가능하게 한다.

한편, 지난 2024년 2월 제천시의 '마리아' 카페에서 제천 대한고려인협회 지부의 설립이 결정되기도 하였다. 대한고려인협회에 따르면, 제천에 거주하며 협회의 활동에 참여하고 싶은 사람들은 누구나 함께할 수 있다고 한다(*Ассоциация Корё-сарам в Республике Корея*, 2024/02/04). 제천시의 고려인들이 대한고려인협회 제천 지부에 가입

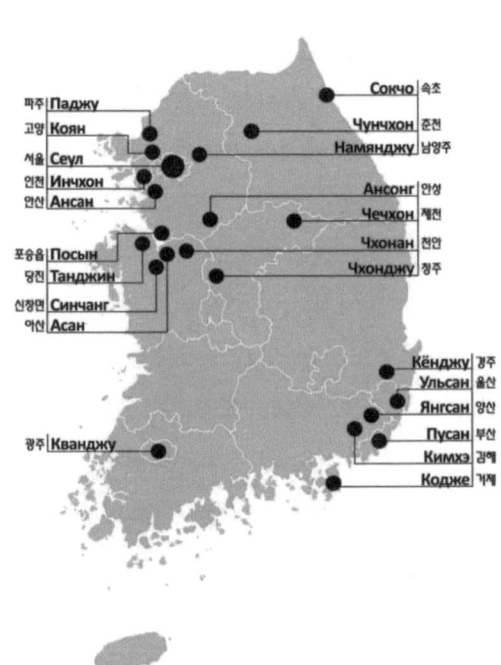

그림 7 대한고려인협회 지부 현황

할 경우, 이를 계기로 타 지역 고려인들과 더욱 긴밀한 네트워크를 구축할 수 있을 것이다.

끝으로, 개인적으로 이뤄지는 고려인 간의 교류는 주로 혈연관계나 개인적인 친밀감을 중심으로 이루어지고 있다. 이들은 대부분 이미 국내에 거주하는 친척이나 지인들을 통해 사회적 네트워크를 형성하고 있으며, 이주 초기에는 이러한 관계가 이들의 사회적 적응에 중요한 역할을 한다. 제천시에서도 고려인들은 주기적으로 친인척을 만나며 이들을 통해 사회적 자원을 얻고 있는 것으로 보인다. 이와 더불어, 국내에서 처음 정착한 고려인 동포들은 첫 거주지에서 만난 직장 동료나 지역사회 구성원들과의 관계를 통해 새로운 커뮤니티에 통합되고 있다(제천시청 미래정책과 권세영 주무관 인터뷰, 2024/08/26). 이러한 비공식적 네트워크는 공식적인 협회 활동 외에도 고려인들의 일상적 상호작용을 통해 형성되며, 이들의 사회적 고립을 완화하고 적응 과정을 돕는 중요한 역할을 한다고 할 수 있다.

3. 국외 네트워크

1) 관 중심

제천시의 고려인 이주 정책이 안정적으로 시행되기 위해서는 위해서는 국내 고려인뿐 아니라 해외 고려인을 유치하는 것도 중요하다. 이를 인지하고 있는 제천시는 해외 고려인 유치를 위해 현지 고려인협회와 네트워크를 구축하고 이를 활용하는 모습을 보이고 있다. 가령 제천시는 지난 2023년 6월 24일 카자흐스탄 고려인협회, 우즈베키스탄 고려인문화협회, 키르기스스탄 고려인협회와 함께 업무 협약을 맺기도 하였다. 이를 통해 제천시는 중앙아시아 3개국 현지 고려인 주민 행사를 지원하고, 세 협회는 자국 및 국내에 거주하는 고려인 동포의 제천시 이주에 적극적으로 협력하기로 하였다(연합뉴스, 2023/07/24).

한편, 제천시는 실무적인 차원에서 국외 네트워크를 적절하게 관리하고 현지 고려인들의 이주를 지원하기 위해 협력관 제도를 운용하고 있다. 협력

그림 8 관 중심 국외 네트워크: 제천시-중앙아시아 고려인협회 업무 협약서/국문(左) 및 러시아어(右)

관은 제천시가 추진 중인 고려인 유치 활동을 현지에서 돕는 역할을 하며, 제천시에 정착할 고려인 인재를 추천하거나 정책을 홍보하고 자문도 하고 있다. 제천시에 따르면, 협력관이 되기 위해서는 대학이나 교육 관련 조직에서 실무 경험을 갖추고 있어야 하며, 한국어를 잘해야 한다. 이러한 협력관은 제천시가 본격적으로 고려인 이주 정책을 실행하기 전이었던 2023년 초에 지정되었는데, 우즈베키스탄 협력관에 남 빅토르 타슈켄트 부천대학 총장이, 카자흐스탄 협력관에는 한 넬리 국제관계 및 세계언어대학 교수를, 끝으로 키르기스스탄 협력관에 백태현 중앙아시아 한국대학 교수를 임명했다(연합뉴스, 2023/03/30). 이처럼 제천시는 고려인 이주 정책의 성공적 실행을 위해 현지 단체들과 네트워크를 맺는 한편, 협력관 제도를 통해 실무적 차원에서도 정책이 유지될 수 있는 체계를 구축하고자 노력하였다.

2) 민 중심

끝으로, 민의 차원에서 제천시 고려인 네트워크는 국외 고려인 네트워크와 다양한 경로를 통해 연결되고 있다. 국외 네트워크가 형성되는 대표적인 방식 역시 시외 네트워크와 마찬가지로 혈연이나 지연 등 친밀감을 기반으로 한다. 제천시로의 이주를 완료한 거주민과의 서면 인터뷰의 내용에 따르면 이들은 주로 왓츠앱과 인스타그램, 그리고 영상 통화를 통해 국외에 있는 고려인 및 이주를 희망하는 사람들과 소통한다(디나라 자닐하시노바 인터뷰, 2024/09/12).

한편, 현지에서 발간되는 신문도 제천시와 국외를 이어주는 하나의 창구이다. 가령 우즈베키스탄에 기반을 두고 있는 '우즈베키스탄의 고려인(Корейцы Узбекистана)'이라는 신문은 2023년 8월 자의 신문에서 '제천으로의 여정(Поездка в Чечхон)'이라는 제목의 기사를 통해 제천시에서 추진하고 있는 고려인 이주 사업을 자세히 다루기도 하였다(Корейцы Узбекистана, 2023).

이어서, 카자흐스탄에 기반을 두고 있는 고려일보(Корё ильбо) 역시 제천시에 관련된 다양한 내용을 소개하였다. 고려일보는 지난 2023년 7월 28일 1면과 3면의 '제천-고려인들을 하나로 모으는 도시(Чечхон – город, объединяющий коре сарам)'라는 기사를 통해 제천시의 고려인 이주 정책 사업을 자세히 소개하였다(Цхай, 2023/07/28). 또한, 고려일보는 지난 2024년 9월 2일 자의 기사에서 '고려인들이 제천에서 기다리고 있다(Корё сарам ждут в Чечхоне)'라는 제목의 기사를 통해 제천시가 추진하고 있는 사업에 관한 전반적인 내용과 신청을 위한 주요 조건들을 지면 신문보다 자세히 소개하였다(Ким, 2024/02/09). 그리고 기사의 끝에는 신청 가능 인원과 문의처 등을 제공하기도 하면서 제천시의 사업에 기여하는 모습을 보이기도 하였다.

키르기스스탄에서도 '일치(Ильчи)'로 불리는 격주간 신문을 통해 제천시가 추진하고 있는 고려인 이주 정책을 자세히 다루기도 하였다. 본 신문의 김유리 편집장은 현지에서 현재 관련 사업이 소문이 나서 문의하는 사람이 있다고 밝히기도 하였다(충청리뷰, 2023/08/07). 또한, '키르기스스탄 고려인(Корейцы Кыргызстана)'이라는 단체에서도 제천시에서 추진하고 있는 사업에 관한 안내를 인터넷 사이트와 인스타그램 등을 통해 자세히 홍보하기도 하였다.

이처럼 제천시의 고려인 네트워크는 국외 고려인 사회와 다양한 방식으로 연결되어 있으며, 이는 디지털 소통 수단뿐만 아니라 전통적인 매체를 통해서도 이루어지고 있다. 왓츠앱, 인스타그램, 영상 통화 등이 주요한 연결 창구로 활용되는 동시에, 각국의 신문 매체와 온라인 플랫폼이 중요한 역할을 담당하고 있다. 이러한 연결은 단순히 정보를 전달하는 데 그치지 않고, 제천

그림 9   민 중심 국외 네트워크: 우즈베키스탄의 고려인(上左)/키르기스스탄의 고려인(下左)/ 카자흐스탄 고려일보(右)

시로의 이주를 희망하는 고려인들에게 실질적인 도움과 가이드를 제공한다는 점에서 의의가 있다.

IV. 관과 민의 결합: 제천시 고려인 커뮤니티 네트워크의 특성

1. 관과 민의 상호보완적 네트워크 구조

제천시 고려인 커뮤니티 네트워크에서 두드러지는 특성 중 하나는 관이 주도로 형성되어 있는 제도적 기반 위에 민 차원의 참여와 결합이 자연스럽게 이뤄지는 상호보완적 구조를 가진다는 점이다. 제천시는 지역 내·외 기관과의 긴밀한 협력 네트워크 구축하여 체계적인 제도적 틀 마련과 자원 조달을 하고자 하였다. 가령, 제천시는 지역 대학, 기업, 문화재단, 종합자원봉사센터 등 다양한 시내 기관과의 협업을 통해 주거, 취업, 생활, 문화 활동 등 이주민 정착 과정에 필요한 전반적 지원 기반을 닦았다. 또한 대한고려인협회, 재외동포청, 법무부 등과의 협력을 통해 이주 과정에서 발생할 수 있는 법·행정적 문제를 완화하고, 국가 차원의 지원책을 지역 차원에서 실질적으로 구현할 수 있는 기반을 마련하였다.

이처럼 공적 기반 위에 민(民) 차원의 자발적 참여가 더해지면서, 제천시 고려인 커뮤니티의 네트워크는 보다 촘촘하고 실질적인 구조를 형성해 나가고 있다. 개인·가족 단위의 소모임, 텔레그램·틱톡·유튜브 등 디지털 플랫폼을 통한 정보 공유, 그리고 이주민 창업 점포에 자연스럽게 형성된 일종의 '사랑방'은 모두 이러한 민간 참여의 예시라고 할 수 있다. 관에서 제공하는 제도적·물적 자원을 배경으로, 민 사이에서 형성되는 이와 같은 비공식적 교류의 장은 이주민들이 실질적인 삶 속에서 서로 경험을 교환하고, 정서적 지지와 문화적 공감대를 형성할 수 있는 기반이 된다. 결과적으로 이러한 구조는 관이 놓은 안정적인 토대 위에서 민이 자율적으로 움직이며, 서로 부족한 부분을 채워주는 상호보완적 관계로 발전한다.

나아가 국외 수준의 네트워크에 있어서도 제천시는 관 주도의 이주 정책을 해외 협력관, 국외 협회와의 파트너십을 통해 국제적 차원으로 확장하고 있는데, 그 위에 민 차원의 디지털 소통이나 친족·지인망 등이 중첩적으로 연결되며 입체적 네트워크가 형성되고 있다. 이주민들이 국외에 있는 친지, 혹은 이주를 앞둔 사람들과 왓츠앱, 인스타그램, 영상 통화를 통해 긴밀히 소통하며, 동시에 해외 신문 매체나 현지 단체 역시 제천시의 사업을 널리 알리고 문의처를 제공하는 등의 모습이 나타나고 있다. 이처럼 제천시 고려인 커뮤니티 네트워크의 특징은 관이 안정적인 네트워크를 구축하며 제도적·행정적 기반을 마련하고, 민이 그 위에서 자율적이고 창의적인 교류를 전개하는 상호보완적 구조를 띠는 것으로 판단된다.

2. 온라인과 오프라인 공간의 결합

앞에서 살펴본 바와 같이, 제천으로 이주한 고려인 중 20대에서 40대에 해당하는 연령층은 약 60%를 차지하고 있다. 이들은 디지털 환경 속에서 성장한

세대로, 유튜브·틱톡·텔레그램 등 다양한 온라인 플랫폼을 활용하여 소통하고 네트워크를 구축하는 데 능숙하다. 이러한 디지털 매체 활용 능력은 본국이나 해외에 거주하는 고려인들과 신속하고 유연한 정보 교류를 가능하게 한다. 그 결과, 단순히 정착 과정에서 필요한 행정적·제도적 정보 획득에 그치지 않고, 문화·생활·여가 등 일상 전반에 걸친 상호 협력과 교류 기반이 마련된다.

이러한 온라인 기반 소통은 가상의 영역을 넘어 새로운 차원의 네트워크 형성으로 이어진다. 예를 들어, 제천시에서 운영하는 텔레그램 채팅에서는 특정 정보를 논의하기 위해 새로운 대화방이 만들어지는 현상이 관찰된다. 이를 통해 온라인상에서 다양한 정보와 경험이 오가며, 사람들 간의 상호작용이 활발히 이루어진다. 이는 제천시 고려인 커뮤니티의 네트워크가 오프라인뿐만 아니라 가상공간에서도 역동적으로 전개될 수 있음을 보여주는 사례라 할 수 있다.

나아가 이와 같은 온라인 공간에서의 소통은 오프라인 공간과도 결합되며, 고려인 커뮤니티의 생활 기반을 더욱 공고히 하고 있다. 제천시에는 이주 고려인들이 창업한 점포를 비롯해, 자원봉사센터나 문화재단 등 관 주도로 조성된 정착 지원 인프라가 마련되어 있다. 이주민들은 온라인으로 수집한 정보와 네트워크를 실생활 공간에 적극 활용하며, 창업 점포에서 유사한 배경의 이들과 교류하거나 자원봉사센터를 통해 원주민과 어울릴 기회를 갖는다. 이렇게 온라인에서 형성된 자율적이고 개방적인 커뮤니케이션 구조가 자연스럽게 오프라인 생활공간으로 확대되는 모습이 나타나는 것이다.

이처럼 온라인과 오프라인이 결합되면서 제천시 이주 고려인 커뮤니티는 다층적이고 복합적인 네트워크 환경으로 발전해 나가는 모습을 보이고 있다. 관이 구축해 놓은 공적 네트워크 기반 위에 민간 차원에서 이뤄지는 자발적·창의적 소통이 더해지며, 온라인과 오프라인 공간을 유기적으로 연결함에 따라 가상·물리적 공간을 유기적으로 연결하며 제천시 고려인 커뮤니티 네트워크의 지속적인 성장을 경험하고 있는 것으로 판단된다. 이러한 특징은 디지털

격차가 크게 없는 젊은 이주민 세대의 활약이 지역사회와 긴밀히 결합된 공동체 형성의 동력이 될 수 있음을 시사한다.

3. 시내·외를 아우르는 다층적 네트워크

제천시 고려인 커뮤니티 네트워크의 마지막 특성은 시내외를 아우르는 다층적 구조를 갖는다는 점이다. 이러한 구조는 제천시 고려인 커뮤니티가 시내를 넘어 보다 국내외의 다른 고려인 커뮤니티와 확장된 형태의 다층적 네트워크를 형성할 수 있게 한다는 점에서 의의가 있다.

제천시는 대한고려인협회 및 중앙아시아 고려인협회와의 업무협약 체결과 해외 협력관 제도의 도입 등 일련의 노력을 바탕으로, 시의 범위를 넘어서는 네트워크를 구축해 나가고 있다. 또한, 제천시는 국가 차원의 법무부·재외동포청 등과 협력하여 제도적 안정성을 확보함으로써, 해외 고려인들이 언어·문화·행정적 문제를 완화한 상태에서 이주를 고려할 수 있도록 돕고자 노력하고 있다.

한편, 제천시에 이주한 고려인들은 현지에 머무는 친지나 이미 형성되어 있는 네트워크를 바탕으로 다른이들과 소통을 해나가고 있으며, 이를 바탕으로 제천시에 거주하지 않는 고려인들 역시 제천시의 지원정책과 정착 여건에 대한 정보를 접할 수 있게 된다. 그 외에도 민의 차원에서 해외 신문 매체나 온라인 플랫폼을 통해서 제천시의 사업 홍보가 이루어지고 있으며, 이는 이주 전(前) 단계에 있는 고려인들에게 사전 정보를 제공하는 역할을 한다는 점에서 중요하다고 할 수 있다.

V. 맺음말

제천시의 고려인 이주 정책은 인구감소와 지역경제 침체 문제를 해결하기 위한 한국 지방자치단체의 새로운 시도로, 단순한 인구 증가를 넘어 이주민들이 지역사회에 안정적으로 정착하고 생활할 수 있는 다양한 정책적 지원을 포함하고 있다. 본 글은 제천시의 고려인 커뮤니티를 중심으로 형성되어 있는 네트워크를 형성의 주체에 따라 관과 민으로 나누고, 이를 시내-시외-국외의 차원으로 나누어서 자세히 살펴보았다. 또한 그러한 네트워크의 특성을 살펴보았다. 본 글은 이와 같은 제천시 고려인 커뮤니티 네트워크가 관과 민의 상호보완적인 구조 속에서 온라인과 오프라인 공간이 결합되어 있으며, 제천시를 넘어 확장되어 있다는 특성을 가지는 것으로 파악하였다.

이 글에서 다룬 핵심 논의를 요약하면 다음과 같다. 우선, 인구감소의 흐름 속에서 추진된 제천시의 고려인 이주 정책은 시내의 다양한 기관 및 단체와의 협력을 통해 이주민들이 지역사회에 원활히 적응할 수 있도록 다방면의 지원을 제공하고자 한다. 제천시는 재외동포지원센터를 통해 고려인들에게 주거, 취업, 의료, 교육 등을 지원하는 프로그램을 운영하며, 이를 위해 지역의 대원대학교, 제천상공회의소 등과 긴밀한 네트워크를 구축하고 있다. 이러한 관 주도의 네트워크는 이주민들이 초기 정착 과정에서 필요한 법적, 행정적 지원을 제공하는 데 중요한 역할을 하고 있다.

또한, 제천시는 시외 및 국외 네트워크를 통해 고려인 이주민들과 지속적으로 소통하며, 그들의 안정적인 정착을 돕고 있다. 특히 대한고려인협회와의 협력은 중앙아시아에 거주하는 고려인들을 제천으로 유치하는 데 중요한 역할을 하고 있다. 협회는 제천시와 공동으로 홍보 및 정책 자문을 제공하고, 국내외 고려인 사회와의 교류를 통해 이주민들이 한국 사회에 자연스럽게 적응할 수 있도록 돕고 있다. 아울러, 우즈베키스탄, 카자흐스탄, 키르기스스탄에 있는 고려인협회와의 협력은 제천시가 추진하는 이주 정책을 현지에 홍보하고, 실질적인 이주 유치 활동을 지원하는 데 기여하고 있다.

한편, 민 차원에서 이주민들은 주로 SNS나 왓츠앱, 인스타그램 등을 통해 국내외의 다른 고려인 들과 소통하며 정보를 교환하고 있다. 이러한 비공식적인 네트워크는 이주민들이 새로운 환경에 적응하고, 이주 과정에서 겪는 어려움을 극복하는 데 중요한 역할을 하고 있다. 또한, 텔레그램 채널이나 유튜브를 통해 제천으로 이주한 고려인들은 자신들의 경험을 공유하며, 이주를 희망하는 사람들에게 실질적인 도움과 가이드를 제공하고 있다. 이러한 디지털 소통 수단은 고려인 이주민들이 서로의 경험을 공유하고, 새로운 환경에 대한 정보를 제공받는 중요한 창구로 활용되고 있다.

또한, 이주민들은 국외에 거주하는 가족·친지·지인들과의 유대를 지속적으로 유지하며 민간 차원의 국외 네트워크를 구축하고 있다. 이들은 주로 왓츠앱, 인스타그램, 영상 통화 등 디지털 소통 수단을 활용해 국외 고려인들과 교류하며 정보를 공유하고 있다. 아울러 국외에서 발간되는 신문이나 온라인 매체를 통해 제천시의 이주 정책과 관련된 정보가 전달되고, 이주를 고려하는 고려인들에게 실질적인 도움을 제공하고 있다. 예를 들어, 우즈베키스탄, 카자흐스탄, 키르기스스탄의 신문이나 관련 단체들이 제천시의 고려인 이주 사업에 대한 소식을 보도하고 홍보함으로써, 국외 네트워크가 제천시와 해외 고려인 사회를 연결하는 중요한 역할을 하고 있다.

제천시 고려인 이주 정책은 한국의 이주 정책 전반에 중요한 함의를 지닌다. 첫째, 이주민 정착 지원 정책은 단순한 이주민 유치에 그쳐서는 안 되며, 이주 이후 안정적 정착을 보장할 수 있는 종합적 지원 체계로 이어져야 함을 보여준다. 제천시는 재외동포지원센터를 통해 이주민들에게 주거, 취업, 교육 등의 종합적인 지원을 제공함으로써 이들의 중장기적인 정착을 돕고 있다. 이러한 사례는 다른 지역에 있어서도 좋은 정책적인 선례가 될 수 있다.

둘째, 이주 정책이 안정적으로 시행되기 위해서는 관의 역할뿐 아니라 민간 네트워크도 필수적이다. 제천시 사례에서 확인되듯, 이주민들은 행정적 지원 외에도 민간 네트워크를 통해 상호 교류와 지원을 이어가며, 이를 통해 새로운 사회에 자연스럽게 적응할 수 있다.

셋째, 국제적 네트워크의 중요성 역시 간과할 수 없다. 제천시는 중앙아시아 현지 고려인협회와 협력하여 현지에 거주하는 고려인들을 제천으로 유치하고 있으며, 이는 한국의 이주 정책이 국내를 넘어 국제적 차원으로 확장될 수 있음을 보여준다. 이러한 사례를 바탕으로 국제적 네트워크를 구축하고,

이를 통해 외국 이주민의 안정적 정착을 지원하는 방안을 모색할 필요가 있다. 다만, 추진 과정에서 현지 정부나 단체와 불필요한 마찰을 피하고, 발생할 수 있는 갈등을 조정할 수 있는 소통 체계를 사전에 마련하는 것이 요구된다.

끝으로, 관 주도의 이주 사업에서는 정책 시행 이후 이주민들의 생활 안정을 어떻게 지속적으로 보장할 것인가가 핵심 과제가 된다. 제천시의 시장이 민선이라는 점은 정책이 개인의 임기나 정치적 성향에 따라 달라질 수 있다는 가능성을 내포한다. 더불어 공무원의 보직 순환 등 행정 인력의 교체가 일어나는 상황에서, 기존 프로그램이 안정적으로 유지·운영될 수 있도록 체계적인 제도적 장치가 마련되어야 한다. 이러한 제도적 기반이 뒷받침될 되었을 때, 이주 정책은 변화하는 환경 속에서도 지속적 성과를 창출해낼 수 있을 것이다.

참고문헌

고가영. 2016. "우수리스크 한인 디아스포라들의 초국경적 만남과 위계화된 디아스포라." 『역사문화연구』 59: 197-244.

고가영. 2024. "설립자가 있는 광주 〈고려인마을〉 공동체의 발전 단계별 특성과 한계." 『역사문화연구』 92: 305-350.

권정상. 2022. "제천시 정착 외국인에 지역특화형 비자 발급." https://www.yna.co.kr/view/AKR20221205038200064 (검색일: 2024. 8. 4).

권정상. 2023a. "고려인 유치 나선 제천시, 중앙아시아 3국 협력관 임명." https://www.yna.co.kr/view/AKR20230330114000064 (검색일: 2024. 11. 1).

권정상. 2023b. "제천시, 국내 거주 고려인 유치 추진…대한고려인협회와 협약." https://www.yna.co.kr/view/AKR20230616128900064 (검색일: 2024. 10. 19).

권정상. 2023c. "제천시, 중앙아 3국 고려인협회와 '맞손'…'고려인 이주 협력'." https://www.yna.co.kr/view/AKR20230724141500064 (검색일: 2024. 8. 29).

김영길. 2023. "제천시, 중앙아시아 3개국 고려인협회와 맞손." https://www.jamill.kr/news/articleView.html?idxno=322713 (검색일: 2024. 8. 04).

김영우. 2024. "6개월간 동포 234명 정착…'지역소멸 위기' 제천, 고려인 이주 프로젝트." https://www.chosun.com/national/national_general/2024/06/08/BYFTZP3QCVGUXHKIITRA4Y7DNA/ (검색일: 2025. 2. 17).

김지태. 2024. "제천문화재단, '우리가 고려한 3가지 방법으로 잇는 전시해설' 이주민 대상 체험·창작 워크숍 운영." https://m.kspnews.com/1841790 (검색일: 2024. 7. 13).

목성균. 2023. "제천시, 24일 재외동포 지원센터 '개소'." https://www.ccdailynews.com/news/articleView.html?idxno=2235035 (검색일: 2024. 10. 25).

목성균. 2024a. "뉴욕타임즈 등 외신이 주목한 '제천시 고려인 이주 사업'." https://www.ccdailynews.com/news/articleView.html?idxno=2290079 (검색일: 2024. 11. 20).

목성균. 2024b. "제천시, 고려인 취업연계·지원 '사업설명회'." https://www.ccdaily-news.com/news/articleView.html?idxno=2270567 (검색일: 2024. 11. 20).

박경애. 2022. "시민안전보험 확대…개 물림 치료비도 지원." http://www.tjnews.co.kr/bbs/board.php?bo_table=n_01&wr_id=17552&page=96&device=pc (검색일: 2024. 8. 7).

박신규·이채문. 2021. "귀환이주자로서 고려인의 지역사회 생활실태 분석 및 지원방안: 경주시 성건동 거주 고려인을 중심으로." 『디아스포라연구』 15(2): 47-88.

선봉규. 2018. "한국 귀환 고려인의 네트워크 특성에 관한 연구." 전남대학교 글로벌디아스포라연구소 국내학술회의. 전남. 12월.

송근섭. 2024. "'고려인 사장님' 탄생…제천시 인구 대책 눈길." https://news.kbs.co.kr/news/pc/view/view.do?ncd=7872696 (검색일: 2024. 8. 14).

안정근·김병환·이재희. 2015. "인구감소 및 고령화에 따른 지방 중소도시 발전방안 연구." 『주거환경』 13(1): 323-334.

오윤주. 2023. "제천 '고려인 재외동포 유치 1번지' 시동…3년 내 1천명 유치." https://www.hani.co.kr/arti/area/chungcheong/1095589.html (검색일: 2024. 10. 05).

오윤주. 2024. "'뉴욕타임스'에 보도될 만큼 성공적인 제천시 고려인 이주 정책'." https://www.hani.co.kr/arti/area/chungcheong/1160581.html (검색일: 2025. 1. 13).

이대현. 2024. "제천종합자원봉사센터 '음식 봉사로 고려인 동포 정착 돕는다'." https://www.news1.kr/local/sejong-chungbuk/5428263 (검색일: 2024. 10. 17).

이병찬. 2024. "전국 고려인 청소년 60명 제천서 2박3일 여름캠프." https://www.newsis.com/view/NISX20240807_0002840953 (검색일: 2025. 2. 2).

이상복. 2024. "김창규 제천시장 재외동포청 방문… 현안사업 시동." https://www.cctoday.co.kr/news/articleView.html?idxno=2196960 (검색일: 2024. 10. 14).

이상진. 2024. "외국인 이주 정책으로 활력 넘치는 도시 만든다." https://www.daejonilbo.com/news/articleView.html?idxno=2132813 (검색일: 2024. 10. 17).

이은채·하진기. 2020. "이주민의 사회자본에 관한 연구 -결혼이민자의 네트워크와 생활만족도의 관계에서 사회참여의 매개효과를 중심으로-."『다문화콘텐츠연구』33: 103-130.

임영상. 2023.『한국에서 고려인 마을을 찾다』. 서울: 북코리아.

장기우. 2025. "고려인 동포-유학생 충북으로 오세요." https://n.news.naver.com/mnews/article/020/0003613008?sid=102 (검색일: 2025. 2. 15).

제천시청 미래전략팀 자치법규정보시스템. 2023. "제천시 고려인 등 재외동포 주민 지원에 관한 조례." https://www.elis.go.kr/alrpop/alrDtlsPop?alrNo=43150117247034&histNo=001 (검색일: 2024. 10. 17).

최병두. 2017. "관계이론에서 행위자-네트워크이론으로: 초국적 이주 분석을 위한 대안적 연구방법론."『현대사회와 다문화』7(1): 1-47.

최종권. 2024. "고려인 347명 제천에 정착…인구감소 해법 될까."『중앙일보』. https://www.joongang.co.kr/article/25270184 (검색일: 2024. 7. 17).

Kim, Victoria. 2024. "To Save His Shrinking City, a Mayor Turns to Koreans Uprooted by Stalin." https://www.nytimes.com/2024/08/06/world/asia/korea-soviet-jecheon-population.html (검색일: 2024. 7. 7).

McMichael, Celia and Lenore Manderson. 2004. "Somali Women and Well-Being: Social Networks and Social Capital Among Immigrant Women in Australia." *Human Organization* 63(1): 88-99.

Ассоциация Корё-сарам в Республике Корея. 2024. "У АКРК появится филиал в Чечхоне." https://www.facebook.com/share/p/198XdW-MUcv/ (검색일: 2024. 12. 18).

Ким, Александра. 2024. "Корё сарам ждут в Чечхоне." https://koreilbo.com/news/korye-saram-zhdut-v-chechkhone-/ (검색일: 2024. 10. 4).

Цхай, Евгения. 2023. "Чечхон – город, объединяющий коре сарам." https://koreilbo.com/upload/iblock/5e0/qfk59ohbes7l51uewzehw11qb6ih6dm8.pdf (검색일: 2024. 10. 1).

제천시천 미래정책과 권세영 주무관 서면 인터뷰. (2024. 8. 26).
유튜브 채널 '디나라 코니스바이(Динара Коныcбай)' 크리에이터 디나라 자닐하시노
　　바(Динара Жарилхасинова) 서면 인터뷰 (2024. 9. 12).

지은이 소개

신범식 서울대학교 정치외교학부 교수
서울대학교 외교학과를 졸업하고 동 대학원에서 석사학위를, 러시아 국립모스크바국제관계대학교에서 정치학 박사학위를 받았다. 현재 서울대학교 아시아연구소 부소장과 중앙아시아센터장을 맡고 있다. 주요 논저로 "디아스포라 공공외교: 재외 한인 관련 공공외교의 추진 체계와 전략", "The Impact of the Ukraine War on Russian–North Korean Relations", "Russia's Perspectives on International Politics: A Comparison of Liberalist, Realist and Geopolitical Paradigm", 『메가아시아 연구 입문: 역사, 개념, 방법』, 『국제안보환경의 도전과 한반도』, 『유라시아의 지정학적 중간국 외교』, 『북·중·러 접경지대를 둘러싼 소지역주의 전략과 초국경이동』, 『21세기 유라시아 도전과 국제관계』 등이 있다.

황영삼 한국외국어대학교 중앙아시아연구소 초빙연구원
한국외대 영어과를 졸업하고, 대학원 국제관계학과에서 정치학 박사 학위를 취득하였다. 러시아학술원 산하 러시아역사연구원(모스크바) 객원연구원, 알파라비 카자흐국립대학교 한국학과(알마티) 초빙교수, 한국외국어대학교 러시아연구소 책임연구원, 중앙아시아연구소 연구교수 등을 역임하였다. 주요 저역서로 『지신허에서 모스크바까지-고려인 동포 쉽게 이해하기』, 『1인치의 장벽을 넘어서-독립 카자흐스탄의 고려인 사회』, 『러시아·CIS 동포 이주·정주 실태조사』, 『해외한인사 1945~2000』(역서) 등이 있다. 현재 러시아 및 중앙아시아 역사와 고려인 문제를 연구하고 있다.

주송하 국민대학교 정치외교학과 조교수

미국 프린스턴 대학교에서 정치학 박사학위를 받았다. 권위주의 정치, 이민 정치, 러시아 유라시아 지역 정치, 유라시아 지역 난민 연구 등을 하고 있다. 중국 절강대학교 정치학과 백인계획연구원, 미국 스탠포드 대학교 러시아, 동유럽, 유라시아 센터 강사, 서울대학교 국제문제연구소 객원연구원을 역임하였다. 현재 서울대학교 아시아연구소 방문학자로 활동하고 있다. 주요 논저로는 "이주 러시아 난민에 대한 인식과 대응: 카자흐스탄과 키르기스스탄을 중심으로", "러시아 난민 정책의 연속성과 변화: 난민 국적별 비교", "Elections and Immigration Policy in Autocracy: Evidence from Russia and Kazakhstan", "Why Restrict Emigration: Autocrats' Economic Ideas in Uzbekistan and Tajikistan", *Global Migration and Illiberalism in Russia, Eurasia, and Eastern Europe* 등이 있다.

최아영 서울대학교 아시아연구소 중앙아시아센터 선임연구원

모스크바국립대학교에서 민족학 박사학위를 받았으며, 러시아를 비롯한 구소련 지역의 유대인·고려인 디아스포라의 이주와 정체성을 연구해 왔다. 아울러 중앙아시아에서 형성된 이슬람의 사회적·문화적 양상에도 관심을 두고 연구를 진행해 왔다. 현재는 유라시아 지역 난민들의 이동성, 교육, 정착 전략을 중심으로 연구를 확장하고 있다. 최근 논저로는 "난민의 사회 통합과 난민 아동 교육 – 폴란드 거주 우크라이나 난민 아동의 교육을 중심으로", "중앙아시아 부하라 유대인의 초국가적 네트워크와 정체성: 디아스포라 미디어 분석을 중심으로" 등이 있다.

고가영 서울대학교 아시아연구소 HK 연구교수

모스크바국립대학교에서 역사학 박사학위를 받았다. 고려인 이주사와 문화 등을 연구하고 있다. 아울러 유대인·크림 타타르인들의 이주사, 소련의 민권운동, 러시아·중앙아시아 지역의 박물관을 통한 기억의 문제, 중앙아시아 이

슬람을 연구하고 있다. 최근에는 수용소, 장애인, 난민 문제 등으로 관심사를 확장하고 있다. 주요 논저로는 "우랄 지역 원로 고려인들의 생애사 연구", "모스크바 고려인 청소년들의 생활과 정체성", "카자흐스탄 베스페르막과 된장국: 민족 정체성과 혼종성 사이의 고려인", "주류문화와의 조우로 인한 중앙아시아 고려인의 장례문화 변화 양상 : 전통의 고수와 동화 사이의 혼종성", "접경지대 우크라이나의 국내·외적인 갈등 상황이 고려인 개인들의 삶에 미친 영향", 『고려인 사회의 변화와 한민족』, 『독립국가연합의 한민족청소년 현황 및 생활실태연구』 등이 있다.

이준석 서울대학교 정치외교학부 박사과정 수료생

현재 서울대학교 정치외교학부 대학원에서 외교학을 전공하고 있다. 러시아의 BRICS와 SCO에 대한 관여와 그 변화를 주제로 박사논문을 작성하고 있다. 러시아 대외정책, 유라시아 국제관계, 권위주의 국제관계와 국제 규범 등에 대한 연구를 수행하고 있다.

윤민우 가천대학교 경찰행정학과 교수

현재 가천대학교 경찰행정학과 교수로 재직 중이다. 또한 서울대학교 아시아센터 객원연구원으로 재직 중이다. 미국 Sam Houston State University, College of Criminal Justice에서 범죄학 박사를 취득하였고, 서울대학교 외교학과에서 외교학 박사를 취득하였다. 미국 윌링제수이트 대학교 사회과학학과에서 조교수로 근무하였고, 한세대학교 경찰행정학과에서 조교수로 근무하였다. 국가안보실 정책자문위원을 역임하였다. 주요 연구 분야는 전쟁, 전략, 인텔리전스, 국제안보, 인지전, 사이버 안보, 테러리즘, 극단주의, 국제조직범죄, 러시아 지역학, 국제 이주·난민 등이다. 주요 저서로는 『모든 전쟁: 인지전, 정보전, 사이버전, 그리고 미래전쟁에 대한 전략이야기』와 『국가정보론: 정보활동과 정보시스템』 등이 있다.

정민기 서울대학교 아시아연구소 중앙아시아센터의 연구보조원

현재 서울대학교 정치외교학부 외교학전공에서 박사 과정을 수료하였다. 러시아 및 유라시아 국제정치를 공부하고 있다. 2023년 한국연구재단 인문사회 분야 박사과정생연구장려금 대상자로 선정되어 비서방 다자주의 국제협력에 관한 연구를 2년 동안 수행하였다. 주요 논문으로는 "러시아의 크림반도 합병의 해양안보적 고찰", "사이버 안보의 이슈연계와 북한의 사이버-핵 넥서스" 등이 있다.

Exploring Concentrated Settlements of *Koryoin* in South Korea: Focus on Ansan, Gwangju, and Jecheon

Editor   Beom-Shik Shin

Authors   Beom-Shik Shin, Song-ha Joo, Young-sam Hwang, A-young Choi, Ka-young Ko, Min-woo Yoon, Junseok Lee, Min-gi Jeong

⟨ Table of Contents ⟩

Preface   Beom-Shik Shin

Chapter 1   A Comparative Study of Concentrated Residential Areas of *Koryoin* in South Korea   Beom-Shik Shin

Part I   The *Koryoin* Community in Ansan

Chapter 2   The Formation and Development of the *Koryoin* Village in Ansan   Young-sam Hwang

Chapter 3   Interactions Between the Government and Civil Society in Immigration Politics: A Case Study of the *Koryoin* Community in Ansan   Song-ha Joo

Chapter 4   Social Relations and the Role of Public Networks Among *Koryoin* in Ansan   A-young Choi

Part II The Gwangju *Koryoin* Village Community

Chapter 5 The Formation of the Gwangju *Koryoin* Village with a Founding Figure **Ka-young Ko**

Chapter 6 Characteristics and Limitations Across Developmental Stages of the Gwangju *Koryoin* Village **Ka-young Ko**

Chapter 7 Voices Beyond Borders: The Identity and Network of GBS Koryo Broadcasting in Gwangju **A-young Choi**

Part III The *Koryoin* Community in Jecheon

Chapter 8 The Formation, Characteristics, and Implications of the "Recruited" *Koryoin* Community in Jecheon **Junseok Lee**

Chapter 9 A Policy-Oriented Approach to the Domestic Migration of *Koryoin*: A Case Study of the *Koryoin* Village in Jecheon **Min-woo Yoon**

Chapter 10 Collaborations Between the Government and Civil Society: Characteristics of the *Koryoin* Community Network in Jecheon **Min-gi Jeong**

Exploring Concentrated Settlements of *Koryoin* in South Korea: Focus on Ansan, Gwangju, and Jecheon
Edited by Beom-shik Shin and Ka-young Ko

Publisher: ZININZIN Co., Inc., 2025
101-1818, 92 Gwanmun-ro, Gwacheon-si, Gyeonggi-do, 13807, Korea
http://www.zininzin.co.kr
ISBN 978-89-6347-638-4 93300